세상이
지켜주지 못한
아이들

Sons of Madness
:Growing Up and Older
with a Mentally Ill Parent

세상이
지켜주지 못한
아이들
—
조현병 환자의
아들들이 들려주는
열두 가지 이야기

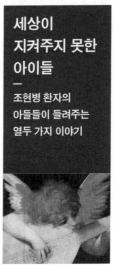

수잔 L. 나티엘 지음

이상훈 옮김

아마존의나비

20여 년 전, 대학에 입학한 아들은 종종 평범하지 않은 말과 행동으로 사람들을 당황하게 했다. 처음에는 혹독한 입시 때문에 몸이 허약해졌나 싶어 온갖 보약과 보양식을 정성스레 찾아 먹였다. 하지만 이상 증세는 날이 갈수록 더해갔다. "귀신이 씌워서 그런지 모르니 무당을 찾아가 보라"는 주위의 권유에 전국의 용하다는 무당을 찾아다녔고, 굿도 해보았지만 소용없었다.

엄마로서 정말 꺼려졌지만 절박한 심정으로 정신병원을 찾았다.

"선생님, 도대체 어떤 병입니까?"

"정신분열병입니다."

"정신분열병이 뭡니까? 머리가 쪼개지는 병입니까?"

잠시 머뭇거리던 선생님 말했다.

"쉽게 이야기하면, 예전에 시골 동네에 비 오는 날 혼자 중얼거리며 신작로를 왔다 갔다 하는 사람 보셨죠? 아드님은 바로 그런 병을 앓고 있습니다."

"미친 사람이요?"

불현듯 내 입에서 튀어나온 말이었다. 청천벽력이었다. 온갖 생각이 밀려들었다.

'왜 이런 시련이 우리 아들과 가족에게 닥쳤는지, 이제 우리 가족은 어떻게 살아야 하는지.'

아들과 함께 생을 포기하고 싶은 극단적인 생각마저 들었다. 무엇보다 두려웠던 건 아들에게 '미친 사람'이라는 멍에를 씌워 공포스럽게 바라볼 사회의 시선이었다. '조현병', 아니 '정신병'에 대한 극심한 편견 속에서 '희망을 찾겠다'는 일념으로 버텨왔다.

나와 비슷한 처지에 있는 가족들과의 만남은 용기를 얻는 계기가 되었다. 가족들과의 마음의 연대를 통해 서로 다독이며 위안과 '극복할 수 있다'는 용기를 얻었다. 서로의 경험을 '털어놓음'은 환자와 가족 모두에게 중요한 의미가 있다. 당사자와 가족, 당사자와 전문가, 당사자와 당사자, 가족과 전문가, 가족과 가족의 '털어놓음'은 마음의 '벽'을 허물고, 친밀감을 형성시켜 정신질환 치료에 매우 중요하게 작용한다. 하지만 마음의 문을 여는 일이 쉽지 않고 어떻게 해야 할지 방법조차 모르는 현실에서 이 책이 출간되는 건 매우 뜻깊고 감사한 일이다.

이 책의 마지막 장에는 조현병 엄마에 대한 아들로서의 책임감을 떨치지 못해 40대 중반의 이른 나이에 자살로 생을 마감한 정신과의사였던, 저자의 오빠의 이야기까지 슬프지만 담담한 필체로 옮겨 놓았다. 이상훈 선생은 '옮긴이 후기'를 통해 이 책을 읽는 독자들로 하여금 이해를 도우면서 감동까지 담았다.

'병이 나면 소문을 내라'는 옛말이 있다. 우리 사회의 정신질환에 대한 편견과 선입견은 이해 부족에서 기인한 것이리라. 실제적이고 진솔한 이야기의 공유를 통해 정신질환에 대한 이해를 넓혀 당사자와 가족들이 함께 살아갈 분위기가 만들어지길 소망한다. 이 책의 출간이 당사자와 가족들의 마음의 문을 열게 하고, 정신질환에 대한 편견과 낙인이 해소되는 계기가 되길 기대한다.

붉은 일출을 바라보며, 의령 자책 대청마루에서
사단법인 대한정신장애인가족협회 회장 조순득

옮긴이의 말

정신과의사로 일하면서, 정신질환을 앓고 있는 부모를 가진 자녀들을 만나볼 기회가 많았다. 아직 어린 학생부터 이제는 장성하여 가정을 이룬 경우까지 연령대도 다양하였다. 그중에는 잘 성장해서 좋은 학위를 취득하고, 결혼하여 가정을 이루고, 부모의 증상에 대해 잘 이해하고 자신이 할 수 있는 범위 내에서 부모를 돕는 경우도 있었고, 반대로 부모의 증상에 얽매여 같이 힘들어하거나 아니면 부모에게 매우 사무적이고 냉소적인 경우도 볼 수 있었다.

조현병에 대한 보다 효과적인 약물 치료가 70년대부터 시작되면서 조현병 환자의 결혼율은 일반인보다 낮지만, 결혼한 조현병 환자의 출산율은 일반인과 비슷해졌다. 그리고 이렇게 태어난 환자의 자녀들이 이제 30~40대에 이르고 있다. 이것은 두 가지 문제를 생각하게 만들었는데, 조현병 환자들에게 자녀를 양육하는 기술이 필요해졌다는 사실과 조현병을 가진 부모의 아이들이 잘 성장하도록 돕는 문제가 그것이다.

조현병 환자가 아이를 낳으면, 책임감이 강해져서 치료도 더 열심히 받게 되고, 회복의 의지가 강해지고 실제로 더 회복되기도 한다. 반면, 조현병 환자의 자녀들의 경우 자라면서 절반의 경우는 부모와 같은 병을 앓지 않을까, 하는 심리적 고통과 혼란을 경험하고, 이 중 8%는 실제로 조현병이 발병하는데, 이는 일반인에 비해 약 8배 정도 높은 수준이다.

그 동안의 연구는 이들 자녀의 취약성에 대해 주로 이루어졌는데, 이에 대한 비판으로 회복탄력성을 통한 타고난 잠재력의 고취와 발병 예방에 대한 연구가 진행되었다. 하지만, 이들에 대한 사회적 관심과 지지는 외국이나 한국이나 아직 초기 단계이다. 조현병은 질병에 걸린 개인의 일생을 황폐화시키기도 하지만, 가족 전체의 삶과 마음에 영향을 미친다는 점에서 가족 역시 당사자라고 할 수 있다. 아프리카 속담에 '아이를 기르는 데는 마을 전체가 필요하다'는 말이 있다. 이처럼 이 아이들을 건강하게 길러내기 위해서는 사회적인 지지와 노력이 필요하다.

이 책은 영국 유학 시절에 정신질환을 가진 부모의 자녀에 대한 논문 자료를 찾다 발견한 책인데, 마지막 장을 읽다가 많이 놀랐던 기억이 난다. 마지막 장은 자살로 생을 마친 정신과 전문의였던 작가의 오빠에 대한 이야기였다. 하버드 출신의 더할 나위 없이 똑똑한 머리로도, 최고의 전문 지식으로도 자신을 구할 수 없었다는 데 절망하였다. 개인적 차원이나 사회적 차원으로나 지식보다 필요한 무언가가 더 있다는 사실이 명확해진 순간이었다.

한번은 조현병을 앓고 있는 홀아버지를 모시고 사는 키 큰 젊은 여성이 아버지와 같이 외래에 찾아와서는 다소 무례할 정도의 공격적인 태도로 아버지의 증상 악화에 대해 따지던 일이 있었다. 결국, 몇 차례의 약물 조정 후 아버지의 증상은 호전되었다. 마지막 대화가 끝나갈 무렵, 그 딸이 말했다.

"아버지는 저를 무서워해요. 약을 안 먹으면 제가 엄청 화를 내서요. 제가 좀 못됐거든요."

솔직히 조금 놀랐다. 어려서부터 조현병을 앓고 있는 아버지와 단 둘이 자라면서, 이 젊은 여성이 느꼈을 고통이나 슬픔의 순간들이 얼마나 많았을지 짐작조차 어려웠다. 내가 대답했다.

"아닙니다. 당신은 효녀에요."

그건 진심이었다. 한동안 예상치 못했던 정적이 흘렀고, 그 딸이 분명히 무언가를 느꼈다는 게 나에게도 전해졌다. 그 사이 진료실의 온도가 조금 올라간 듯했다.

마오쩌둥이 루쉰의 소설 『아Q정전』이 나왔을 때 어떤 사회이론보다도 중국이 처한 현실을 정확히 그려냈다고 극찬했던 것처럼, 가끔은 이론보다 이야기가 무언가의 진실을 정확히 그려내기도 한다. 정신질환자의 아이들을 어떻게 하면 잘 길러낼 수 있는지에 대한 이론들은 너무나 뻔하거나 혹은 아무런 것도 나에게 이야기해주지 못했다. 여기에 소개한 이 이야기들이 더 많은 이야기들을 나누는 계기가 되어, 아이를 같이 길러내는 한 마을처럼 우리 사회를 만드는 데 조금이나마 도움이 되었으면 한다.

프랑스 작가 로맹 가리는 그의 자전적 소설 『새벽의 약속』에서 말한다.

"윌노의 그랑드 포윌랑카 16번지에 피키엘니라는 사람이 살고 있었습니다⋯."

어린 시절 로맹은 친구 피키엘니에게 나중에 유명한 사람들, 중요한 사람들을 만나면 이 말을 해주기로 약속했다. 그리고 미미한 삶을 마쳤던 불쌍한 친구의 꿈을 실현시키기로 결심하고는 영국 여왕 앞에서 이 말을 한다. 비록 여왕은 우아하게 고개를 갸우뚱하였지만 말이다. 이 믿겨지지 않을 만큼 동화 같은 이야기에 작가를 이처럼 사랑하게 된 적도 없었다.

마지막으로 이 글을 읽으시는 분들께 이 말을 할 수 있게 된 것을 나의 가장 큰 영광으로 생각한다.

"남대문 상가 C동 2층 작은 가게에, 나의 아버지가 그곳에 계셨습니다."

나의 새로운 가족이 되어준 아내와 딸에게 감사하며

이상훈

광인의 아들-
선택의 기회가 있었다면 그 누구도
참여하고 싶지 않았을 모임

'광인의 아들(Sons of Madness)'은 그 누구라도 선택의 기회가 있었다면 참여하지 않았을 모임이며, 가입 인증 절차에 대한 설명조차 어려운 모임일 것이다. 이 책에 소개되는 열두 명의 남성들은 저자와의 인터뷰에 스스로 자원해 주었고, 남성들은 자신의 감정을 드러내길 원하지 않는다는 것이 선입견일 뿐임을 보여주었다.

참가자들은 자신의 유년기 시절의 고통, 방황, 수치심과 무력감이라는 이야기하기 다소 불편한 영역에 대해 조심스레 자신들의 이야기를 들려주었다. 그중 몇몇에겐 살면서 처음 경험하는 일이었다.

정신질환을 앓는 부모를 가진 아이들에 대한 나의 관심은 내 유년기에 기인한다. 나의 어머니는 조현병을 앓았고, 나는 그

13

사실을 지난 수십 년간 숨겨 왔었다. 지난 몇 년 동안 서점이나 도서관에서 정신질환을 앓는 부모 밑에서 자란 사람들에 관한 책을 찾았으나, 십 년 전과 마찬가지로 최근에도 그러한 책은 찾을 수 없었다. 나는 결국 나 자신의 책을 쓰기로 결심하였고, 나 자신의 이야기뿐 아니라 20명의 다른 여자들의 인터뷰를 실었다. 내가 쓴『광인의 딸(Daughters of Madness)』(2007)은 이러한 주제를 다룬 몇 안 되는 책 중 하나이다.

출판사에서 아들에 대한 책에 대해서도 제안해왔을 때, 나는 그것이 매우 좋은 생각이지만 자신의 이야기를 해줄 남자를 찾는 일이 여자보다 어렵지 않을까 걱정했었다. 그러다 어머니를 돕지 못한 죄책감에 시달리다 자살한 나의 큰오빠의 이야기를 실어야겠다고 생각하게 되었다.

큰오빠는 정신과 전문의였고, 정신의학에 대한 많은 전문 지식을 가지고 있었지만, 막상 우리는 어머니에 대해서는 이야기를 나눈 적이 없다. 나는 큰오빠가 다른 사람들에게 자신의 방황과 죄의식에 대해 말할 수 있었으면 했다.

이 책은 말하기 어려웠던 평범하지 않은 이야기를 가진 사람들의 인터뷰를 실은 이 분야의 첫 번째 책이다. 내가 인터뷰했던 사람들은 그들이 자랄 때 있었으면 했던 이 책이 만들어지는 데 자신들이 기여한다는 사실에 기뻐했다.

중증 정신질환자가 대략 2천5백만 명이 있고 그들 중 많은 사람이 자녀가 있지만 정신질환을 앓는 부모를 가진 아이들의 성장 과정에 대해 다룬 책은 거의 없다. 이 이야기들을 통해, 나는 이러한 주제에 대해 우리가 더 다루게 되고, 더 이해하게 되며, 그리고 무엇보다 이 사람들에게 절친한 친구에게조차 못했을 이야기를 말할 수 있도록 기회를 주고 싶었다.

요즘은 예전보다 비교적 정신질환에 대해 편하게 얘기할 수 있는 문화적 분위기가 되었다. 정신질환에 대한 편견이 줄어들어, 10년 전에 비하면 우울증은 수치스러운 질병이 아니며, 조울증도 대중들에게 그리 낯설지만은 않다. 하지만, 여전히 조현병에 대한 편견은 매우 심하다.

이 책에 있는 이야기를 소개하자면, 아버지의 조현병을 대학 때까지 숨겨 온 마이크가 가장 친한 친구에게 이 사실을 말하자, 친구는 "그거 유전병 아냐?"라고 되물었다. 막상 마이크 자신은 다른 사람 앞에 자신의 입으로 조현병이라는 단어를 꺼냈다는 사실에 놀라 친구의 반응에 어떤 마음이 들었는지조차 잘 기억하지 못한다. 어쩌면, 이러한 이야기를 남들 앞에 꺼낸다는 자체가 매우 용기가 필요한 일일지도 모르겠다.

정신질환에 대한 낙인과 편견은 당사자뿐만 아니라 가족 모두에게도 영향을 미친다. 많은 사람들이 그것을 마치 전염병인 양 반응하는 행태에 대해 나는 그것을 '연대된 수치심(shame by associations)'이라 칭한다. 사람들은 정신질환을 전염되는 것으로 두려워하며, 정신질환자뿐만 아니라 그 사람과 연결된 사람마저 피한다.

'낙인'이란 사람들로 하여금 당신에게서 한 발짝 뒤로 물러서게 만드는 그런 것이다. 만약, 마이크가 아버지가 암에 걸렸다고 말했다면, 친구는 아마도 '많이 힘드셨겠다. 요새는 괜찮으시니?'라고 물었을 것이다. 이에 비하면 마이크의 얘기에 대한 친구의 반응은 '너도 곧 미치는 것 아니냐?'라는 메시지였던 것이다.

나는 사람들과 인터뷰하고 그들의 이야기를 들으면서 정신질환이 그들에게 두 가지 방식으로 작용하고 있다는 사실을 알았다. 부모의 정신질환에 대해 수치스러워하면서도 그것을 말할 수 없는 상황 때문에 부모의 질환에 대한 자신들의 슬픔, 혼란, 분노의 감정으로부터 고립되었다. 부모와 같이 살아가고 이해하기 위해서는 더 많은 정보와 관심, 그리고 지지가 어린 시절의 그들에게 필요했다.

그들의 이야기는 남자아이들 역시 여자아이들 못지 않게 섬세하고, 정서적 지지와 도움이 필요하며 특히, 관계가 남자아이들에게 무척 중요하다는 심리학적 연구 결과들을 확실히 보여주었다. 나는 그들이 자신의 감정을 받아들이고 수치심을 극복하고 말하기까지 '남자다움'이라는 것에 대해 얼마나 싸워왔는지 알게 되었다.

20대부터 60대까지 다양한 연령대의 인터뷰 대상자들 중 나이가 비교적 많은 축에 속하는 사람들은 이러한 전통적 남성상이 더 강조되는 시기에 자랐다. 그들은 남자는 울지 않아야 하고 속마음을 드러내지 않아야 하며, 어떤 일에 대해서도 굳건해야 한다는 기대와 씨름해왔다. 인터뷰 대상자 중 많은 이들이 자신의 이야기를 내게 털어놓으려는 시도조차 정당성을 찾아야 하는 일로 여기고 있었다.

몇몇은 자신들의 이야기를 털어놓으며 객관적이고 사실적 태도를 유지하려 노력하였지만, 어린 시절 자신들을 괴롭혔던 고통과 혼란을 떠올리며 인터뷰 도중 눈물을 짓기도 하였다. 또한, 나의 질문에 답하려 마음을 다해 애쓰는 그들의 모습에 나는 감동받았다.

몇몇 인터뷰 도중, 나는 부모의 진단에 대한 나의 견해를 밝히기도 했다. 만난 적도 없는 그들의 부모에 대한 의견 제시가 위험할 수도 있다는 것을 잘 알지만, 이러한 의견은 진단이나 치료를 한 번도 받아본 적이 없는 이들에게는 도움이 되기도 했다.

인터뷰는 어린 시절의 기억과 성장 과정에 대한 질문들에 답하는 식으로 진행되었고, 거리가 먼 몇몇은 서면으로 인터뷰를 진행하였으며, 개인 정보 보호를 위해 가명을 사용했다.

인터뷰를 마칠 때마다 나는 인터뷰 내용과 그중 인상적이었던 부분을 다시 생각하곤 했다. 만약, 정신질환에 대한 편견과 낙인이 심하지 않았다면, 그래서 그들이 자신의 이야기를 자유롭게 말하고 도움이 필요할 때 요청할 수 있었다면, 그들의 이야기들이 지금 어떻게 달라졌을지 한번 생각해볼 일이다.

감사의 글

먼저 인터뷰에 응해주신 모든 분들께 깊이 감사드린다. 인터뷰에 응해주신 분들은 인터뷰 과정이 과거에 자신들이 그랬듯이 고통스러울 수 있을 것임을 미처 예상하지 못했으나 인터뷰를 끝까지 지속해주었다. 내 생각에는 우리에게 이러한 책들과 자신들과 같은 경험적 이야기들이 더 많이 필요하다는 사실, 정신질환을 앓고 있는 가족에 대한 수치심과 침묵이 줄어야 한다는 사실을 그들 모두 잘 알고 있기 때문에 그럴 수 있었다고 생각한다.

나는 큰오빠의 이야기를 재구성하기 위해 그의 자서전과 개인 자료들을 사용한 것에 대해 돌아가신 큰오빠와 자료를 건네준 새언니 다이안에게도 고마움을 표한다.

유능한 편집자 프래져 사 데비 카발코에게도 감사한다. 그녀와 나는 이 책의 출판에 대해 같은 생각을 갖고 지체없이 착수했다. 담당자 린다 코너는 먼저 출판된 『광인의 딸 (Daughter of Madness)』이 제자리를 찾을 수 있도록 도왔던 것처럼, 이번 작업에도 많은 도움을 주었다.

나의 환자, 독자, 동료들, 나의 소식과 고민과 성취를 같이

했던 여성 임상심리치료사 동료들, 나의 오랜 조찬 모임 동료들, 그리고 여러 '정신질환을 앓는 부모를 가진 아이들' 단체의 지지자들에게 감사드린다. 많은 조언을 얻을 수 있었던 뉴 헤이븐 작가 단체에 나를 소개해준 아니타 소이어에게 감사하다. 특히, 초기 독자들인 에익 레니, 베스 쿨러, 헤디 리페즈 그리고, 수백 통의 이메일로 매일의 진행 상황을 함께 점검해준 관계자 아이안 보비어에게 감사드린다.

차례

1부_ 양극성 장애

아버지는 어두운 그림자 같았어요.

우리 가족의 원칙: 무슨 일이 있어도 아버지를 지켜라.

나는 그 모든 폭력을 '야간 공연'이라고 불렀습니다.

그건 정서적 근친상간이었어요.
하지만 엄마는 '뭐가 문제라는 거냐?'고 말했죠.

2부_ 발달 장애, 자해 · 자살, 중독 등

3부_ 조현병

첫 번째 인터뷰_ 패트릭

아버지는 어두운 그림자 같았어요.

두 번째 인터뷰_ 벤

우리 가족의 원칙: 무슨 일이 있어도 아버지를 지켜라.

세 번째 인터뷰_ 로버트

나는 그 모든 폭력을 '야간 공연'이라고 불렀습니다.

네 번째 인터뷰_ 조쉬

그건 정서적 근친상간이었어요.
하지만 엄마는 '뭐가 문제라는 거냐?'고 말했죠.

양극성 장애(조울증)　　조현병에 비해 '천재성과 예술가들의 창조성'의 원천과 같이 낭만적으로 인식되는 경향도 있다. 많은 연예인들이 자신이 조울증을 겪고 있다고 밝히는 데도 그 이유가 없지는 않으리라 생각한다. 실제로 그러한 면이 존재한다. 어니스트 헤밍웨이(Ernest Hemingway, 1899~1961, 미국 작가)나 커트 코베인(Kurt Cobain, 1967~1994, 미국 록 뮤지션)처럼 많은 작가들과 음악가들이 조울증을 앓았고, 조증 삽화 기간에 많은 창조적인 업적을 남긴 것도 사실이다. 우울하거나 에너지가 넘치는 기간 외에는 정상적으로 회복된다. 하지만, 현실에서 조울증은 그렇게 낭만적이지 않으며, 심지어 조현병보다 환자의 정신과 삶을 파괴할 수 있다. 양극성 장애와 조현병은 많은 원인들을 공유한다. 즉, 두 질환은 별개의 것이 아니라 연속선상에 있다고 본다. 그러므로 경우에 따라서는 조증 삽화가 지나간 후에도 기능 저하를 일으키거나 증상이 잔존하거나 누적되는 경우도 있다. 양극성 장애는 한 번의 삽화로 재발 없이 완쾌되는 비율도 약 10%로 상당히 높은 편이나, 평균 일곱 번 정도 재발하는 것으로 보고되고 있다. 세 번 이상 재발 시에는 재발 방지를 위한 지속적인 약물 유지 요법이 권유된다. 양극성 장애는 조증 삽화와 우울증 삽화로 구성되는데, 짧은 기간에 증상이 발현되므로 삽화(episode)라고 명명한다. 문제는 조증 삽화 시, 극도의 흥분, 불면, 과소비, 과잉 행동, 심할 경우 환청, 과대망상, 피해망상 등을 일으켜 직장이나 가정 생활에 큰 문제가 생기고, 무리한 계약을 하거나 폭행 사건에 휘말리는 등 경제적, 사회적 손실이 발생한다는 사실이다. 1800년대부터 스웨덴에서 통풍 치료에 사용되어 오던, 리튬이 포함된 우물물이 1950년대 조울증 치료 효과가 있음이 입증되었고, 1970년대 유럽에서 발프로산이 간질 치료제(anticonvulsant)로 개발되었다가 조울증의 치료 효과가 발견되어 사용되고 있다. 문제는 이러한 리튬, 발프로산 같은 기분 안정제가 체중을 증가시키는 경우가 많다는 사실이다. 그렇지 않은 사람도 있지만, 일부의 경우 10~20kg씩 체중이 증가하기도 한다. 오랜 기간 투약해야 하는 조울증 환자의 경우, 이러한 체중 증가는 질병 자체로 인한 고통 못지 않게 환자의 자신감과 삶의 질을 떨어뜨리는 중요한 문제이기도 하다. 아이러니하게도, 요새는 다이어트 약물의 부작용으로 인해 조증 삽화가 발생하는 경우도 많아 주의를 요한다. _ 옮긴이

아버지는
어두운 그림자
같았어요.

패트릭은 사랑스러운 어머니, 두 형제와 여동생, 그리고 본질적으로는 없었던 것이나 다름없었던 아버지와, 그의 표현에 따르면 정상적으로 보이는 아일랜드계 가톨릭 집 안에서 자랐다. 비록 그의 이야기는 그의 아버지가 양극성 장애를 진단받아 치료받은 일에 대한 이야기이지만, 그 안에 더 많은 사실이 담겨 있었다. 패트릭은 종교인의 삶을 살고자 했던 적도 있었지만, 지금은 학교 상담사로서 청소년들을 상담한다. 그는 두 번째 결혼을 하였고 유전적 가족력에서 성공적으로 벗어났다고 느끼고 있었다.

빈센트 반 고흐 〈아를의 침실〉 1889년

—

1852년 3월 30일 고흐 집안의 첫째가 태어난다. 이름은 빈센트 반 고흐. 하지만 얼마 있어 곧 세상을 뜬다. 그로부터 정확히 일 년이 지난 1853년 3월 30일, 화가 빈센트 반 고흐(Vincent Willem van Gogh, ~1890)가 태어났다. 고흐의 부모는 태어나자마자 세상을 떠난 첫 아들의 이름을 이듬해 태어난 둘째에게 그대로 물려주었다. 고흐는 자신의 이름이 새겨진 묘비명을 보며 소년 시절을 보냈다. 목사인 아버지의 엄격함과 어머니의 무관심 속에 소년 고흐는 애착심을 형성하지 못했다. 고흐의 후견인 동생 테오도 불안과 우울에 시달렸고, 여동생 빌은 정신분열증으로 정신병원에서 사망했으며 막내 코어는 서른세 살에 자살했다.

조울증을 비롯한 각종 정신질환과 알코올 중독, 그리고 매독까지 앓았던 피폐한 심신을 달래고자 남프랑스 론 강가의 아를(Arles)로 휴양을 떠난 고흐는 새로운 희망에 부풀었다. 〈아를의 침실〉은 우울에서 벗어나 희망적인 내일을 상상하며 남긴 스케치다. 아를에서 화가 공동체를 꿈꾸며 '옐로하우스'로 초대한 고갱과의 만남으로 이어진 관계는 고흐가 자신의 귓불을 잘라내는 자해 소동 끝에 파탄에 이른다. 고흐의 극심한 양극성 장애는 사람들과의 정상적인 관계를 어렵게 했지만 불후의 명작들을 탄생시킨 에너지가 되었다. _ 편집자

🔲 유년기에 대해 말해주실래요?

나는 탐험하며 돌아다니는 것을 좋아하는 많은 어린아이들에게는 그야말로 완벽한 환경에서 자랐습니다. 아버지는 주정부를 위해 일했는데, 자기 일을 잘했습니다. 겉으로 보기에 우리 가족은 근사했고 아일랜드계 사람들이 그러하듯 바깥 사람들이 보기엔 화목했습니다. 아버지는 라이언스 클럽 회장이었고, 시민 소방대원이었으며, 어머니는 교육위원회 위원으로 다양한 사회 활동을 하였습니다.

🔲 어릴 적 아버지에 대해 어떤 기억이 있습니까? 비정상적으로 행동한 적이 있었나요?

내가 자라는 동안 아버지는 그림자처럼 변해가는 듯했습니다. 어렸을 땐 하트포드에 있는 키니 공원에 우리와 함께 썰매를 타러 가기도 했었죠.

하지만 예전의 아버지는 점차 사라져갔습니다. 아버지는 가족과 별로 함께하지 않았고, 함께할 때조차 가족과 삶, 그리고 모든 일에 예민해보였습니다.

내가 십대 때 어머니께서 아버지에게 조울증이 있다고 이야기한 것 같은데, 조증 상태는 별로 본 적이 없고, 오히려 우울해 하는 모습을 또렷이 봤습니다. 나는 아버지를 피하면서도 늘 그리워하는, 어쩌면 좀 우스운 상황에서 자랐습니다. 특이하게 느꼈던 게 무엇이었는지는 정확히 말하기 어렵군요. 그냥 그렇게 느꼈으니까요. 나는 아버지가 정말로 말이 없고 사회적으로 위축되어 있다는 사실을 알았습니다. 아버지는 취할 정도는 아니지만 술을 꽤 많이 마셨습니다. 이미 위축된 감정 상태에서 술은 아버지의 상황을 더욱 악화시켰습니다.

나는 대부분의 시간을 밖에서 보내곤 했어요. 부모님들이 아이들 보고 "나가 놀다 저녁에 들어오라"고들 하잖아요. 우리는 실제로 그렇게 자랐습니다. 집에서 부모형제와 함께하기보다 야구하고, 숲을 탐험하고, 그냥 밖에서 노는 것이 훨씬 좋았죠.

아버지는 종일 정규직으로 근무했지만, 부업으로 구단 배지나 셔츠를 판매하는 회사에서 일하기도 했습니다. 그래서 대부분의 시간을 집 밖에서 보냈습니다.

그 정도야 어떤지는 모르지만 어머니는 오로지 자식들을 위해 결혼생활을 유지했습니다. 어머니가 노골적으로 표현하셨는지는 기억나지 않지만 그 사실은 명백했습니다. 자식들 네 명 모두 두 번째 결혼 생활을 하고 있으니 정말 다행이라고 해야 할까요? 나는 그 사실에 대해 분개했지만, 나중에는 어머니에게 현실적으로 가능한 선택의 기회가 있었을까 생각이 들기도 하였습니다. 어머니가 어린 자식들을 함께 데리고 갔더라면, 경제적으로 매우 힘들었을 겁니다.

🎙 **아버지가 집에 계셔서 교감할 기회가 있을 때는 어땠나요?**

아무 말 없이 앉아 계신 아버지와 그를 위해 음식을 준비하는 어머니 사이의 저녁 식사 시간은 마치 고문과 같았습니다. 내 동생 마이크는 늘 큰소리로 떠들어댔는데, 나는 전장에서 참호 밖으로 동생의 머리를 밀어내는 상상을 하곤 하였습니다. 마이크는 화를 돋구는 말을 자주 했고, 그러면 아버지는 정말로 냉소적이고 상처주는 말을 했습니다. 어떨 때는 마이크가 내가 받을 수도 있는 아버지의 비난을 다 받아주어 고맙기도 하였습니다. 다른 사람들은 입을 다물어야 한다는 사실을 알았지만, 마이크는 말대꾸하며 큰소리를 쳐 스스로 곤경에 빠지곤 했습니다.

아버지가 학대하거나 하지는 않았습니다. 구타나 어머니에 대한 감정적 폭력을 본 적은 없습니다. 하지만 심한 비난과 경멸을 쏟아내곤 했습니다. 나는 문제를 일으키지 않고 조용히 있어야 한다는 것을 알았고 불행히도 어린 나이에 그렇게 순응주의자가 되었습니다. 내가 원하는 게 무엇인지 알려 하기보다 다른 사람이 원하는 것을 하라! 이것이 후에 내 생의 문제 중 하나가 되어버린 거예요.

🎙 **아버지가 아이들에게 예민해져 있는 상황에서 어머니는 어떻게 대처했습니까?**

어머니는 때로는 즉각적으로 대응하기도 했지만, 어떨 때는 시간이 지나 말로써 상황을 원만하게 수습하려 하기도 했습니다. 수년 동안 어머니는 "아버지에게 말하지 말거라, 화내실 거다"라고 말해왔습니다. 하지만 결국 어머니와 우리가 한편이 되고 아버지가 반대편에 선 상황이 만들어지곤 했습니다. 명백한 적대감은 아니었지만 상당한 긴장과 분노, 거리감이 있었습니다.

🙎 **실제로 아버지를 어떻게 느꼈습니까?**
잘 모르겠습니다. 아버지는 나에게도 그냥 미스테리였습니다. (한참을 말 없이 있다)대답하기 몹시 어렵군요.

🙎 **열두 살 이전에 아버지와 좋은 시간, 좋은 관계를 가졌던 적이 있었습니까?**
우리를 데리고 공원에 썰매 타러 같이 간 적도 있었는데, 매우 좋았습니다. 야구도 몇 번 같이한 적이 있지만, 시합이 있을 때면 주로 어머니가 오시곤 했습니다. 아버지가 우리에게 사랑한다고 말하거나 안아줬던 기억은 없습니다.

🙎 **아버지의 개인사에 대해 알고 있는 것이 있나요?**
아버지는 몇 가지 자기 이야기를 들려주었습니다. 아버지의 대학 시절, 친구들과 함께 중국 식당 위에 살아서 음식 냄새를 실컷 맡는 게 좋았다고 했습니다. 아버지가 열 살 때 할아버지가 가족을 버리고 집을 떠났다고 알고 있는데, 아버지는 그 일에 대해서는 절대 말하지 않더군요. 아버지에 대해 알고 있는 게 몇 가지밖에 안 된다는 사실이 슬퍼요.

나는 후에 아버지의 집안 식구들이 댄버리 모자 공장에서 일했다는 사실을 알았는데, 당시에는 가죽에서 털을 제거하는 데 수은을 사용했었습니다.

🙂 어쩌면 모자 제작과 관련된 정신질환(Mad as a hatter)[1]이 생겼을 수도 있었다고 생각하는 건가요?

아버지 집안사람들 중 몇 명에게 영향을 미쳤을지는 모르지만, 어느 정도는 그랬을 것이라 생각합니다. 아버지 집안에는 실제로 알콜 중독과 우울증을 가진 분이 많았습니다.

🙂 아버지의 조울증에 대해 그 밖에 아는 사실이 있습니까?

실은 잘 모릅니다. 어머니가 내게 아버지의 자살 시도를 털어놓기도 했었지만, 직접 경험하지는 못했으니까요. 아버지의 직장 상사가 아버지 친구 중 한 명에게 아버지의 일자리를 넘겨주려고 해서 많이 힘들어했고, 그 일 때문에 전

---

1 모자를 만드는 과정에서 수은을 사용하여, 수은에 중독된 사람들이 손을 떨거나 환각, 기분 조절장애가 생기는 등 정신질환이 생기는 것에 기인하는 표현이다.

기 충격 치료(electroshock treatment, ECT)[2]를 받고 시설(코네티컷, 하트포드에 있는 유명한 사설 정신병원)에 입원했었다고 생각합니다.

🎙 누가 이러한 사실들을 당신에게 설명해주었습니까? 당신이 이해할 수 있도록 도와준 사람이 있었나요?

기억이 안 납니다. 어머니가 뭐라고 얘기해주었다면, 아마도 '아버지가 직장에서 스트레스를 받았다' 정도의 애매한 설명이었을 거예요. 병원에 면회 갔었는데 치료진들이 전극을 아버지 머리에 설치하고 있었고 기억력에 지장을 초래할 수도 있다는 설명을 들었던 사실은 기억합니다.

🎙 아버지를 면회 갔을 때는 어땠나요?

실제로 아버지가 그렇게 된 모습에 망연자실했습니다. 완전히 정신이 나간 것처럼 보였거든요. 아버지는 내가 열한 살 되던 해에 ECT를 한 번 더 받았습니다.

아버지에게는 신체적 질환도 있었는데, 내가 스물한 살 되던 해에 심한 관상동맥질환을 앓았습니다. 의사들은 아

---

2 전기경련치료(Electroconvulsive Therapy: ECT)라고도 한다. 전류를 머리 속으로 흘려보내 인위적으로 간질 발작을 일으키는 치료로, 1938년 이탈리아에서 개발되었다. 정신증적 증상이 동반된 우울장애에 특히 효과적이며, 현재에도 약물에 반응하지 않는 환자들에게 사용되고 있다.

버지에게 절대 안정을 취하도록 했는데, 결과적으로 그건 정말 최악의 처방이었습니다. 아버지는 회복되는 것 같아보였지만 얼마 안 가 직장에서 심장마비로 돌아가셨습니다.

사춘기 시절은 어땠습니까?

나는 그야말로 '범생이'가 되어 문제를 헤쳐나갔습니다. 보이스카웃에 입단하여 이글스카우트[3]가 되었고, 내 두 형제들도 그랬습니다. 열여섯에 알게 된 감독관 에릭과 토요일이면 같이 일을 했습니다. 에릭은 내가 만난 사람 중 가장 외향적이었습니다. 그는 굉장한 후원자였으며 매우 사교적이었습니다. 아버지와는 정반대였습니다. 아버지는 항상 예민해 있었지만, 에릭은 그렇지 않았습니다. 그는 인생을 즐기고, 일을 즐기며, 저와 함께하는 모든 것을 즐기는 것 같았습니다.

나는 순종적인 아들이었고 아버지는 멀리 있는 사람이었습니다. 각자의 역할에 충실했을 뿐이었죠. 아버지는 우리의 성적을 비난하면서 숙제를 도와주곤 했습니다. 아버지는 수학을 잘했는데, 아버지의 도움은 차라리 시련이었습니다. 아버지의 도움이 늘 강요와 비난으로 점철되어 매우 불편했었습니다.

---

3   21개 이상의 공훈 배지를 받은 보이스카우트 단원

🙍 아버지를 기쁘게 해드리지 못한다는 생각을 가졌었나요?

아버지가 내게 단도직입적으로 얘기하지는 않았지만, 그렇게 느꼈던 적이 한 번 있었습니다. 자녀가 이글 스카우트가 되면 대개는 부모가 자녀에 대한 논평을 하죠. 그때 아버지는 나무가 우리 건물로 넘어졌을 때 자신이 아들에게서 받은 인상을 써내려갔는데, '패트릭은 다만 무얼해야 할지 알았을 뿐'이라고 썼습니다. 나는 쓰러진 거대한 나무를 쪼개었고, 어떻게 해야 하는지는 누구나 알고 있는 일이잖아요. 아버지가 돌아가신 후 어머니가 그 글을 나에게 보여주었는데, 그 글은 나에 대한 폭로였습니다. 나는 아버지에 대한 분노밖에 기억이 없습니다.

아버지의 일은 중요한 일이었고 인정을 받았기 때문에 아버지에 대한 자랑스러움도 한편으로는 없지 않았습니다. 아버지는 거의 대부분의 시간을 예민해 있거나 침묵했습니다. 저녁 식사가 마음에 들지 않거나 제때 준비되지 않으면 짜증내곤 했습니다. 부모님 사이의 애정 표현을 본 적은 없었던 것 같습니다.

🙎 친구나 형제들에게 이런 얘기들을 나눈 적이 있었나요?

나의 문제 중 하나는 이런 얘기를 누구와도 절대 나누지 않는다는 데 있습니다. 그러한 상황이 그렇게 비정상적이라고 생각했는지는 확실치 않습니다. 확실한 것은 아버지의 입원에 대해 누구에게도 이야기하지 않았을 것이란 사실입니다. 이와 관련하여 형제와도 이야기를 나눈 기억이 없습니다.

고등학교를 졸업한 후에는 상황이 어떻게 전개되었나요?

나는 착한 아일랜드계 장남들이 대개 그렇듯 신학대학에 들어갔고, 아버지가 두 번째 심장마비로 돌아가셨을 때도 신학대학에 재학 중이었습니다. 그때가 제 나이 스물한 살이었고 아버지는 고작 쉰세 살이었습니다. 장례식을 치루던 날 밤, 동생이 아버지의 외도를 내게 처음으로 이야기했습니다. 내가 정말 순진했었던 거죠. 나는 한 번도 의심해본 적이 없었는데, 나보다 어린 동생이 그 사실을 알고 있었던 겁니다.

한번은 동생이 아버지를 미행한 적이 있었대요. 집안의 가보로 할아버지가 물려주신 총을 품은 채 아버지를 찾는데 어디선가 아버지의 여자가 아버지를 차에서 내려주는 걸 보았다는 거예요. 그때 아버지를 죽이지 못한 건 총알을 찾을 수 없어서라고 하더군요.

아버지가 외도를 저질렀다는 사실에 정말 놀랐습니다. 아주 뜬금없다고 생각하지 않았던 것을 보면 나도 아마 어느 정도 눈치는 채고 있었을 수도 있었습니다. 그럼에도 정말 놀란 것은 동생이 아버지를 총으로 쏘려고까지 생각했다는 사실이었어요.

🗨 그 동생이 바로 거침없이 말했다던 그 동생이지요? 동생은 당신을 포함해 가족애가 강했던 것 같습니다. 당신은 주위 눈치를 살폈지만, 동생은 꽤 문제될 만한 그런 감정에 대해서도 과감히 표현했었던 것 같네요.

나중에 어머니와 내가 다락방에 올라가 사진을 뒤진 적이 있었는데, 어머니께서 "내 생각엔 네가 이 사진을 봐야겠구나" 하며 말한 적이 있었습니다. 아버지가 그 여자와 케이프에서 함께 찍은 사진이었습니다. 어머니는 '오라일리 부부께, 저희 호텔을 이용해주셔서 감사합니다'라고 종종 호텔로부터 전화를 받거나 편지를 받았었다고 했습니다. 당연히 어머니는 호텔에 머문 적이 없었죠. 그야말로 속상한 이야기였습니다.

🗨 당신은 어떻게 반응했습니까?

물론 많이 놀랐고, 아버지에 대한 분노가 치밀었습니다. 관계가 소원해진 데 대해 어머니도 어느 정도 원인 제공을 했겠지만, 상황은 분명해보였습니다. 조금 더 알아보았는데, 한두 번 만난 정도가 아니라, 이 여자와 25년을 만나고 있었습니다.

내 상담사와 일전에 이 사실에 대해 이야기를 나눈 적이

있었는데, '25년 동안 지속된 관계라면, 아버지에겐 매우
중요한 관계였겠군요?'라고 얘기하더군요. 나는 그런 관점
에서는 단 한 번도 생각해본 적이 없었는데, 도덕적인 잣대
를 내려놓으니 심정이 더 복잡해졌습니다.

🎤 시간이 지나 그 일에 대해 어머니나 형제들과 더 이야기를 나눈 적이
있었나요? 25년간 어떤 일이 일어났던 것인지 이해해보려는 노력을
해봤나요? 그러한 사실은 그때까지 당신이 보아왔던 가족들의 모습과
는 다른 매우 엄청난 내용인 것 같은데….

대학원 시절에 어머니와 우리 가족사에 대해 이야기를 나눈
적 있었습니다. 어머니는 아버지의 외도에 대해 이야기를 나
누다 식탁에서 일어나 창가에 선 채 멍하니 창 밖을 내다보
면서 "그래도 나는 아버지를 정말 사랑한다"라고 하더군요.
'세상에, 사람들이 무슨 경험을 하고 그 경험을 어떻게 느끼
는지 내가 정말 알 수 있을까?' 하는 생각이 들더군요. 그야
말로 단적으로 상황을 잘 보여주는 순간이었습니다.

🎤 아버지가 돌아가신 후 아버지의 외도와 동생의 그런 반응에 당신은 어
떤 느낌을 받았나요?

꽤 충격을 받았습니다. '나는 조울증 오입쟁이의 아들이야,
이게 내 운명이야'라고 생각하며 심한 우울증에 빠져들었
습니다. 아버지가 돌아가신 때는 질풍노도의 시기였습니

다. 내 자신의 진로에 대해서도 확신하지 못했고, 왜 그런지도 모른 채 우울증에 빠져들고 있었습니다.

아버지가 돌아가셨다는 소식을 처음 들었을 때 실은 안도했었습니다. 아버지와 나의 관계는 너무 부정적이고 소원해서, 그다지 슬프지도 않았습니다. 그리고 집에 갔는데, 아버지의 불륜 때문에 아버지를 죽이고 싶었다는 동생의 말에 굉장히 당황했습니다. 신부님이 내가 힘들 것 같다며 사제 서품 전에 시간을 좀 갖고 쉬어야 한다고 이야기했습니다. 그때 상담사를 찾아 모든 사실을 털어놓고 제 자신에 대해 보다 잘 이해하게 된 것이 많은 도움이 되었습니다. 심한 고립감을 느꼈었는데, 지금 생각하면 그때 약을 먹었어야 했었던 것 같습니다.

🙎 그 당시 당신 또한 조울증이 있는 건 아닌지 하는 걱정은 없었어요?

별로요. 오직 살아남으려고 애쓰던 시기였습니다. 아버지가 돌아가시기 전부터 이미 우울증은 있었는데, 아버지의 죽음으로 더 가중되었습니다. 나에겐 정말 어두운 시절이었고, 도움이 절실했습니다. 아버지와 같은 병을 진단받는 것에 대해서는 별로 걱정하지 않았지만, 술을 많이 마시는 습관이 아버지와 비슷해서 주위 사람들로부터 충고를 들으면서 '정말 이래선 안 되겠다'라고 깨달았죠.

그러던 와중에, 신학대학을 떠날 것을 요구받는데, 충

격이었습니다. 치료를 받았지만 우울증은 꽤나 오래 지속
되었습니다.

🧑 당신이 그런 일을 겪는다고 가족들에게 이야기한 적이 있나요?

나에 대한 걱정으로 불안스러워하는 어머니를 보호해드려
야 한다는 생각에 어머니에게는 아무 이야기도 하지 않았
습니다. 다른 사람에게도 이야기하지는 않았을 겁니다. 그
게 바로 우리 가족이었으니까요.

🧑 그런 일을 겪은 후 다른 가족들은 어떻게 지냈습니까?

여동생은 잘 지냈습니다. 잘 생긴 멋진 남자와 결혼했었는
데, 알고보니 바람둥이였습니다. 그 후 이혼하고 정말 좋은
남자와 재혼했는데, 두 번째 남편이 갑자기 죽고 나서 동생
은 피폐해졌습니다. 거침없이 말을 내뱉던 남동생은 반듯
하게 지내지 못하고 빈둥거리다가 해군에 입대하였습니다.
막내 동생은 잘 지냈던 것으로 보입니다. 우리는 그 일에
대해 서로 말하지 않았기 때문에, 형제들이 가족사에 대해
감정적으로 어떻게 대처했는지는 잘 모르겠습니다. 말씀드
린 대로 그게 바로 우리 가족의 모습이었으니까요.

🙋 아버지 주변 사람들은 아버지에 대해 어떻게 반응했었나요? 그들은 아버지에게 벌어지고 있는 일에 대해 어떻게 생각했을까요?

사람들은 아버지에 대해 별로 신경 쓰지 않았습니다. 외가 친척들은 이모와 이모를 학대하는 이모부 문제에 대해 걱정하기에 바빴습니다. 아버지는 볼링을 치러간다며 나가곤 했었는데, 나는 그게 아버지가 애인을 만나러 갔던 건 아닐까 생각했습니다.

아버지와 마찬가지로 어머니도 우울했었을 거라 생각합니다. 돌이켜보면, 어머니는 아버지의 외도를 알고 계셨을 테고 그 상황을 매우 불행스럽게 여겼으리라 확신합니다. 어머니는 당신보다 우리와 결혼 문제를 겪는 여동생을 더 걱정했습니다.

사실, 어머니는 아버지가 그렇게 오랫동안 숨겨왔던 비밀을 알았던 것으로 보입니다. 아버지가 볼링을 치러 나가면, 어머니는 알고 있으면서도 아무 말 하지 않았던 것 같습니다. 어머니는 자신의 결혼 생활에 대한 실망과 분노, 슬픔으로부터 아이들을 보호하려고 매우 애썼던 것 같습니다.

어머니가 내게 말한 것 중에 기억나는 부분이 또 하나 있습니다. 두 분이 결혼한 지 얼마 안 되어 아버지가 공원에서 임산부에게 추근대다 연행된 적이 있었다네요. 감옥에 가거나 직장을 잃을 수도 있었는데 어머니가 경찰에 아는 사람이 있어 일을 무마했다고요. 아일랜드 여자의 인내심으로 아이들을 위해 버텨왔던 것이었죠.

두 분이 어리기도 했지만, 어머니가 외가를 부양해야 되는 상황이어서 양가에서 그 결혼을 반대했었다고 해요. 어머니는 코네티컷 칼리지(코네티컷의 일류 여자 대학이었습니다)에 합격했지만, 가족을 위해 돈을 벌어야 해 포기했습니다.

어머니의 이야기는 가려져 있었습니다. 어머니는 코네티컷 칼리지에 합격할 만큼 가능성이 훌륭한 모범생이었음에도 가족의 생계를 위해 기회를 포기해야 했던 겁니다. 그 후 좋은 남편이 될 수 없는 사람과 결혼했고, 그러한 아버지의 외도는 어머니에겐 정말 큰 고통으로 다가왔겠죠.

어머니는 불평하지 않았습니다. 어머니는 자신의 소원이나 삶에 대해 어떤 것도 이야기하지 않았습니다. 항상 같은 자리에 계셨지만, 어머니의 삶은 항상 누군가의 배경일 뿐이었습니다.

🙍 아버지의 사망에 대해 어머니는 어떻게 반응하셨나요?

잘 모르겠습니다. 어머니의 일기로 미루어 무척 불행스러워하셨다는 것을 알게 되었습니다. 1963년 들어 두 분 사이에 이혼 이야기가 돌았고, 얼마 안 있어 아버지가 돌아가셨습니다. 아버지가 돌아가신 후 나는 어느 정도 안도했는데, 아마 어머니도 그러셨을 겁니다. 어머니가 나중에 말씀하신 것처럼, 어머니는 아버지를 사랑했지만 만약 이혼했다면 아버지와의 모든 것을 잊었을 거라 생각합니다.

🙍 **사내아이가 자라 어떻게 남자가 되고, 어떤 남자가 되어야 하는지에 대해 이 모든 상황들이 당신에겐 어떤 의미로 다가왔습니까?**

나는 오랜 세월을 아버지 같이 될까 봐 몹시 불안해 했습니다. 알코올 중독자가 되는 것은 아닐까? 바람둥이가 되는 건 아닐까? 나는 아버지, 할아버지, 증조 할아버지의 성을 물려받았고, 그 무거운 중압감을 안고 자랐습니다.

🙍 **세상에 나선 남자로서 자신이 어떻게 행동해야 한다고 생각했습니까?**

나는 롤모델로서는 아버지를 무시했습니다. 그렇게 하고 싶지 않았고, 일종의 상실감을 느끼기도 했습니다. 고등학교 시절 만난 에릭은 아버지와 매우 달라서 나에게는 가장 훌륭한 롤모델이 되었습니다.

🙍 **신학대학을 그만두고, 대학원에 다녔다고 하셨지요?**

네, 신학대학으로 다시 돌아가지 않았습니다. 나에게 맞지 않는다는 것을 알았고 그들 역시 동의해주었습니다. 오랫동안 지속되었던 우울증을 극복한 후, 나는 자기의 우울증을 도와주려던 나를 오히려 탓했던 우울증을 앓던 여자와 결혼했습니다! 우리에겐 두 명의 아이가 있었는데, 아이들이 어려서 이혼이 어려웠습니다. 결정이 쉽지는 않았지만, 나는 외도는 할 수는 없다는 생각에 결국 이혼을 결심하였고, 그 결정은 전적으로 옳았다고 생각합니다.

🙋 **당신의 이야기는 당신의 부모님이 자식들 때문에 결혼 생활을 지속하기보다 차라리 이혼을 했다면 더 나았을 거라고 암시하네요.**

이혼 이후 '지금부터의 삶은 오롯이 나의 것이다. 유령들은 사라졌다. 나는 부모님이 살았던 삶을 살지 않을 거야'라고 생각했습니다. 아이들의 고통에도 불구하고, 나는 나의 부모님이 살았던 삶을 원하지 않았습니다. 아이들과는 친하게 잘 지내고 있습니다. 나는 재혼했고, 아내와 대등한 관계에 있습니다. 우리 부부는 서로 독립적으로 각자의 삶을 살고 있습니다. 아내는 운동을 많이 하는데, 이렇게 운동을 좋아하는 여자는 처음이에요. 아버지가 건강이 안 좋았고 심장마비로 돌아가셨기 때문에 나는 항상 운동과 영양에 신경을 씁니다. 오십대 초반에 심장에 가벼운 문제가 있었지만, 아버지와 달리 문제가 있다는 사실을 알고 나서 두 시간도 안 되어 러닝머신에 올랐습니다. 그 이후 별다른 문제 없이 잘 지내고 있습니다.

현재의 결혼 생활에서 나는 누구를 구원할 필요도 없고, 긴장과 분노의 상태로 살지 않아도 되었습니다. 우리 부부는 별다른 문제 없이 잘 지내기 때문에 모든 것을 시시콜콜 서로 이야기할 필요도 없어요. 쇼파에 앉은 남녀 위로 '관계에 대해 아무 말도 하지 않아줘 고마워'라고 크게 써 있는 존 칼라한의 만화가 생각나는군요. 나는 예전보다 감정적으로 더 강해졌고, 자신감과 여유를 느낍니다.

패트릭의 이야기에 대한 나의 고찰

패트릭의 이야기는 1950년대 아일랜드계 가정이라면 아마도 드물지 않았을 외면과 부정, 그리고 망각에 대한 이야기이다. 아버지가 비난과 침묵을 반복하면서 가족과의 시간이 긴장과 불편으로 점철되었다. 패트릭은 어떠한 공격성도 회피했지만, 동생과 아버지와의 관계는 그렇지 않았다.

패트릭에게 있어 아버지의 25년간의 외도는 나머지 가족사에 연관시키기 힘든 일이었다. 하지만, 그렇게 오래된 관계라면 패트릭이 태어나기도 전에 시작된 일이었다! 이것을 다시 가족사에 연결해보면, 아버지는 시간과 감정을 함께하던 또 다른 가족과, 적어도 또 다른 아내가 있었기에 부분적인 감정적 부재가 있었던 게 아닌가 추측된다. 그 상황을 알고 있던 패트릭의 어머니는 자신에게 관심을 보이지 않는 남편에 대한 실망과 분노, 낯섦을 심하게 느꼈을 것이다. 어머니가 붙든 끈은 아이들이었고, 아이들은 그 이유는 몰랐지만 그 사실만은 알고 있었다.

　패트릭에게 아버지의 행동은 조울증 진단을 받고 입원해서 전기충격요법을 받아야 했을 정도로 우울증을 앓던, 말없이 불행해 하고 때때로 화를 내던 사람으로 비쳤을 것이다. 아버지를 그토록 불행하게 만들었던 숨겨진 이유들에 대해 알 수도 있었을 텐데, 그런 대화는 거의 없었던 것이 확실해 보인다. 본질적으로, 아버지뿐만 아니라 전 가족이 이중적 삶을 살아 온 것이다.

　아버지의 외도가 밝혀지기 직전에 시작되어 아버지의 죽음 이후 오랜 시간 지속된 패트릭의 우울증은 이러한 가족의 무거운 비밀 때문이 아니었을까 생각해 보게 된다. 그가 찾은 치료는 이러한 문제로부터 빠져 나오는 데 확실한 도움이 되었고, 그는 이혼을 통해 불행한 결혼이라는 가족 유산에 대한 자신의 두려움을 깨뜨렸다. 지금 그는 자신의 삶과 일, 결혼을 즐기는 활력 넘치는 건강한 사람이다.

패트릭의 이야기로부터 우리가 배울 점은 무엇인가?

아버지의 정신질환에 대한 침묵이 그의 가족 가운데 큰 구멍을 만들었다. 가족을 지키며 아이들을 보살피는 동안의 어머니의 내면적 삶은 미스테리로 남았다.

가족을 이렇게 지키는 것에는 분명 이득도 있다. 만약 어머니가 이혼했더라면 상황이 더 힘들 수도 있었다는 패트릭의 얘기가 옳을 수도 있다. 하지만, 그건 너무나 명백한 사실을 의도적으로 외면해야 했고, 가족 모두가 안 그런 것처럼 행동해야 하는 상황에서는 역기능적 패턴이 반복될 수도 있었다.

패트릭의 이야기로부터 배울 수 있는 한 가지는, 비밀이 관계를 거의 보이지 않을 정도로 약하게 만들 수 있다는 사실이다. 패트릭과 아버지의 관계가 이와 같았다. 그는 아버지의 내면적 삶에 대해서는 한두 가지 정도밖에 알지 못한다. 그의 아버지는 역 롤모델이었고, 패트릭의 이루지 못한 욕구였던 따뜻함이나 실질적인 관계는 없었다. 어머니와 친밀하기는 했지만, 어머니의 삶이 어떠했는지, 어머니의 선택이 왜 이루어졌는지 그는 몰랐다.

이 가족 구성원 모두가 서로에게 비밀을 지켰던 이유는 구성원 각자를 보호하려던 시도였던 것으로 보인다. 하지만, 이런 보호는 가족 간의 진실한 온기와 관계의 상실이라는 대가를 치르고 이루어진 것으로 보인다.

옮긴이 후기_

아버지의 부재

조현병이든 양극성 장애(조울증)든 부모가 가진 정신질환의 종류보다는 질환의 정도가 자녀에게 영향을 미친다는 연구 결과도 있지만, 질환의 종류에 따라 환자가 경험하는 어려움과 상처가 다르듯 가족들이 경험하는 어려움과 상처도 다르다. 조현병의 경우, 인지 장애와 사회적 기능이 손상되어 장애로 고정된 경우, 질환으로의 의미도 있지만 질환에 의한 장애인으로서의 사회적 위치를 가지게 된다. 질병의 경과상 40대가 넘어서면서 비교적 안정되어 기능과 증상의 변화가 크지 않게 되는 경우가 많다. 하지만, 양극성 장애의 경우 평소에는 정상적으로 인식되다가 조증 삽화가 나타나면서 전혀 잠을 자지 않거나, 쉴 새 없이 말하고 돈을 물 쓰듯 쓴다든지 싸움을 일으킨다든지 하는 문제 행동을 일으켜 가족에게 정서적, 현실적 어려움을 안기게 된다. 또한 양극성 장애의 경우 대부분 조증 삽화 기간보다 우울증 기간이 양극성 장애 I형* 은 3대 1, 양극성 장애 II형은 37대 1로 상대적으로 길어 겉으로는 우울증의 모습을 보이는 경우가 많다.

건강한 성인 남성의 롤모델로서 '아버지의 부재'는 아버지의 질환이 조현병인 경우나 조울증인 경우나 같겠지만, 조현병의 경우는 '아버지, 불쌍한 내 장난감/내가 그린, 물그림 아버지'**라는 기형도의 시처럼 힘 없고 부서지기 쉬운 아버지인 반면, 조울증의 경우 패트릭의 경우와 같이 '말 없이 불행해하고 때때로 화를 내던' 아버지일 수 있다. 전자의 경우, 아버지에 대한 엄청난 분노와 비난은 상응하는 죄책감으로 무의식적으로 억압되어 인식하지도 못하는 경우가 있는 반면, 조울증의 경우에는 보다 자유롭게 인식되고 표현될 수 있을 것이다. 조울증의 경우 관계적인 어려움으로 인식하게 될 가능성이 높아 조울증을 가진 부모에 대해 개인적으로 비난하게 될 가능성 역시 부모가 조현병을 가진 경우에 비해 높다고 본다. 패트릭의 경우도 아버지에 대해 '조울증 오입쟁이'라고 조금 더 자유롭게 비난하고 무시했었다. 이처럼 자신의 분노와 고통에 대해 조금 더 자유롭게 인식하고 받아들일 수 있다는 사실이 부모가 조현병인 경우에 비해 다른 양상이라고 생각된다. 분노와 비난을 죄책감으로 억압하게 되는 경우보다 상황이 더 낫다고 할 수는 없지만 다른 마음의 숙제를 가지고 있다는 것만큼은 명확해 보인다.

---

* 양극성장애 I형은 조증 삽화의 과거력이 있는 경우이고, 양극성 장애 II형은 1회 이상의 주요 우울 삽화의 병력에 더해 조증 진단 기준에는 미치지 못하지만, 뚜렷한 기분 고양이나 과민 등 경조증 삽화가 적어도 1회 이상 있는 경우이다.

** 기형도의 시 〈너무 큰 등받이 의자-겨울 판화 7〉『입 속의 검은 잎』(1989) 중, 문학과지성사

두 번째
인터뷰
벤

우리 가족의 원칙:
무슨 일이 있어도
아버지를 지켜라.

벤은 부모님과 누나, 두 여동생과 함께 뉴욕주에서 자랐다. 그의 아버지는 뛰어난 예술가였고 벤이 흥미 있어 하는 모든 것들에 대해 훌륭한 선생님 역할도 해주었지만, 한편으론 변덕스럽고 자기 자신에게 함몰된 사람이었다. 아버지는 종종 정신 이상과 망상에 시달렸으며, 양극성 장애 진단으로 이 병원 저 병원에서 모두 합해 3, 4년을 보냈다. 벤은 아버지의 좋은 면과 나쁜 면을 모두 포용하려 애썼지만, 아버지를 돌보고자 했던 노력이 수포로 돌아간 자신의 방식을 돌아볼 필요가 있었다. 벤과 그의 아내는 역시 양극성 장애를 진단받은 아들을 대담하게 잘 다뤄왔고, 벤은 침묵과 절제라는 가족의 불안한 유산을 더 이상 대물림하지 않기로 결심했다.

카미유 클로델, 〈클로토(Clotho)〉, 1893년

부당하게도 여전히 로댕의 뮤즈로 호명되는 조각가 카미유 클로델(Camille Claudel, 1864~1943). 열아홉 살에 로댕(Auguste Rodin, 1840~1917)을 만나 제자와 모델로, 그리고 연인으로 이어졌던 관계는 십여 년 만에 파탄에 이른다. 이후 클로델은 당대 최고의 조각가로 발돋움하지만 로댕과의 관계가 드리운 그늘에서 헤어나지 못한다. 로댕의 승승장구는 클로델의 우울증과 피해망상을 부채질하는 주요인이었다. 급기야 "로댕이 나의 재능을 두려워해 나를 죽이려 한다"는 망상에 시달리다 가족들에 의해 강제로 정신병원에 수용되기에 이른다. 마흔아홉 살에 입원한 정신병원에 30년간 감금된 채 다시 세상의 빛을 보지 못하고 생을 마감한다. 그녀의 작품, 그리스 신화에 나오는 운명의 여신 〈클로토〉는 마치 자신의 앞날을 예견하고 있는 작품 같다. _ 편집자

1차 인터뷰

🧑 아버지가 뭔가 이상하다고 처음 느낀 시점은 언제입니까?

여섯 살 즈음이었는데, 부모님은 자마이카 여행을 계획하고 있었습니다. 그런데 갑자기 아버지가 향군병원에 입원하여 전기충격치료를 받아야 했습니다. 그 모습은 마치 영화 '뻐꾸기 둥지 위로 날아간 새'의 한 장면과 같았습니다. 아버지가 집으로 돌아오셨는데, 언제 어떤 약을 먹어야 되는지 분류되어 있는 약상자를 가지고 오셨습니다. 주말마다 여동생들과 나는 아버지의 약통 정리를 도왔습니다. 아버지는 그 약들을 왜 복용해야 하는지에 대해서는 설명하지 않았습니다. 우리는 그저 아버지가 약들을 구분해 통에 정리해 담는 것만 도와드렸을 뿐이죠. 아버지의 입원과 약이 상관이 있다는 사실은 한참 지나서야 알게 되었습니다.

🧑 그 일이 있기 전에 아버지는 어땠습니까?

아버지는 매우 장난기가 많았습니다. 공들여 만든 손가락 인형으로 인형극을 했습니다. 거실과 부엌 사이에 천을 걸고, 우리는 아버지가 연출하는 놀라운 그림자 인형극을 보곤 했습니다. 아버지는 우리 가족을 앞에 두고 미술사 강의를 연습하곤 했죠. 아버지가 일하던 대학 도서관에서 영화 프로젝터와 필름통들을 들고 오곤 했는데, 집에서 영화 보는 것이 너무 좋았습니다.

아버지는 매우 자상했고 모든 일에 여유가 있었습니다. 나는 그런 아버지의 좋은 점들을 많이 기억합니다. 어렸을 때, 아버지의 작업실에 가면 아버지는 공룡을 만들건, 건물을 만들건, 수업용 누드 모형들을 살피건 내가 원하는 것은 무엇이든 하도록 해주었습니다. 돌아다니며 이것저것 해도 대수롭지 않게 받아주었습니다. 청소하시는 분이 들어오시기라도 하면, 아버지는 학장님을 대할 때와 같이 정중하게 그분과 이야기하곤 했습니다.

그 모든 관계들이 좋았던 이유는 아버지와 나의 연결고리가 아버지가 원하는 일과 일맥상통했기 때문입니다. 예컨대, 내가 연극을 하면 아버지는 내 연극을 보러왔습니다. 합창단에서 공연하면, 아버지는 그 공연을 들으러 왔습니다. 하지만 아버지는 축구 경기나 수영, 육상 모임엔 관심이 없었기 때문에 거기엔 한 번도 함께한 적이 없습니다. 내가 참가한다고 해도, 또는 함께하길 원해도 아버지는 결코 함께하지 않았을 것입니다. 우리 관계는 관심 분야가 같을 때는 훌륭했습니다. 아버지는 자상하고 훌륭한 선생님이었고, 매우 사랑이 많은 다정한 분이셨습니다.

하지만, 분별력을 잃은 적도 있었습니다. 아버지는 이차대전 참전 군인으로서 심한 트라우마가 있었습니다. 아버지의 동료 중 한 분이 아버지를 구하다 전사한 거예요. 아주 어렸을 때, 아버지로부터 끔찍한 이야기들을 많이 들었습니다. 아버지는 집단 수용소 탈환 전투에 참가했었는데, 그 역시 트라우마였습니다. 수용소를 탈환한 병사들 대부분이 그 당시 사진을 찍었었는데, 내가 일곱 살일 때 아버지는 내게 그 사진을 보여줘도 괜찮을 시점이라고 생각했던 것 같습니다. 오늘까지도 나는 아버지가 그때 그렇게 하지 않았어야 한다고 생각합니다. 일곱 살짜리 아이가 그러한 상황을 감당할 수 없었을 텐데 아버지는 그렇게 생각하지 않았던 것이죠.

🧑‍🦰 아버지가 입원했을 때, 그 일에 대해 당신에게 이야기해준 사람이 있었나요? 어머니는 무슨 말씀 안 했었나요? 어떻게 대처했습니까?

아니요, 우리는 그 일에 대해 이야기하지 않았습니다. 명백한 사실이었지만, 모든 것은 일상처럼 흘렀습니다. 궁금했지만 어머니의 메시지는 분명했습니다.

"아무것도 묻거나 이야기하지 마라."

그렇게 어머니는 모든 것을 '일상적'으로 대했고, 우리에게도 그러기를 바랐습니다.

🧑‍🦰 유년기에 특별히 기억할 만한 것이 또 있나요?

아홉 살 무렵에 웃긴 일이 한번 있었습니다. 아버지가 저녁 식사에 인디언 여자를 초대했다고 어머니께 하는 말을 우연히 들었습니다. 나는 그녀에게 잘 보이려고 모호크족[1] 머리를 하기로 결심하고 아버지께 말씀드렸더니 바로 승락하셨습니다. 아버지는 나의 그런 행동이 정말 색다른 창의적인 일이라고 여겼던 것 같습니다. 손님을 모신 아버지의 차가 도착하고 사리[2]를 입은 인도 여자가 내리는 걸 보는 순간, 나는 당황할 수밖에 없었습니다! 시간이 지나 십대가 되었을 때 나는 머리를 길렀었는데, 교감 선생님이 이발하라고 권고하기 위해 아버지를 학교로 불렀습니다. 아버지가 학교에 왔는데, 아버지 머리는 내 머리보다 더 길었습니다. 그것으로 얘기는 끝났죠.

🙎 아버지의 그러한 성향에 부정적인 측면이 있었습니까?

네, 아버지는 여러 측면에서 소년 같았습니다. 청소년보다 나은 판단을 하지 못했습니다. 150장에 달하는 체계적이고 세세한 미술사 강의는 잘 준비하면서도 정작 다른 일에 대해서는 아버지가 무슨 생각을 할지 아무도 몰랐죠. 아버지는 한편으로는 재미있고 창의적이며 별났지만, 신뢰할 수 있는 어른은 아니었습니다.

---

1 북아메리카 동부해안과 오대호 부근에 거주하던 원주민
2 인도 여성들이 입는 옷

🔘 가족이 남들과 다르다고 생각한 시기는 언제부터였습니까?

아버지가 남다르다는 사실은 늘 알고 있었습니다. 남다른 옷을 입고, 때로는 베레모를 쓰고 목에 스카프 같은 것을 두르기도 했습니다. 창의성이 넘쳐 다른 분들은 할 수 없는 일도 할 수 있었습니다. 내가 아는 다른 아버지들은 내가 보기엔 매우 지루한 일을 한다고 알았습니다. 그들은 낮에 어딘가로 가서 무언가를 하고 집으로 돌아오곤 했죠. 아버지는 집에 작업실을 두고 있었기 때문에 아버지가 하는 일을 항상 옆에서 볼 수 있었고 흥미진진했습니다. 가끔 다른 아이들이 집에 놀러왔지만 아버지에 대해 나쁘게 생각하는 것 같지는 않았습니다. 가끔 아버지는 이것 저것 가르쳐주기도 했고, 숙제를 도와주기도 하였습니다.

🔘 자라면서 가족이 유럽에서 잠시 지내기도 했다는데, 맞지요?

네, 아버지는 내가 열 살 무렵에 장기 유럽 여행을 계획했습니다. 가족 전체가 유럽의 모든 미술관을 관람하며 여러 나라를 다녔습니다. 너무나 흥미진진한 여정이었고 여러 달 머물 예정이었습니다. 이탈리아에 3개월 정도 머무를 때였는데, 아버지가 심하게 아파 입원해야 했습니다. 그 당시 누나와 함께 아버지가 입원해 계신 곳에 갔던 기억이 있습니다. 마치 거대한 격리벽과 철창이 있는 오래된 큰 감옥과 같아서 우리는 입구의 철창을 통해 아버지를 볼 수밖에 없었습니다. 안으로 들어가지 않은 게 다행이었죠. 내겐 너무 무서운 경험이었습니다.

아버지가 그곳에 얼마나 계셨는지는 기억 나지 않지만, 그 동안에도 어머니는 모든 것을 지극히 일상적으로 대했습니다. 이탈리아어도 못 했고, 여행을 직접 준비한 것도 아니었는데, 유럽에서 아버지가 입원해 있는 상황에서 어머니는 네 명의 아이들을 돌봐야 했습니다. 나는 어머니가 별로 힘든 티를 내지도 않으면서 어떻게 그렇게 해냈는지 정말 모르겠습니다.

아버지가 입원해야 했던 이유를 기억하시나요?

누나에게 무슨 일인지 물었지만, 누나도 나와 나이 차이가 많지는 않아서 모르기는 매한가지였습니다. 나는 왜 아버지가 아픈지, 왜 그런 곳에 있는지, 언제 다시 만나게 될지 궁금했습니다. 정말 병원이 아니라 감옥 같아 보였습니다. 그래서 혼란스러웠습니다. 나와 누나는 그 동안 동생들을 돌봐야 했기 때문에 어머니만 면회를 다녔습니다.

아버지는 아프기 전에 로마의 작업실에서 많은 시간을 보냈습니다. 아버지가 괜찮았을 때는 함께 있는 게 정말 좋았습니다. 어떻게 석고를 사용하여 조각하는지, 어떻게 그림을 그리고 색칠을 하는지, 끌의 날은 어떻게 세우는지 등 많은 것들을 가르쳐주었습니다.

하지만 무서웠던 순간들도 있었습니다. 로마의 작업실에서 아버지는 '하피(Harpy, 고대 그리스 로마 신화에 나오는 여자의 머리와 몸에 새의 날개와 발을 가진 괴물)'를 조각하던 중 어느 날 완전히 미쳐버렸습니다. 작업실에서 여러 번 일어난 아버지의 행동으로 보아 맹세컨대, 아버지는 자신이 작업하던 괴물의 상을 실제로 보고 있었다고 얘기할 수 있습니다. 아버지는 정말 그 괴물들이 내려오는 것을 보았던 거예요. 갑자기 매우 겁에 질린 행동을 하고, 눈을 감은 채 신음소리를 내기도 했죠.

때로는 야외로 나가기도 했었는데, 그럴 때면 아버지는 스케치북을 들고 가곤 했습니다. 그런데 아버지가 갑자기 무언가에 대한 두려움에 빠져 바로 돌아와야만 한 적도 있었습니다. 아버지는 자신이 본 것과 하피에 대해 한두 번 이야기한 적도 있었습니다. 무서웠지만 그 무서움을 다른 데로 돌릴 곳도 없었습니다. 누구에게도 그 이야기를 할 수 없었습니다. 그건 어머니가 절대 물어볼 일도 없을 오로지 아버지와 나 사이의 비밀이었습니다.

🧑 그러한 관계가 다른 아이들과 아버지의 관계 방식과는 다르다는 것을 언제 알았습니까?

대학에 가서야 알았습니다. 나는 또래 친구들이 별로 없었습니다. 주로 시간을 함께했던 사람들은 아버지의 제자들이거나 그 비슷한 사람들이었습니다. 그 과정에서 아버지는 좋은 본보기가 되어주지는 못했습니다. 아버지는 모욕이나 무시를 당한다고 생각하면 매우 예민해졌고, 친구를 사귀다가도 무슨 이유인지 화가 나면 다시는 그들과 상종하지 않았습니다. 나는 내 또래 아이들과 공통점을 느낄 새도 없이, 내 일에만 집중했습니다.

🧑 당신에게 중요했던 다른 어른은 없었습니까?

예전에 육상과 축구를 했었는데, 힘들었지만 육상 코치는 제게 엄청나게 도움이 되었습니다. 한번은 코치 선생님이 제게 말했습니다.

"자 봐라, 벤. 너는 비록 육상 스타로서의 소질은 많지 않지만, 팀 내에서 누구보다도 열심히 하고 110퍼센트의 노력을 기울이고 있어. 네가 열정을 기울일 분야를 찾으면, 너는 그 분야 최고가 될 수 있을 거야."

그 말은 어떤 선생님에게 들었던 말들보다 많은 의미를 제게 안겨주었습니다. 아버지가 그런 말을 해주었더라면 좋았을 텐데 말이에요.

🧑 양가에 가족이 많았습니까? 당신이 커가는 동안, 그들이 당신 가족에게 관심을 가졌습니까?

친할머니 친할아버지께서는 일찍 돌아가셨고, 어머니는 외삼촌이나 이모들과 잘 지내지 못했습니다. 삼촌과 고모가 있었는데, 나는 그분들을 좋아했지만 자주 보지는 못했습니다. 아버지의 일가 친척 중 몇 분은 유대인 학살 와중에 희생되었습니다. 부모님 친구 분들을 아는데, 아버지는 다른 친구들로부터 외면당했습니다. 우리가 함께 외출하여 우연히 어떤 남자를 만난 일이 있었는데, 부모님 결혼 당시 아버지의 가장 친한 친구였다는 사실을 알았습니다. 나는 어떻게 사람들과 그 정도로 연락이 끊길 수 있는지 이해할 수 없었습니다.

🔲 **어머니는 이런 모든 상황을 어떻게 대처하였습니까? 어머니는 어땠나요?**

어머니는 아버지 보호자로서의 역할을 포기한 듯 보였습니다. 어머니는 놀라울 정도로 현명한 여자였습니다. 유럽에 다녀오기까지는 대학을 다니지 않았습니다. 어렸을 적에는 콜로라투라 소프라노 가수로 뉴욕 오페라단에서 노래를 불렀었죠. 하지만, 어머니는 아버지를 만난 후 이 모든 것을 포기했습니다. 내가 어렸을 적부터 어머니는 심장에 문제가 있었는데, 대학에 들어갔을 무렵 몇 번의 큰 수술을 받았습니다. 그 때문에 어머니는 매우 쇠약해져 기력이 많이 떨어졌습니다. 내가 고등학교 졸업반이 되었을 때는, 방안에서 조금 왔다 갔다 하는 것만으로도 숨이 차서 문제가 될 정도였습니다.

🧑 **부모님은 사이가 좋았나요?**

아버지는 내게 여러 번 이야기했습니다.

"엄마는 나의 대변인이다. 나는 사람들을 전혀 이해하지 못하겠다. 사람들이 의도하는 게 무엇이고, 무엇을 필요로 하는지 도대체 이해하지 못하겠다."

나중에 몇몇 문제가 드러나긴 했지만, 그 당시만 해도 우리는 모두 '침묵의 서약'을 의미하는 마피아 용어인 '오메르타(omerta)'를 따랐습니다. '어떤 대가를 치르더라도 아빠를 지키라'는 것이었죠. 아버지가 무슨 행동을 하건 어머니는 그 행동을 대수롭지 않은 일로 만들었습니다.

아버지는 매우 충동적이어서 신뢰할 수 없었습니다. 가족 모두가 코트를 걸치고 어디 가려고 준비하는데, 아버지가 "아 참, 작업실에 가서 할 일이 있다"고 하면, 우리는 반 시간이고 한 시간이고 아버지가 다시 나올 때까지 서서 기다려야 했습니다. 한번은 오래 기다리다 작업실로 내려가 보니 아버지가 거기서 잠들어 있던 적도 있었습니다.

🧑 **어머니는 그러한 일들을 어떻게 처리하셨나요?**

성인군자 같아요! 어머니는 아주 가끔 아버지에게 "이 일을 지금 꼭 해야 하나요?"라고 말하며 화를 냈을 뿐이었습니다.

🦰 아버지와 같은 문제가 있을까 봐 걱정한 적이 있나요?

십대에서 이십대 때는 나도 아버지같이 미칠까 봐 걱정하던 적도 있었습니다. 깊은 구렁텅이의 가장자리에 서 있다고 느꼈었습니다. 산들바람도 불어왔지만, 가장자리 위로 나를 빨아들이는 강력한 바람을 느끼지 않을 수 없었습니다. 하지만 흔들리지 않고 버텼고, 그 선을 넘지 않았습니다. 그렇게 정말 경계선에 서 있다고 느꼈었습니다.

🦰 그러한 얘기를 함께 나눌 수 있었던 사람이 누구라도 있었나요?

아니요. 그 당시 나는 혼자 있길 즐겼습니다. 혼자 공부하고 혼자 일했습니다. 아버지는 친구 사귀는 방법에 대해서는 롤모델이 되지 못했고, 여자 친구와 어떻게 대화를 나누고, 데이트는 어떻게 신청하는지 같은 부자지간에 일상적으로 있을 수 있는 일들에 대해 어떠한 도움도 주지 않았습니다. 아버지는 제게 "다른 사람의 생일을 챙기거나 사교 모임 같은 사회적 활동은 네 엄마가 잘 안다"고 말했습니다. 아버지는 그런 것들에 대해 전혀 몰랐습니다.

비유하자면, 아버지는 마치 주머니에 돌멩이 한 주먹을 넣고 다니는 사람 같았습니다. 각각의 돌들은 그게 상상 속이건 실제이건 간에 자신에게 잘못했던 일들에 대한 매우 꼼꼼한 기억과도 같았고, 아버지는 사람들에 대해 언급할 때 좋았던 기억보다는 이렇게 모아둔 모욕을 끄집어 내 이야기했습니다. 나는 늘 그렇게 살고 싶지는 않다고 생각했습니다. 나는 사람들의 좋은 점에 초점을 맞추고 싶었지만, 아버지는 그런 것을 가르치기엔 적합하지 않은 사람이었습니다.

🙎 대학을 졸업하고 나서도 문제가 있었나요?

아니요. 나는 내가 흥미가 있는 분야를 알았고, 어디로 가고자 하는지도 알았습니다. 그리고 내가 알기로는 그 무렵 아버지와 관련된 일은 거의 없었습니다. 하지만, 대학 졸업 직후에 두 가지 이상한 일이 있었습니다. 첫 번째 일은 아버지가 캘리포니아에서 강의할 때, 아버지에게 들른 적이 있습니다. 아버지가 디즈니랜드에 가자고 제안했는데, 도착한 지 얼마 안 되어 우연히 로즈라는 여자와 만나게 되었습니다. 두 분은 전쟁 전에 사랑하다 헤어진 사이였습니다. 그 후 각자 결혼을 했었는데, 당시 그녀가 홀로된 시점에 우연히 우리와 만났던 것이었죠. '아, 그건 우연이 아니었어!'라고 깨닫는 데 20년이 걸렸습니다.

또 하나의 충격적인 사건이 있었죠. 아버지가 내 짐들을 새로운 숙소로 옮기는 것을 도와주었던 적이 있었는데, 우리는 아버지의 차를 타고 가다가 마침 여행 중인 여자 대학원생과 함께하게 되었습니다. 가는 도중 우리는 하룻밤 묵어갈 모텔을 잡았습니다. 음… 이 이야기는 여태 누구에게도 한 적 없는 얘기입니다. 그 여자가 한밤중에 내 방에 들어오더니 섹스를 요구했습니다. 정말 기이한 일이었죠. 나는 그 당시 사귀는 사람이 있어서 어렵사리 거절하였습니다. 다음 날 아침 아버지가 그 여자는 원래 자신과 밤을 보내길 원한 것이었다며 나에게 화를 냈습니다. 나는 생각했습니다.

'이런 제길, 이게 도대체 무슨 일이야?'

생각건대 그녀는 아버지의 대학원생인 듯했는데, 그때 그녀가 내게 다가온 건 정말 이상한 일이었습니다. 그런데 알고보니 아버지가 그녀와의 섹스를 원했던 것이고, 그 때문에 제게 몹시 화를 냈던 거죠.

이러저리 종합한 결과 아버지는 아마 오랫 동안 여러 대학원생들과 불륜을 가졌을지도 모른다고 생각했습니다. 어머니는 그들 중 한 명을 알았었고, 무척 상심하면서도 아버지의 곁에 머물렀습니다. 내가 대학에 들어갔을 때, 아버지가 직접 그 당시의 일을 제게 말해주어 알게 되었습니다. 당시 아버지는 어머니께 그 일을 털어놓았는데, 어머니가 아버지께 그렇게 노닥거려 보라고 얘기했다는 거예요. 나는 도대체 그 사실을 어떻게 받아들여야 할지 몰랐습니다. 이건 사회성이 안 좋다는 문제를 넘어서는 것이었습니다. 아버지의 일탈을 어머니가 절대 받아들였을 리는 없었습니다. 아마, 어머니는 그 사실을 듣고 분통을 터뜨렸을 겁니다.

나는 아버지가 어머니를 배신하고, 실제 그런 면에 대해서는 어리숙한 사춘기 소년이었으며, 자신이 가진 광기의 일부분은 그런 일들을 본인 스스로 정확히 인식하지 못하기 때문이라고 느꼈습니다. 사춘기 사고의 어디쯤에 고정되었거나 조울증뿐만 아니라 성격 장애도 있었던 건 아닌지 모르겠습니다.

🙋 어머니가 적어도 한 번의 외도에 대해 알고난 후에도 두 분은 같이 계셨다고 했잖아요. 어머니는 여전히 세상에 대한 아버지의 대변인 역할을 하고 계셨던 것인가요? 이 기간 동안 아버지의 상태는 전반적으로 어떠했습니까?

아버지는 그 당시 대학에 계셨습니다. 아버지는 믿을 수 없을 만큼 훌륭한 조각가이자 좋은 선생이어서 함께 계셨던 다른 교수님들은 아버지의 별난 행위에 관대했습니다. 하지만 어머니가 안 계시고 자신을 보호해주는 대학 구성원들이 없었다면, 아버지는 노숙자로 전락했거나 정신병원에 갇히거나 자살할지도 모른다는 사실을 스스로도 잘 알고 있었습니다.

🙋 대학 졸업 후 아버지와는 어떻게 지냈습니까?

나는 꿈꿔오던 의대에 진학했습니다. 제가 그 이야기를 전했을 때, 아버지는 "내 인생에서 가장 슬픈 날이구나"라고 하더군요. 그게 무슨 뜻이냐고 묻자, 아버지는 "너는 예술을 잃게 될 것이야"라고 답했습니다. 그 얘기가 내게는 엄청난 충격으로 다가왔습니다. 2년 후, 나는 결국 의대를 떠나 시각 예술을 하게 되었습니다. 지금 이렇게 이야기하면서, 아버지가 그때 그렇게 말씀하지 않았다면 내가 그렇게 했을까 하는 의문을 실제로 가지게 됩니다. 몇 년 전부터 아버지는 내가 하는 일에 대한 가치를 인정해주었습니다만, 나를 지지하고 지원해주기에는 이미 많이 늦어 버렸죠.

🔘 그때까지 당신의 개인적 삶은 어땠어요?

나는 아내 메간을 만났고, 그녀는 우리 가족을 이해하려고 노력했습니다. 우리는 우리 자신의 삶을 시작하며 어느 정도 선을 그어야 했습니다. 그리고 그건 전혀 다른 삶이었습니다. 아내는 내가 가족의 역동을 이해하는 데 정말 많은 도움을 주었습니다. 아내는 내 인터뷰의 일부에 자신도 참여해 이야기할 수 있으면 좋겠다는 말을 전해달라고 했습니다.

🔘 그녀의 관점도 정말 들어보고 싶네요. 아마 또 다른 차원에서 당신의 이야기를 해줄 수 있을 듯하네요. 다음 인터뷰에 그녀도 함께하도록 하죠. 당신의 가족을 이루고 당신의 일을 가진 후 아버지와 함께하면서 힘들었던 일은 어떤 것이었나요?

우리는 부모님과 몇 시간 떨어진 곳에 살았기 때문에 거리감은 좀 있었죠. 그런데 가끔씩 아버지는 이상한 행동을 했습니다. 아버지는 빨간 픽업 트럭을 타고 나타나시곤 했습니다. 한번은 길에 세워진 아버지의 트럭을 봤는데, 아버지는 보이지 않았습니다. 아버지는 골프장에서 골퍼들에게 세레나데를 연주해주고 몇 시간 후 아코디언을 들고 나타났습니다. 그런데 아버지의 연주에 대해 클럽하우스가 사례는커녕 음료 한 잔 주지 않았다는 말에 놀랐습니다. 아버지는 도대체 아는 게 없었습니다.

또 한번은 아버지와 함께 읍내 서점에 갔던 적이 있었죠. 나는 반대편 통로에 있었는데, 아버지가 "어디 있는 거냐? 왜 나를 여기 남겨두고 간 거냐!"라고 소리 지르기 시작했습니다. 그렇게 아버지는 종종 이상해지곤 했습니다.

🎭 당신은 아버지가 되는 일에 대해 망설인 적이 있나요?

전혀 그렇지 않습니다. 열 살 이후로 나는 늘 아버지가 되기를 꿈꿨습니다. 언제나 그렇게 되길 원했고 그렇게 되리라 생각하고 있었습니다. 어떻게 정확한 말로 표현할지는 모르겠지만, 나는 아버지가 제게 했던 방식으로 하지는 않을 거라고 생각하고 있었습니다.

🎭 당신의 아버지는 당신의 두 아들과 자주 함께하나요? 아이들에게 아버지를 어떻게 이야기해주었나요?

거리가 있어서 왕래는 자주 못 했는데, 아이들과는 별 문제

없이 지내는 듯했습니다. 아이들이 어려 아직은 할아버지에 대해 이야기해주지는 않았습니다. 나는 아이들에게 잘했지만, 아버지의 정신병은 나를 비껴 한 세대를 건너 내 아들 중 하나를 덥쳤습니다. 오랫동안 그 때문에 죄책감을 느꼈고, 어떠한 변명에도 불구하고 아직까지도 종종 죄책감에 시달립니다. 첫째 아들은 대학 전부터 문제가 드러났는데, 아들이 나를 필요로 할 때면 이유여하를 막론하고 무조건 함께해 주었습니다.

🔲 무척 힘드셨겠네요. 그 얘기는 조금 이따 자세히 듣기로 하고, 아버지 얘기로 돌아가, 아버지가 가진 성격의 그 모든 측면을 당신은 어떻게 이해하고 있나요?

아버지가 가진 성격의 좋은 면은 믿을 수 없을 만큼 좋았고, 이상한 면은 믿을 수 없을 정도로 이상한 것이어서, 두 가지 면을 같이 생각하기 힘들었습니다. 그리고 아내는 아버지의 나쁜 면만 봤을 뿐, 좋은 면에 대해서는 본 적이 없었습니다. 중요한 것은 아버지 성격의 훌륭한 측면은 아버지의 영혼을 드러냈고, 나쁜 측면은 스스로도 통제할 수 없었다는 것입니다. 왜 내가 아버지를 고통스럽게 하고 다른 사람을 상하게 하는 아버지의 나쁜 측면을 받아들여야 할까요?

🧑 그게 아마도 아버지를 통합적으로, 그리고 매우 복합적 인간으로 이해하는 데 힘들게 만들었던 것 같습니다.

나는 덮어씌우거나 핑계 대는 것은 정말로 싫어하지만, 내게 얼마나 평범한 아버지가 주어지지 못했는지를 최근에야 깨달았습니다. 아버지는 다른 아버지들이 아들에게 해주는 평범하고 정상적인 것들을 제게 해주지 못했습니다. 아무도 그것에 대해 이야기해줄 사람도 없었고, 내가 그런 이야기를 나눌 만한 안전한 장소도 전혀 없었습니다.

🧑 아버지는 이해하려 하기엔 평범하지 않은 복합적인 인물이었습니다. 아버지에 대해 다른 사람과 이야기를 나누기 시작한 것은 언제부터인가요?

음, 나는 곤란한 부분에 대해서는 절대 사람들에게 이야기하지 않았습니다. 다만 아버지가 멋진 예술가이며 조각가였다고만 이야기했습니다. 아버지의 다른 면들에 대해서는 이야기하지 않았습니다. 전문가를 찾은 적이 있었는데, 그 전문가는 나와 상담하다 끝내 잠에 빠져버렸고, 그걸로 상담은 끝이었습니다!

🧑 아버지에 대해 어머니와 함께 이야기를 나눌 수 있었나요?

아니요. 내가 사십대에 들어 어머니께서 갑자기 돌아가셨고, 그때까지 우리는 여전히 "어떤 대가를 치르더라도 아버

지를 보호하라!"는 관점을 유지했었습니다. 그래서 어떤 이
야기도 나눌 수 없었던 것이죠. 어머니는 짊어진 짐이 무엇
이었건 간에 그 모든 것을 무덤까지 가지고 가신 것이구요.

🎧 당신의 상황을 바꿀 수도 있을 만한 도움이라면, 어떤 것이 있었을까요?
무슨 일이 벌어지고 있는지 어머니께서 제게 말씀해줬었다
면, 상황은 달라졌을지 모릅니다. 도대체 아버지가 무엇이
잘못되었고, 어떻게 그걸 이해해야 하는지를 제가 알았더라
면요… 어렴풋이 기억하는데, "아버지는 좋은 의도로 그런
거야" 정도로 어머니가 제게 말씀하시고 나면 저는 아버지
를 용서할 수밖에 없었습니다. 그게 아버지의 행동에 대해
어머니와 나눈 가장 긴밀한 대화였습니다. 집을 떠나 혼자
살게 된 이후로, 저와 어머니는 일주일에 몇 번씩 전화로 이
야기를 나누었지만, 그 주제는 늘 금지된 부분이었습니다.

2차 인터뷰

🎧 만난 지 몇 주가 지났군요. 지난 번 상담에 관해 어떻게 생각하셨는지요?
네, 상담을 하고 나서 많은 생각을 하게 되었습니다. 생각보
다 많은 감정을 끌어낸 것 같습니다만, 좋았다고 느꼈어요.
　나는 일에 있어서도 '어떤 대가를 치르더라도 아버지를

보호하라'는 습관을 가지고 있었다는 사실을 알았습니다. 나는 마지막 사업 파트너에게 훨씬 더 일찍 맞섰어야 했습니다. 현재의 사업 파트너는 더 나이 많고 강한 사람입니다. 그리고 내 주장을 더 강하게 펼쳐야 한다는 사실을 알게 되었습니다. 지난 번 상담 후, 나는 그에게 나의 요구와 필요가 상대방의 요구와 필요만큼 중요하다는 사실을 얘기하는 데 더 자신감을 가지게 되었습니다. 그는 괜찮다고 했지만, 그런 상황이 내게는 자연스러운 일이 아니었습니다.

너무나 분명했던 또 다른 질문은 '어떻게 아버지를 나쁜 사람으로 만들지 않으면서 내 마음에 받아들일 수 있을까?' 하는 것이었습니다. 나는 아버지의 투병을 받아들이면서도, 한편으론 나에게 상처를 주었다는 사실에 대해서도 인정받고 싶은 것이예요.

🧑 **저의 견해는 분명합니다. 치료는 당신이 그렇게 하는 데 정말로 도움이 될 수 있습니다.**

졸지 않을 상담치료사를 찾기만 하면요. 하하.

🧑 **맞습니다! 오늘은 당신의 아들에 대한 이야기를 나눌 것입니다. 또한 메간의 입장도 들어보겠습니다. 엘리아에게 무슨 일이 있었는지 조금 이야기해주실 수 있어요?**

엘리아가 열다섯 살 될 무렵부터 무언가 잘못되었다고 깨

닫기 시작했습니다. 아들은 대부분 정상적으로 행동했었
고, 또 그렇게 보였어요. 하지만 아들은 정말 끔찍한 시간
을 보내고 있었던 거예요. 아들은 분위기가 험악한 고등학
교에 다녔는데, 계속 다니겠다고 고집해 말리지 않았습니
다. 대학에 들어갔는데, 스스로 관리하지 못하고 자기 안에
갇혀 있었습니다. 자살 충동으로 병원에 입원해야 했는데,
그 일은 우리 모두에게 정말 힘든 과정이었습니다. 아들은
늘 자신을 숨겼기 때문에 메간과 나는 제대로 모르고 있었
던 거예요.

  그 후 아들은 대학으로 돌아갔지만, 다시 그런 상태로 돌
아가 몇 차례 입원을 반복했습니다. 아들과 함께 학교 근처
모텔에 묵으면서 아들이 낙제하지 않도록 아들의 과제를
미친 듯 마무리했던 적도 몇 번 있었죠. 아마도 그러지 않
으면 안 되었고, 두어 번 도움이 되기도 했을 겁니다. 하지
만, 아들은 지금 그 정도까지는 아닙니다.

🎙 **아들을 그렇게 힘들 게 만든 게 당신의 경우와 비교하면 무엇이었다고
생각합니까?**

나는 유전적인 것을 탓하지 않기로 결심했습니다. 하지만
일어나는 일들을 다루어야 할 책임은 반드시 감당했습니
다. 그걸 깨닫고는 할 수 있는 최선을 다해 아들을 도왔습
니다. 내가 부모라서 아들이 그렇게 된 것 아닌가 하는 생

각도 들었지만, 거기에 사로잡히지 않고 무언가 생산적인 일을 해야만 했습니다. 엘리아보다 훨씬 더 힘든 상황에 처한, 암으로 투병 중인 아이들도 있습니다. 아들은 그들에 비하면 상대적으로 다행인 것이죠. 양극성 장애는 다른 많은 유전 질환에 비해 치료의 가능성이 훨씬 높습니다.

🙋 **아들은 할아버지의 병에 대해 얼마나 알고 있었나요?**

아이들이 어렸을 적에 우리는 그 일에 대해 전혀 이야기하지 않았습니다. 하지만, 아들이 병에 걸리고 나서 비로소 할아버지 얘기를 아들에게 들려줬습니다. 아들은 처음에는 매우 놀라했는데, 지금은 어떻게 하면 우리가 헤쳐 나갈 수 있는지에 더 집중하고 있습니다. 아들의 경험이 내 아버지의 반복일 필요는 절대 없으니까요.

🙋 **어떤 면에서 아버지의 경우와 다르게 대처했습니까?**

우선, 엘리아가 나를 필요로 할 때, 나는 그게 어떤 방식이 되었건 함께해 주는 데 전념했습니다. 병원에 함께 다녔고, 직장에 데려다 주고, 응급 상황에 놓이면 즉각 대응했습니다. 그런 일들은 나에게 매우 중요한 것이었죠. 나는 그러한 아들의 상태를 비밀로 하지 않고 그러한 상황에 대해 이야기를 나눴습니다. 메간과 나는 대화를 나누었고, 우리를 아는 사람들은 그러한 상황을 알고 있습니다. 그리고 작은 아들에게 벌어지는 일도 알고 있습니다.

🔵 **죄책감으로 인해 아들을 돕는 일 이상의 더 많은 것에 대한 중압감으로 힘들지는 않았나요?**

나는 지난 몇 년간 아들을 돕기 위해서라면 그게 무엇이건 모든 노력을 쏟아붓는 게 중요하다고 생각했습니다. 우리는 아들을 집에 다시 돌아오게 할까 생각했지만, 아들은 그냥 학교에 남아 있기를 원했습니다. 그러던 차에 지난해 그곳에서 훌륭한 치료센터를 찾아 아들과 연결해주었습니다. 아들은 그곳을 정기적으로 방문하며 좋아하는 것 같습니다. 우리는 그곳 사람들이 아들을 진심으로 이해해주고, 자신들이 무슨 일을 하는지 정확히 알고 있다는 사실에 감명받았습니다. 아들은 한동안 그곳에 다니다 우리에게 아무런 말도 없이 발길을 끊었습니다.

메간과 나는 그 일을 상의한 끝에, 아들이 스스로의 몫을 해내야 한다는 사실을 깨달았습니다. 아들의 치료를 우리가 대신 받아줄 수는 없는 일이죠. 아들은 자신의 병과 그에 맞는 치료를 관리할 능력이 있었습니다. 그래서 나는 단도직입적으로 아들에게 얘기했습니다.

"지금 우리는 너의 모든 활동에 대한 비용을 대고 있다. 네 아파트와 차 등 모든 걸 말야. 우리는 네게 더 나아질 수 있고, 최고의 치료를 받을 수 있는 매우 값비싼 기회를 제공했어. 혹시라도 네가 그걸 원하지 않거든 앞으로는 재정적 문제를 네 스스로 해결하거라."

아들에게 이런 말을 한다는 게 얼마나 어려운지 모르실 겁니다. 아들과 나 둘 다 잠시 숨이 멎을 정도였거든요. 여러 번 자살 충동에 시달렸던 아이에게 이런 말을 한다는 것은 정말 두려운 일이었죠. 하지만 효과가 있었습니다. 아들은 한 단계 올라섰고 지금은 훨씬 잘 지내고 있습니다. 직장에 다니며 돈을 모으고, 다시 치료센터를 찾아 계속 치료를 받고 있습니다.

🧑 **당신이 이야기한 것처럼 할 수 있었다는 게 정말 인상적입니다.**

저도 그렇게 생각합니다. 하지만 그 방법 외에 달리 방법이 없었던 것 같아요. 요즘에는 아들이 집에 전화를 걸어 안부를 묻고, 멋진 이야기를 나누곤 합니다. 최악의 상황이 지났다고 느끼게 되었습니다. 어쩌면 아들의 병은 스스로 감당해야 할, 충분히 관리 가능한 만성적 질환일 수도 있습니다. 아들은 지금 스물다섯 살이고 앞길이 구만리입니다.

🧑 **둘째 아들은 어떻습니까?**

우리는 형의 문제에 너무 치우치지 않게 둘째 아들 아론과 자유롭게 소통해 왔습니다. 아론과 엘리아는 다른 여느 형제들과 마찬가지로 우여곡절이 있었습니다. 여느 가족과 마찬가지로 대화를 이어나갔죠.

메간이 함께 참여한 인터뷰

🎧 오늘은 메간이 벤의 가족 구성원으로 이르게 된 얘기와 아들 엘리아가 아팠을 때 그녀와 벤이 어떻게 반응했는지에 대한 얘기를 그녀의 관점에서 들어보고자 인터뷰에 함께했습니다. 메간, 벤의 가족을 소개받았을때 어땠는지 얘기해주세요.

메간: 멋지고 똑똑하며 재능이 넘친다는 얘기가 시아버지 나단에 대해 들은 전부였습니다. 물론, 시아버지는 정말 그랬습니다. 그래서 나는 사전에 어떠한 주의나 상황 파악 없이 가족이 되었습니다.

맨 처음 알게 되었을 때는 아마도 추수감사절 동안 시댁에 며칠 가 있을때일 거예요. 그때까지만 해도 모든 게 괜찮았어요. 추수감사절 당일, 우리는 20분 거리에 있는 벤의 여동생 집에 모여 저녁 식사를 하기로 되어 있었죠.

언제쯤 집을 나서야 할지 이야기를 하며 음식을 챙겼죠. 그렇게 막 나가려는데, 나단이 갑자기 일어나더니 "조각 작업을 해야겠다"며 작업실로 가버렸어요. 나는 '아, 시아버지는 나중에 오시려다보다' 생각했죠. 근데 다른 식구들 모두 코트를 벗더니 자리에 앉는 것이었어요. 나는 놀라서 할 말을 잃었습니다. 주위를 살피며 생각했죠. '지금 장난하나?' 그러다 조심스레 말씀드렸어요.

"조아니는 곧 우리가 도착할 줄 알고 기다릴 거에요."

그러자 누군가 이야기했어요.

"아버지는 그의 일을 하셔야만 해요."

마치 아무것도 모르는 외부인에게 분명한 사실을 설명해 줘야 하는 것처럼 말이죠. 음, 저는 꽤 직선적인 중서부 출신 사람이죠. 그래서 단도직입적으로 말씀드렸어요.

"좋아요, 그냥 갑시다. 시아버지는 자기 차가 있으니 나중에 오시겠죠."

그런데, 벤의 여동생이 "우리는 그럴 수 없어요"라고 얘기하는 거예요. 그래서 제가 바로 "왜 안 되나요?"라고 반문했는데, 상황이 이상하게 돌아가는 듯 느껴졌어요. 나는 누군가를 화나게 할 의도도 없었고 도전적으로 이야기하지도 않았어요. 그냥 정말로 "왜 우리끼리 먼저 가고, 시아버지는 나중에 따로 오면 안 되는 거죠?"라고 물어본 것뿐이었어요. "그게 해결책이 안 되는 특별한 이유라도 있나요?" 내가 먼저 나섰고, 결국 가족들 모두 일어나 벗었던 옷을 다시 걸쳐 입고 집을 떠났습니다. 후에 나단은 그 일에 대해 별로 좋아하지 않았죠. 그 전에는 분명 그런 일이 일어날 수 없었기 때문이었을 거예요.

🎙 그 일로 인해 얻은 게 있었나요, 벤?

벤: 나는 우리가 그렇게 할 수 있다는 생각조차 못 했었습니다! 늘 그래왔으니까요. 그 일 이후 조금 달리 생각하기 시작했습니다. 메간은 유대인도 아니고, 이혼 전력까지 있는 데다 더군다나 정신 건강 전문가였기 때문에 그다지 환영받지는 못했었습니다. 특히 어머니는 그 부분을 안 좋아하셨는데, 치료사들에 대한 반감 때문이었던 같아요.

메간: 어머니는 우리가 아이를 가질 때까지 그다지 살갑게 대하지 않았습니다. 그 후에는 괜찮았습니다. 나는 늘 벤의 여동생들이나 다른 친척들과는 잘 지냈지만, 시아버지와는 서로 살갑지 않았어요.

저를 힘들게 했던 또 다른 일은 시부모님이 우리 집을 찾을 때 일어났어요. 종종 예고도 없이 갑자기 찾아오곤 했는데, 시아버지는 제가 모든 시중을 다 들어줄 것이라고 확신했고, 시어머니는 제가 아침에 제일 먼저 일어나 시아버지의 아침을 준비하지 않았다고 화를 냈습니다. 첫 번째 일은 신혼 여행에서 돌아온 직후였고 저는 거의 녹초가 되어 있었는데 말입니다. 다시 말하지만, 대충 넘어갈 일이 아니었습니다!

벤: 나는 아버지를 다루려고 시도하곤 했지만, 아버지는 여간해서는 다루기 어려웠습니다. 메간이 아버지의 좋은 면을 한 번도 직접 본 적이 없었다는 게 우리에겐 가장 어려

운 점이었습니다. 메간은 아버지가 얼마나 근사했었는지에 대해 내가 하는 이야기를 듣고 알고는 있었습니다. 하지만 아버지는 그녀에게 그런 방식으로 대하지 않았고, 메간은 아버지의 그런 좋은 면을 결코 볼 수 없었던 거죠. 시아버지를 대하는 메간의 인식은 점점 더 부정적으로 되었고, 나는 늘 아버지를 감싸야 하는 입장에 놓이게 된 것이예요.

메간: 그것이 어려운 것이라는 건 저도 알아요. 그게 바로 시아버지라는 사실을 곧 깨닫고, 저도 대응 수위를 조절했어요. 벤을 너무 곤경에 빠뜨리는 일이었거든요. 하지만 일찍이 벤이 아버지 앞에서 자신의 입장을 표명한 적이 한 번 있었는데, 저는 그게 정말 중요했었다고 생각합니다.

마치 어제 일어난 일처럼 생생히 기억이 납니다! 나는 예정일보다 빨리 매우 힘들게 엘리아를 낳았어요. 퇴원하여 아기를 집으로 데려 오기 전에 병원 소아과에서 포경수술을 해주었습니다. 막 집에 들어 왔는데, 우편물 더미 속에 할례(brith)[3]를 안 받았다고 힐난하는 세 장짜리 나단의 편지가 있었습니다.

벤: 메간은 여섯 명의 랍비에게 전화를 했는데, 그녀가 유대인이 아니라며 할례를 해주러 병원으로 와주지 않았습니다. 우리가 시도를 안 해본 것은 아니었어요.

---

3 유대인들이 남아에게 생후 8일째 해주는 할례의식

우리 가족의 원칙: 무슨 일이 있어도 아버지를 지켜라.

메간: 벤이 들어오더니 내가 편지를 든 채 눈이 퉁퉁 부을 정도로 울고 있는 모습을 본 거예요. 그리고는 내 손에 있는 편지를 가져다 읽더니 바로 전화기를 들고 집으로 전화해 어머니에게 "아버지 집에 계세요? 아버지와 이야기 좀 해야겠어요"라고 하는 거예요.

그러더니 아버님께 "편지 받았습니다. 이 결정은 우리가 내린 결정입니다. 이건 우리 가족이란 말이예요. 아버지는 우리에게 어떻게 아이를 기르라고 말할 권리가 없습니다. 아내가 지금 울면서 여기 앉아 있는데, 바꿔드릴 테니 사과해주세요"라고 하는 거예요.

내가 화들짝 놀라 "싫어요, 싫다구요. 전화 바꿔주지 말아요"라고 손사래 치면서 방 구석으로 피했는데, 벤이 나에게 전화기를 건넸습니다. 할 수 없이 전화기를 받아 들고 짧게 "안녕하세요"라고 했더니, 시아버지께서 "잘 지냈니? 메간, 나다. 내가 화나게 했다면 매우 미안하구나. 그럴 의도는 아니었다. 미안하다"고 말씀하시길래, 저는 "네, 알겠습니다"라고 말씀드렸죠. 그 일이 아버님께서 마지막으로 참견하려던 일이었어요.

그건 정말 말할 수 없이 중요한 일이었어요. 우리들의 관계를 규정하는 순간이었죠. 나는 그때 제 마음속에 새겨진 벤의 얼굴을 결코 잊지 않을 겁니다. 처음으로 벤이 아버지와 맞선 순간이었고, 나는 그렇게 미치도록 힘들게도, 혼자라고도 느껴지지 않았어요. 그리고 벤은 할 수 있는 이상의 것을 아버님에게 맞추라는 요구를 결코 내게 하지 않았어요. 아버님께서 그처럼 선을 넘는 경우엔 벤이 바로 중단시켰어요. 그래서 아버님이 힘들게 할 때도 훨씬 수월하게 흘려보낼 수 있었죠.

나는 벤의 가족을 존중하려고 정말 노력해왔어요. 벤은 내 남편이고 나에게는 이해해야 할 필요가 있었습니다. 서로가 견고한 관계를 유지하지 못했다면, 아마 더 힘들었을 거예요. 오랫동안 나를 꼬장꼬장 말 많은 사람으로 받아들였겠지만 지금은 훨씬 나아졌습니다. 벤의 여동생 한 명은 아직도 아버지를 성인군자처럼 대하는데, 아버님께서 가진 몇 가지 문제에 대해서 그녀는 아마 눈치도 못 챌 거예요.

내가 시댁에서 일어나는 일로 인해 당황스럽거나 화가 치밀 때, 화를 내지 않고, 내가 제대로 이해하지 못하기 때문이라 생각해 벤에게 바로 물어볼 수 있다는 것만으로도 정말 도움이 되었어요. 벤이 잠깐은 방어적인 태도를 보일 때도 있지만, 늘 내게 돌아와 말한답니다.

"당신이 한 말을 생각해봤는데, 당신 말이 일리가 있는 것 같아."

벤: 잊지 말아요, 메간. 당신이 지적해주었던 것은 우리 가족이 완전히 일상으로 여겨왔으며, 내가 자라는 동안 우리 가족 누구도 의심하지 않았던 일이란 사실을.

당신은 또한 무언가를 요청할 때도 아주 수완 좋게 했는데, 그게 도움이 많이 되었어요. 누구라도 무엇인가 요청하는 경우에 당신처럼 할 수 있다면, 결과의 차이를 만들어낼 수 있을 거예요.

메간은 때때로 내가 본능적 반응으로 방어적 자세를 취하지 않게 해주었습니다.

🎧 두 분은 엘리아의 병을 어떻게 함께 다룰 수 있었나요? 둘 사이에 무슨 문제는 없었어요?

메간: 우리는 우리 아이들에게 어떤 유전자를 물려줄지 선택할 수 없었어요. 아이 중 한 명은 나의 나쁜 시력을 물려받았고, 다른 한 명은 지금과 같은 정신질환을 물려받았죠. 그때문에 벤이 죄책감을 느낄 거란 걸 알아요. 하지만, 나는 누구의 탓도 아니라 생각해요. 우리는 엘리아에게 "그래, 너는 병에 걸렸어. 하지만 너는 스스로의 삶을 살아가는 법을 배워야만 해. 우리가 도와줄 테지만, 너도 네 몫을 다해야 해. 모든 사람은 스스로의 삶과 문제를 어떻게 관리해야 하는지 배워야 한단다"라고 말했을 때처럼 몇 가지 선을 긋기 전까지 우리는 자기부정을 극복해야 했습니다.

🧑 당신들의 의견을 듣고자 하는 비슷한 처지의 사람에게 해주고 싶은 말이 있다면 두 분 다 해주세요.

벤: 많이 대화하고 잘 들어주세요.

메간: 의심이 들면 관계에 집중하세요. 가족 문제로 배우자를 비난하지 마세요. 결혼은 당신의 지원군이 되어야 하고, 그것이 항상 중심이 되어야 합니다.

벤: 배우자에게 서로의 가족에게 무슨 일이 일어나고 있는지 얘기를 나눌 수 있는 안전한 장소를 마련해주세요. 일어나는 일에 대해 어떤 것도 판단하려 하지 마시구요. 지금 당신이 선택한 일이 당신이 어디에서 왔는지, 과거에 어떤 일이 있었는지 하는 것보다 훨씬 중요합니다.

메간: 나는 이게 바로 벤의 가족이란 사실을 받아들였어요.

벤: 나는 메간과 아이들이 지금 나의 가족이라는 사실, 그리고 그것이 최우선이라는 것을 항상 염두에 두고 있어요.

벤에 대한 나의 고찰

벤이 직면한 핵심 문제는 그의 아버지가 매우 모순적이었다는 사실이었다. 어떤 때는 사랑을 주고 곁에 함께해주면서도, 한편으로는 자기 중심적이고, 요구가 많았으며 심지어 두려움에 빠지기도 했다. 이러한 정반대의 특성은 통합이 거의 불가능했었다. 벤과 아버지의 관계가 괜찮았던 부분은 의심의 여지없이 벤이 예술적 자질이 있어 아버지의 세계에 자연스레 매료되었기 때문이었다. 예를 들어, 다른 관심과 재능을 가진 아이였다면 훨씬 힘든 시간을 보냈을지도 모른다.

벤은 '무슨 대가를 치르더라도 아버지를 지킨다'는 명제를 수용함으로써 어느 정도 괜찮은 가족 관계를 유지했다. 이로 인해 그는 어머니와 같은 편에 섰고, 또한 아버지에 대한 문제를 어머니에게 얘기하면 안 된다는 사실을 정확히 '알았다'. 그 때문에 충성심과 결속력은 만들어졌지만, 가족들은 그 대가를 치러야 했다. 벤과 메간의 결혼은 가족 내의 관계를 꽤 바꿔놓았다. 그것은 외재적 관점이 갖는 장점 중 하나이다. 그들은 벤의 아내 메간과 아이들의 존재를 무시하지 않으면서 벤과 아버지의 관계를 존중하는 법을 배워야 했다. 그리고 벤과 메간이 말한 것처럼, 다른 가족들에 대해 무례를 범하지 않으면서도 자신들의 결혼생활을 가장 우선시했다.

벤은 아버지가 가진 이중적인 모습을 통합하려 했을 뿐 아니라 자신의 머릿속에 들어 있는 아버지에 대한 '안 좋은' 생각에도 몸부림쳐 왔다. 인터뷰 내내 벤은 아버지에 대한 부정적인 감정이 표출될 때마다 아버지가 가진 멋진 자질로 재빠르게 대화의 주제를 돌렸다. 아버지와 같이 되고 싶지 않았던 벤의 가슴 시린 바람은, 오랜 상처와 아픔을 스스로 인식하기 어렵게 만들었고, 그러한 감정이 충분히 해결되기 전까지 '그냥 내버려두고' 싶어했다.

벤은 이 책에서 십대 후반에서 이십대 초반의 나이에 아버지의 외도를 알게 된 두 사람(다른 사람은 첫 번째 인터뷰 주인공인 패트릭이다) 중 한 명이다. 두 사람 모두에게 그 일은 가족, 특히 어머니에 대한 이해가 쉽지 않았던 일이었다. 이러한 외도 사실과 부인들이 그 사실을 알고 있었다는 사실 때문에 나는 그녀들이 남편에 대해 가질 수 있는 명백한 거리감, 그리고 가정을 꾸려나기 위한 그녀들의 침묵과 감당했어야 할 대가를 보다 더 이해하게 되었다. 벤의 어머니가 감당해야 할 침묵 중 하나는 남편 나단의 병이었고, 다른 하나는 남편의 외도였을 것이다.

벤의 아들이 벤의 아버지와 같은 병으로 진단받았다는 사실은 매우 고통스러운 일이었지만, 벤이 그의 아들을 위해 함께 해준 접근 방식은 실제적으로나 감정적으로 존경받을 만한 일이라고 생각한다.

벤과 그의 아내는 매우 어려운 이 주제에 대한 자신들의 접근 방식과 생각을 아낌없이 나누어 주었고, 그들이 자신들의 경험을 통해 우리에게 가르쳐준 것 그 이상의 무언가를 내가 보탤 수는 없을 것 같다.

우리는 벤의 이야기로부터 무엇을 배울 수 있는가?

벤의 이야기는 일관성 없는 부모는 혼란과 도움을 동시에 줄 수도 있다는 사실을 기억하게 해주었다. 벤의 아버지는 한편으로는 현명하고 예술적 성취로 높이 평가받았다. 다른 한편으로는 아내와 학교가 그의 도를 넘는 행위를 보호하지 않았다면 결국 노숙자로 전락했을지도 모른다. 이러한 상황은 정말 극단적으로 일어나는 변화여서 하나로 묶기는 힘들다. 변덕스럽고 자기중심적이며, 정도를 벗어난 과잉 행동들은 다른 상황에서 이어지던 아들과의 친밀감과는 매우 모순되어 보인다.

특히 가족들이 그 사안에 대해 침묵해야 한다는 규칙이 존재할 때, 아이들이 이 모든 상황에 대해 이해하기는 힘들다. 어머니는 분명 감탄스러울 정도로 대가를 치르면서도 가정을 꾸려냈지만, 이러한 어려움들은 마치 거론할 일도 아니라는 듯 완전히 무시되었다. 벤의 부인 메간이 외부 관찰자로서 등장했을 때 비로소 '임금님은 벌거숭이야!'라고 말할 수 있었다. 충성심과 친밀감에 눈이 멀어지기 쉬우므로, 때로는 외부적 시각을 수용하는 일은 이처럼 중요하다.

벤이나 그의 자매들이 아버지의 치료 과정에 참여하였거나 그 병의 진단에 대한 정보가 제공되었다면, 좀 더 드러내 자유롭게 이야기를 나눌 수 있었을 것이고, 어머니의 짐도 어느 정도 가벼워질 수 있었을지 모른다. 또한 벤이 복잡하고 이해하

기 힘든 아버지에 대한 모순된 자신의 감정을 더 쉽게 통합할
수 있었을지도 모른다.

옮긴이 후기_

부모의 병을 이해하고 받아들이는 기나긴 여정

"어떻게 아버지를 나쁜 사람으로 만들지 않으면서 내 마음에 받아들일 수 있을까?"

"아버지의 투병을 받아들이면서도, 한편으로는 나에게 상처를 주었다는 사실에 대해 인정받고 싶은 거예요"라는 벤의 말은 부모의 정신질환에 대해 이해하고 받아들이는 과정을 너무나 잘 보여준다.

부모의 정신질환을 받아들이는 일은 쉽지 않으며, 진전과 후퇴의 오랜 과정을 겪게 된다. 인지 발달이 충분히 이루어지지 않은 어린 자녀들이 부모의 이혼을 자신들의 잘못으로 받아들이는 것처럼, 부모가 정신질환을 앓으면 어린 자녀들은 부모가 소리를 지르고 식탁을 엎어버리는 무서운 행동을 하거나, 갑자기 사라져 정신병원에 입원해 있다가 어느 날 갑자기 나타나 어두운 방안에 손을 떨며 혼자 앉아 있는 모습을 경험하면 무슨 일이 일어난 것인지 전혀 이해할 수 없다. 그러한 경험이 부모의 질환에 의한 것임을 알 수 없을 때, 정서적으로 얼어버리거나 자신의 탓인 양 위축되는 등 내적 외상을 입게 된다.

진료실에서 환자와 같이 내원하는 많은 자녀들을 만나다 보면, 자신이 부모에게 얼마나 많은 상처를 받았는지, 그리고 많은 노력을 해왔는지조차 깨닫지 못하는 경우도 많다. 정신질환자의 가족은 오랜 투병 기간을 거치면서 가족 간의 감정 표현이 지나치게 많아지는(expressed emotion) 등 그 관계가 왜곡(skewed)되는 경우가 많다. 이러한 지나친 감정 표현은 증상의 재발을 높이는 위험 인자로 잘 알려져 있다. 실제로 진료실에서 환자와 가족이 싸우다시피 서로 언성을 높이는 상황은 지켜보기조차 힘들 때도 있다. 그렇게 지지고 볶고 싸우다가도 자신을 돌보던 가족 중 누구라도 중풍이나 암에라도 걸릴라치면 지극정성으로 돌보는 환자의 경우와 같은 거짓 상호 적대적(pseudohostile)인 경우도 있고, 겉으로는 무난한 관계를 유지하는 듯 보이지만 속으로는 자신의 인생에서 아픈 가족을 완전히 배제하는 거짓 상호 배려적(pseudomutual)인 경우를 보기도 한다. 이처럼 정신질환자와 가족은 서로에 대한 감정을 다루는 방식에 따라 다양한 관계의 모습을 보이는데, 대개 기능적이지 못한 경우가 많다.

내가 아는, 관계의 시금석은 '우리는 자신을 악하거나 약하게 만드는 사람을 사랑할 수는 없다는 것'과 '아프게 하는 사람에게 화가 나는 것은 너무나 당연하다는 사실을 받아들여야 한다는 것'이다. 수많은 자녀들이 자신이 당연히 받았어야 할 보호와 사랑을 받지 못해 아파하고 힘들어하면서도 정신질환을 가진 부모를 "사랑한다"고 말하는 것을 들을 수 있었다. 자신의 아픔에 대해 들여다보고 충분히 스스로, 혹은 부모 외의 다른 사람으로부터 위로를 받지 못한 상태에서, 아픈 부모를 사랑하는 마음으로 자신의 고통과 상처를 덮으면, 불씨를 짚으로 덮는 일처럼 절대로 사라지지 않는다. 오히려 언젠가는 모든 것을 태울 분노가 되어 번질 수도 있다.

내가 깨달은 것은, 자신이 당연히 받았어야 할 사랑과 보호를 받지 못했으므로 스스로의 필요와 결핍을 충분히 슬퍼하고 연민해야 한다는 사실이다. 그리고 그러한 보호와 사랑을 주지 못한 부모로부터 부모 자신과 부모가 겪은 질병을 분리해야 한다. 정신질환의 경우, 다른 질환과 같이 사람과 질병을 분리해 경험하기가 쉽지 않다. 폐렴을 앓는 경우 기침을 하면 아픈 줄 쉽게 알 수 있지만, 조현병의 경우 음성 증상*으로 집에 누워만 있는 모습을 보면 게으르다고 화가 나기 쉽기 때문이다. 정신질환에 영향을 받지 않은 영역, 혹은 해당 시기의 부모의 건강한 모습을 기억하고 꼭 붙드는 것이 그 방법이 아닐까 한다.

『길 위에서 하버드까지』**에서 마약을 얻기 위해 어린 딸이 보는 앞에서 마약상에게 몸을 팔았던 어머니가 에이즈로 죽어갈 때, 주인공 딸은 말한다.

"엄마를 안으며 나는 에이즈를 안았고, 술과 질병에게 엄마의 일부를 빼앗겨버린 상황에서 엄마의 최대한 많은 부분을 차지하려고 애썼다."

그리고 "엄마…, 가면 안 돼"라며 흐느낀다. 나는 이 책을 읽으면서 처음에는 어떻게 이런 엄마를 사랑할 수 있을까 하는 생각이 들었다. 하지만 그녀는 에이즈, 술과 질병에 빼앗기지 않은 엄마의 아주 작은 부분을 잡고 울었다. 그렇게 결국에는 어머니의 병도 함께 껴안을 수 있었다.

---

* 조현병의 증상은 크게 환청, 망상 등의 양성 증상과 의욕·활동의 감소와 감정이 무뎌지는 등의 음성 증상으로 나눈다.

** 『길 위에서 하버드까지』리즈 머리 지음(2012년, 다산북스). 1980년 뉴욕 브롱크스 빈민가에서 태어나 하버드에 입학한 리즈 머리의 자서전이다. 그녀의 부모는 모두 마약 중독자로, 어머니가 에이즈에 걸려 죽은 후 그녀는 열다섯 살에 거리에 나앉게 된다. 굶주림에 먹을 것을 찾아 헤매고, 따뜻하게 잠잘 곳을 찾기 위해 지하철을 타거나, 밤새 추위와 싸우며 공원에서 간신히 살아가던 그녀는 자신의 운명을 스스로 개척하기로 결심하고, 대안학교에 입학하여 〈뉴욕타임스〉장학금을 받고 당당히 하버드대학에 입학한다.

나는 그 모든 폭력을
'야간 공연'이라고
불렀습니다.

로버트는 적대, 조롱, 폭력이 일상이었던 가정의 열한 명
의 아이들 중 막내였다. 어머니는 아버지가 애들을 학대
할 때 곁에 있어주지 않았고, 아이들은 서로 간의 유대가
형성되지 않았다. 로버트는 아버지가 누나를 성적으로 학
대하는 장면을 목격하고 그 사실을 잊으려 애썼다. 5학년
때, 학교에서 그에 대한 상담을 의뢰했지만, 불행하게도
자신을 도울 수 있었던 상담가로부터 불신과 조롱을 받았
다. 로버트는 인생의 어려운 시기를 보냈고, 아직 우울증
을 극복하고 자신의 삶을 이해하려고 고군분투하고 있다.

리차드 대드 〈로빈 굿펠로〉 삽화, 1842년

리차드 대드(Richard Dadd, 1817~1886)는 스무 살에 영국 명문 로열아카데미에 입학할 만큼 뛰어났던 화가였다. 스물다섯 무렵 명문가 자제로부터 유럽과 중동 지역을 함께 여행하며 그 여정을 그려달라는 주문을 받는다. 무척이나 고된 여행길에서 심신이 지친 그는 종종 망상에 빠지기 시작하더니 정신분열증 증세까지 보이기 시작한다. 여행 중 친구에게 보낸 편지에는 자신의 병세를 밝히는 구절이 포함되어 있다.

"나는 너무나 많은 변화에 내 정신이 제대로 판단하고 있는지에 대한 의심에 지쳐 자리에 눕곤 한다."

여행에서 돌아온 이듬해, 아버지의 몸에 악마가 들어와 사람 행세를 한다는 망상으로 아버지를 살해하고 평생을 정신병원에 갇혀 지낸다. 그의 탁월한 그림 실력을 아까워한 주변의 도움으로 정신병원에서 그림을 그릴 수 있었다. 그가 병원에서 그린 그림과 삽화들은 이후 정신질환 연구의 중요한 자료가 되었다. 어린이 동화 〈로빈 굿펠로(Robin Goodfellow)〉의 삽화에서도 화가의 정신 상태를 짐작할 기괴함이 느껴진다. _ 편집자

1차 인터뷰

🎭 열한 명의 자녀가 있는 대가족의 막내라고 했는데, 어린 시절의 가족에 대해 좀 이야기해 주실 수 있나요?

우리는 이사를 많이 다녔습니다. 아주 가난한 것은 아니었지만, 늘 경제적으로 쪼들렸죠. 나이 많은 형제들은 집에서 나가 살고, 집에는 저와 누나 두 명, 부모님, 그리고 사촌들이 가끔 같이 지냈습니다. 나이 차이가 많이 나서 나이 많은 형제들은 마치 삼촌이나 이모처럼 보였습니다. 아버지는 일을 나가셨고, 어머니도 오래 일을 해야 했으므로 밤 늦게까지 일하는 날이 많았습니다. 아이들만 자주 남겨졌었죠.

🎭 처음 아버지에게 무언가 잘못된 점이 있다는 사실을 깨닫게 된 시기가 언제라고 기억하나요?

다른 아이들의 집에 놀러다니면서부터였던 것 같습니다. 다른 아이들의 집은 깨끗하고 가족들끼리 고함치거나 소리치는 일이 없었고 저녁도 함께 먹는다는 사실을 알았습니다. 서로 보살펴주는 분위기였죠. 거의 모든 친구들의 부모님들은 자기 아이들을 잘 돌보고자 했습니다. 저는 그런 분위기를 느껴본 적이 없었어요.

제가 아주 어린 시절이었는데, 아버지가 누나를 다른 방식으로 학대하는 장면을 목격했습니다. 밤에 그 소리를 들었습니다. 그 사실을 누구에게도 말하지 않았지만, 아버지는 매우 공격적이었고 어머니는 수동적이었습니다. 어머니는 무슨 일이 일어나도 그냥 내버려 두었습니다.

아동보호국에서 누나를 1~2년 정도 데려가 보호했던 기억으로 보아, 성적 학대에 대한 신고가 있었던 것 같습니다. 그 후 누나는 돌아왔지만, 다시 데려갔던 것으로 기억합니다. 저는 모든 것을 잊으려고 애썼는데, 아버지가 얼마나 오랫동안 누나를 성적으로 학대했는지는 모릅니다.

형제 중 아홉이 중독자입니다. 저도 중독을 가지고 있습니다. 늘 우리에겐 무엇인가 문제가 있다는 사실을 알고 있었고, 그건 매우 당혹스러운 일이었습니다. 저는 아버지가 우리를 어떻게 대하는지 보여주기 싫어서 절대로 친구들을 집에 데려오지 않았습니다. '아버지'라는 말도 좋아하지 않았습니다.

🔵 왜죠? 그럼 아버지를 뭐라고 불렀나요?

제 생각에 아버지란 말은 당연히 주어지는 것이 아니라 얻을 수 있어야 하는, 일종의 존경이 담긴 호칭이어야 한다고 생각했습니다. 우리들 중 아무도 그 사람에게 그러한 마음을 갖지 않았기 때문에, 누구도 그 사람을 '아버지'라고 부르려 하지 않았습니다. 우리는 그 사람을 '노친네'라고 불렀고, 나이 든 형제들은 아버지 이름도 아닌데 이상하게 '조지'라고 불렀습니다. 일종의 경멸이었죠.

🎧 아버지는 어떠했나요?

그 사람은 어떤 일이든 할 수 있었습니다. 손재주가 좋았고 들어오는 일거리를 잘 성사시켰습니다. 보스 기질이 있었는데, 그런 면에서 저는 그 사람을 많이 닮았습니다. 하지만 분노광이었고, 감정의 기복이 정말로 심했습니다. 매우 극단적이었죠. 기분이 고양되었다 떨어지면 언어 폭력이 뒤따르고, 그럴 때쯤이면 아마도 당신을 벽에 집어던져 코를 부러뜨렸을 거예요. 낮에는 거의 정상적으로 보였어요. 예의 바르고 친절한, 평범한 남자로 말이죠. 하지만 밤이 되면 전혀 다른 사람으로 변했습니다.

우리에겐 제가 이름 붙여놓은 '나이트 쇼'가 벌어졌어요. 그건 사람들을 갈갈이 찢어놓는 쇼였습니다. 우리는 TV를 보는 거실에 모여 앉고, 그 사람은 왕좌 같은 녹색 소파에 앉습니다. 그 시간은 알아서 각자 저녁 식사를 한 후의 자리였습니다.

'나이트 쇼'에서 우리는 자기 자리를 찾아 앉아 기다려야 한다는 걸 알고 있었습니다. 가끔은 TV 쇼를 시청하기도 했지만, 대부분의 경우는 그 사람의 갑작스런 행동으로 쇼가 전개되었어요. 누구 한 명을 찍어 비난을 시작하며, 고함치고 소리 지르고 느닷없이 자리에서 일어나 때리거나 발로 찼습니다.

열 살 무렵에 내가 그 사람이 좋아하지 않는 말을 한 적이 있었는데, 내 멱살을 잡더니 벽에다 집어던졌습니다. 코뼈와 쇄골, 그리고 새끼 손가락을 부러뜨렸던 거예요. 다음 날 두 눈엔 멍이 들고 코에는 반창고를 붙인 채, 팔에 붕대를 감고 학교에 갔었습니다. 무슨 일이 있었냐고 묻길래 그냥 넘어졌다고 했어요. 요새 같으면 사람들이 가정복지과에 신고했겠지만, 그때는 사람들이 잘 물어보지도 않았습니다.

누나들과 형들도 같은 학교를 다녔으므로 선생님들이나 행정 직원들이 우리 집에 무슨 일이 벌어지는지 알았을 테고 그런 상황에 익숙했었을 거라 생각했습니다. 그 시절은 부모님을 신과 같은 존재로 생각해서 부모에 대해 어떤 문제 제기도 할 수 없었습니다. 학교 측도 별 문제 삼지 않았고요.

그러고 나면 내가 정말 싫어하는 다른 행동이 이어졌습니다. 그 사람은 자신이 무슨 짓을 했어야 했는지, 또는 무슨 짓을 할 수 있는지를 저에게 말하는 겁니다. 그 사람은 자신의 행위에 대해 유감을 표명했지만, 그건 슬퍼하는 게 아니라 화가 난 것이었습니다. 예를 들어, 몇 년째 마당에 방치하던 낡은 트럭을 폐기한 일이 있었습니다. 그 트럭은 고물이어서 움직이지도 않았죠. 20년이 지난 지금 아버지는 그 일을 되돌아보고는 불평하며 호통을 치는 겁니다.

"그 트럭을 버리지 말아야 했어! 트럭을 굴러가게 만들 수 있었는데. 절대 내주지 말아야 했어!"

그냥 계속 그렇게 하고 있습니다. 중요하지도 않은 트럭이었는데도 그래요.

🧑 지옥에서 보낸 시간처럼 들립니다. 그런 시간들을 어떻게 대처했나요?

TV를 보거나, 책을 읽거나, 집을 나와 제 자신을 잊으려 했습니다. 하지만, 제 자신을 감당하지 못했던 적이 몇 차례 있었습니다. 처음 자살을 시도했던 때가 여덟 살인가 아홉 살 때였습니다. 수면제 니톨(Nytol)을 병째 들이마셨죠. 당시 TV 니톨 광고에서 N을 드러눕혀 Z로 만들었던 장면 때문에 그 약의 수면 효과를 알았습니다. 그 광고를 생각해 한 병을 다 마셨지만, 결국 다음 날 아침 눈을 떴고, 몹시 실망했죠.

🧑 그 당시 어떤 일이 그렇게 당신을 견디기 힘들게 만들었습니까?

아버지가 방을 치우라고 했는데, 치우지 않았어요. 그러자 아버지가 창문을 발로 차 열더니 방안에 있던 모든 물건을 밖으로 던져버렸습니다. 가구며 서랍, 옷들은 물론이고 책과 장난감 같은 제 물건들이 창밖으로 내동댕이쳐졌습니다. 그 사람이 그렇게 하고 나니, 저는 더 이상 이 세상에 머물고 싶은 생각이 없었어요.

🙎 **죽으려고 약을 먹었던 사실을 아는 사람이 있었나요?**

아뇨, 저는 누구에게도 말하지 않았습니다. 그게 무슨 소용이 있었을까요? 아무 소용 없는 일일 텐데요.

🙎 **자신을 향한 정말 많은 폭력적이고 파괴적인 분노를 겪었군요.**

그 사람이 우리 형제들을 놀릴 때면, 수많은 언어 폭력이 따랐습니다. 저는 안경을 쓰고 있었는데, 그 사람은 저를 고약한 말투로 '교수님'이라고 부르곤 했었어요. 저에겐 머리카락을 만지는 것과 같은 예민한 습관이 몇몇 있었는데, 그 사람은 저의 그런 행동을 따라하며 조롱하곤 했습니다. "넌 멍청해 보여서 결국에는 절대 아무 일도 하지 못할 것이야"라고까지 했습니다. 말로 표현하기조차 힘들군요.

언어 폭력과 물리적 폭력 중에 뭐가 더 나쁜 것인지 모르겠습니다. 그 사람은 성격이 불같아서 느닷없이 붙들어매고 때릴 수도 있었습니다. 죽이겠다는 위협도 몇 번 있었고, 그 가능성을 증명이라도 하듯 총도 있었죠. 어떤 주제도 그 사람에겐 제한이 없었습니다. 그 사람은 어머니와의 섹스가 얼마나 형편없었는지 따위의 이야기도 서슴지 않았고, 다른 여자와의 성적 행위들에 대한 이야기도 떠벌렸습니다.

🧑 아버지가 '나이트 쇼'에서 한 명에게 집중하면, 다른 형제자매들은 어떻게 있었나요? 그럴 때 어머니는 어디에 계셨죠?

어떤 밤에는 모두가 돌아가며 조금씩 당하기도 했고, 어떤 날에는 특정한 누군가가 표적이 되었습니다. 하지만 누구라도 그 자리를 뜨려고 하면, 그 사람은 완전히 제정신을 잃었으므로 우리는 꼼짝없이 자리에 있어야 했습니다.

어머니는 소파 끝에 앉아 책을 읽거나 마치 아무 일도 없는 듯 행동했습니다. 아버지가 우리 중 한 명을 때리거나 발로 차 울며 고함을 쳐서 상황이 시끄러워지면, 어머니는 그저 읽던 책을 들고 방으로 들어가 계속 읽은 적이 여러 번 있었습니다.

저는 그때부터 TV 쇼를 많이 기억하는데, 그 TV 쇼 안으로 들어가 제가 거기에 있다고 상상하곤 했어요. TV 속 사람들은 상냥했고, 안전했으며 괜찮아 보였습니다. 그렇게 전 현실을 벗어나 그 안에 있기를 원했습니다.

🧑 조금 더 나이가 들어 아홉 살, 열 살 쯤에 그 전보다는 조금 독립심을 갖게 되었을 텐데 그때는 어땠어요? 그때는 집에서 나가 있을 기회가 많았었나요?

여름에는 아침에 시리얼로 배를 채우고 나가 하루 종일 놀다 어두워져야 집으로 돌아오곤 했습니다. 가능한 한 집에서 떨어져 있고 싶었어요. 저는 아이 때 배워서는 안 되는 일들을 집에서 배웠습니다.

🧑 **혹시 진정한 친구라고 생각되는 친구들이 있었어요?**

친구라기보다는 오히려 몰려다니는 떼거리였죠. 때때로 우리들은 함께 시간을 보냈고, 언젠가는 신문 배달도 했었죠. 우리들 중 많은 아이들이 돈벌이를 위해 여러 가지 별난 일들을 했습니다. 우리들은 서로 많은 이야기를 나누거나 하지는 않았던 것으로 기억하는데, 어쨌거나 저는 말을 많이 하지는 않았어요. 그냥 어울려 같이 몰려다닐 뿐이었으니까요.

🧑 **돈벌이를 가졌다는 게 좋았나요?**

제 스스로 뿌듯해지려고 일을 한 건 아니었습니다. 다만 집 밖으로 나가기 위한 일이 필요했을 뿐이죠. 집을 나갈 수 없는 경우엔 책을 읽거나, TV를 보거나 다른 상황에 놓여 있는 나를 상상하곤 했어요. 마치 전쟁터에서 자란 아이같이 말이죠. 아는 만큼 보인다고, 제게는 그러한 상황이 정상으로 여겨졌습니다. 다른 일들은 그저 시간을 떼우는 방편일 뿐이었고요.

사실, 제가 좋아한 일이 한 가지 있는데, 보이스카우트였습니다. 거기에는 해야 할 일들이 있었고, 불을 지피는 법과 이것저것 일하는 법을 배우는 게 흥미 있어서 스카우트 캠핑을 좋아했습니다. 팀의 일원이 되는 것도 좋았고요. 제 스카우트 마스터는 오래된 스카우트 유니폼을 재활용해 입을 수 있게 해서 형편이 어려운 아이들을 도왔던 정말 훌륭한 분이었습니다.

스카우트 유니폼을 얻었을 때, 제 이름표를 달며 스카우트가 되었다는 사실에 정말 자랑스러워했던 기억이 나네요. 아이들이 캠핑을 가고 싶은데 음식을 구할 돈이 없다면, 스카우트 마스터는 잘 풀릴 거라며 안심시켜 줬습니다. 그분은 정말 훌륭한 분이었습니다.

하지만, 저는 여전히 다른 사람들로부터 소외감을 느끼고 있었습니다. 제 자신을 그들만큼 좋은 사람이라고 여기지 못했던 것이죠. 물론 지금까지도 그런 느낌은 여전합니다.

몇 블럭 떨어진 곳에 살던 친구가 있었는데, 그 친구의 가족은 드라마 〈비버는 해결사〉[1]에 나오는 가족과 같은 이상적인 모습이었습니다. 종종 그 집에서 함께 저녁을 먹곤 했었는데, 식사 전에 감사 기도를 드리는 모습이 제겐 많이 낯설었습니다. 그분들은 종종 일요일에 저를 교회로 데리고 갔는데, '교회를 함께 다니는 가족이라니, 참 이상하네…'라는 생각조차 했었으니까요. 같이 둘러 앉아 식사를 하며 일상

---

1 미국 시골의 이상적인 가정상을 연출하여 인기가 있었던 1950년대 시트콤

적 대화를 나누곤 했는데, 마치 딴 세상에 와 있는 느낌이었어요.

🧑 **어떤 식으로든 자신의 인생이 바뀔 수도 있을 거라는 느낌을 받은 적이 있었나요?**

별로요. 돌이켜보면 저의 삶은 생존 모드였습니다. 집 밖에 있는 시간을 좋아했지만, 계속 그럴 수만은 없는 일이었죠. 그 시간은 다만 짧은 휴식 같을 뿐이었어요. 저는 실제로 살아갈 수 있는 다른 방식의 삶을 알 수 없었습니다. 그러한 삶은 나와 상관없는 다른 사람의 삶인 줄로만 알고 있었으니까요.

아주 어렸을 적에는 초인종이 울리고 누군가 들어와 어머니에게 "당신의 아이들이 태어날 때 바뀌었군요. 이 아이들의 엄마는 따로 있어요"라고 이야기하는 장면을 상상하곤 했습니다. 하지만 그런 일은 일어날 수 없었죠. 제 자리는 바로 그 자리였고, 그건 바꿀 수 있는 게 아니었습니다.

🧑 **당신이 이름 붙인 '나이트 쇼' 말고, 집에서의 다른 생활은 어땠어요?**

6학년인가 7학년 때, 저는 학교에서 돌아오면 침대를 청소하고 때로는 저녁을 만들기도 했습니다. 아마도 어머니를 편하게 해드리고 싶었던 마음이 있었던 것 같아요. 하지만 제 삶을 편하게 만들려는 측면도 있었습니다. 일요일은 함께 식사하는 유일한 시간이고 어머니는 일 때문에 많이 지쳐 있어서 제가 아버지가 좋아하는 파스타를 만들기도 했어요.

🎙 아버지와 좋은 시간을 보낸 적이 있나요?

아주 가끔이라고 기억하는데, 대개는 집에서 무언가를 함께 고치거나 할 때였을 거예요. 제 손재주는 아버지를 많이 닮았고, 연장을 사용하여 이것저것 고치는 일을 즐겼습니다. 그럴 때면 아버지가 화내는 일 없이 함께 일할 수 있었어요.

🎙 이 시기 어머니와의 관계는 어땠습니까?

저는 어머니를 많이 사랑한다고 생각했지만, 그 관계가 좀 이상했다는 것을 최근 들어서야 깨닫게 되었어요. 어머니는 종종 저와 형제자매들 모두 사랑한다고 말씀하시곤 했지만, 저는 어머니 인생에 제가 방해가 되었던 것은 아닐까 생각했던 거예요. 막내인 제가 태어나지 않았다면, 어머니는 더 일찍 그곳을 벗어났을 수도 있었을 테니 말이예요. 어머니가 대놓고 그리 말하진 않았으나 저는 늘 그렇게 느꼈었거든요.

어머니는 몇 번 아버지를 떠나려 시도해 집을 나가기도 했었어요. 옷가지들을 차에 던져 넣은 채, 우리를 차에 태우고 그렇게 떠나기도 했었지요. 그런 일이 몇 차례 지나면, 한 학년이 지나곤 했어요. 매우 어린 시절의 첫 기억에 우리는 뉴욕주 북부로 도망쳐 살았었습니다. 마을에는 안경 공장, 우체국, 그리고 몇 군데의 상점뿐이었고, 새벽 여섯 시에 통학 버스를 타야 했습니다. 어머니가 왜 그 지역을 택했는지는 모르겠습니다. 그 지역의 누군가를 알았을 수도 있지만, 가능한 한 아버지와 멀리 떨어진 그냥 그런 곳 중 하나였던 것 같아요. 그런데 어찌어찌 아버지가 우리를 찾는 바람에 집으로 돌아가야 했습니다.

아버지와 떨어져 있다는 점에선 좋기도 했지만, 한편으로 어린 저에겐 정말 지루한 동네였어요. 어머니는 안경 공장에 일을 구해 꽤 오랫동안 다녔고, 종종 밤에 술에 취해 들어오기도 했어요. 학교는 인적이 드문 외딴 위치였고, 매우 엄했으며 교장 선생님께 여러 번 혁대로 맞기도 할 정도로 끔찍했습니다.

🧑 그해가 당신에게는 정서적으로 의미 있던 휴식은 아니었던가 보네요?

그런 느낌은 없었어요. 우리가 집으로 돌아가는 일은 시간 문제라고 생각했거든요. 이전과 달라진 새로운 삶을 만든 것 같지도 않았고요.

어머니가 마지막으로 집을 떠난 것은 제가 막 열여섯 살이 되던 해였는데, 그때도 역시 저는 가장 막내였죠.

어머니는 외할아버지가 돌아가신 후 외할머니 집에서 살

았고, 저는 학교를 그만 두고 직장을 구해 돈을 벌 때까지 차에서 지내기 시작했습니다. 어머니가 저를 버렸다고 생각했지만, 제가 태어나지 않았더라면 어머니는 더 일찍 아버지를 떠날 수 있었을 거란 생각 때문에 죄책감도 있었죠. 이때 이후로 어머니는 아버지에게 돌아가지 않았습니다.

어머니는 우리에게 많은 일들이 일어나도록 방치했고, 우리들 모두의 삶은 많이 무너져버렸죠. 저는 두 번이나 이혼했고, 형도 누이도 정상적인 결혼 관계를 유지하는 사람이 한 명도 없었으니까요. 이런저런 방식으로 우리의 삶은 모두 망가지고 말았어요.

🧑 그 시절이나 나중에 어른이 되어서 어머니와 이런 일들에 대해 이야기를 나눈 적이 있나요?

제가 좀 나이가 들어서 어머니와 몇 차례 이야기를 나눈 적이 있었는데 아마 친밀감이 있었던 것도 같습니다. 하지만 저는 아직도 어머니가 우리에게 그 많은 나쁜 일들이 일어나도록 내버려뒀다는 사실이 참 힘들어요. 정말 그 일에 대해서는 타협할 수 없을 거예요. 나중에 어머니가 제게 "나는 갈 데라곤 아무 곳도 없었고, 언제나 애들이 있었다. 요즘의 처지와는 달랐다"라고 했지만, 저는 그말에 전혀 공감할 수 없었어요.

🧑 집안에서 일어나는 일에 대해 학교에서 관심을 가지는 사람은 없었어요? 아니면 학교에서의 당신의 행실에 대한 우려는 없었나요?

5학년이 되었을 때, 학교는 저를 심리학자인지 상담가인지 하는 어떤 사람에게 가도록 조치했습니다. 일 년에 3~4명을 정해 진료소인가 하는 곳으로 매주 데려갔어요. 저는 여름 내내 가 있었는데, 처음 얼마 동안은 갈 생각도 없었고, 말하고 싶지도 않았어요. 하지만, 그 사람이 계속 이것저것 따져 묻자 저는 결국 '좋아, 무슨 일이 벌어지는지 알고 싶다 이 말이지? 그럼 무슨 일이 벌어지는지 알려주지'라고 생각하게 되었어요. 그래서 그 사람에게 말했습니다. 저는 거기 앉아 그 사람에게 이전에 누구에게도 하지 않았던 이야기들을 털어놓기 시작했습니다. 저는 '나이트 쇼'에 도대체 어떤 일이 벌어지는지, 형들 중 한 명이 내게 저지르는 일들에 대해서 얘기해주었습니다. 저는 아버지와 누나에 대한 일도 이야기했습니다. 모든 것을 말이죠.

🧑 그 당시 용기가 많이 필요했나요? 이 사람을 믿을 수 있겠다 느꼈었나요?

제 생각에는 '엉망진창' 그 이상이었습니다. 그러던 어느 시점에 그 사람은 저에게 이제 마지막 이야기를 해야 할 시간이라고 이야기하더군요. 예산이 떨어진 건지 뭔지는 제가 알 수 없는 일이었습니다.

그 마지막 시간에 그 사람이 "잠시 역할을 바꾸어보자"고 하더라고요. 의자를 바꿔 그 사람은 제가 앉았던 자리에 제가 앉았던 모습처럼 팔걸이에 다리를 걸치고 앉더니 제게 이렇게 이야기하더군요.

"이제부터 저는 당신이 들어본 적 없는, 세상에서 가장 새빨간 거짓말과 가장 믿기 힘든 이야기를 할 거예요."

그리고 그 사람은 제가 지금까지 그에게 털어놓은 모든 이야기를 조롱했습니다. 저는 그 사람을 보며 겉으로는 웃었지만, 속으로는 정말 끔찍했습니다. 그는 저를 자기가 들어본 최고의 이야기꾼이며 거짓말쟁이라고 했습니다. 저는 이게 농담이길 바랐지만, 아니었습니다. 아직도 그 사람의 얼굴이 눈에 어른거리고, 사무실이 어떻게 생겼는지도 정확히 기억합니다.

🎙 그건 정말 그러한 자리에 있는 사람이 신뢰를 파괴하는 끔찍한 짓이군요. 당신은 어떻게 반응했나요?

저는 (나를 가리키며)당신 같은 사람들은 기본적으로 쓸데없는 인간들이라는 결론에 이르렀고, 듣고자 하는 이야기만 해야 되는 것으로 생각했죠. 물론 그로 인해 오랜 기간 누구도 신뢰할 수 없게 된 건 당연한 일이고요.

🧑 형과 누나들과 무슨 일이 일어나고 있는 건지 서로 이야기를 나눈 적은 있었나요?

아버지가 없으면 우리는 아버지를 조롱하며 흉내내곤 했습니다. 웃기는 목소리로 "집안에 당장 들어와라. 젠장, 내 손에 잡히면 목을 분질러 버릴 테다"하고 말이에요. 우리 집안에서 행해지는 어떤 유머도 사람들이 실제로 의식하는 부분들을 콕 집어 놀리는 방식으로 항상 누군가의 희생을 전제로 이루어졌죠. 그러한 일을 일종의 유희라고 생각했던 같아요. 사람들의 감정이 상할 때까지 비열한 방식으로 서로 놀려댔을 뿐이죠.

🧑 도저히 형제간 연대나 정서적인 유대가 있었다는 얘기로는 들리지 않네요.

네, 적자생존이죠. 우리는 아직도 여전히 그런 유대감은 없습니다. 형은 문제가 많았고, 저는 형이 소년원에 있을 때, 필요한 물건을 소포로 부쳐주기도 했습니다. 하지만 지금 형은 제 전화도 안 받아요. 우리는 서로 한 시간 거리에 살지만, 고작 일 년에 한두 번 만나 점심을 먹는 게 다입니다. 정말로 왕래가 없어요.

중요한 것은 매일 매일 그날의 삶을 헤쳐나가는 것이었죠. 아버지는 항상 나를 죽일 거라고 했었기 때문에, 저는 쉰 살까지 살 수 있을 거라는 생각도 못 했습니다. 아버지는 내 머리에 총을 갖다대고 방아쇠를 당기곤 했습니다. 완전 미친짓이지요. 저는 그 사람이 저지른 일에 대해 어떠한 변명도 할 생각이 없지만, 그 사람이 제정신이 아닌 건 확실했습니다. 다치거나 죽은 사람이 없다는 게 정말 놀라울 따름이에요. 우리가 그 사람을 알츠하이머 요양원에 입원시키던 날도 그 사람은 제게 "요양원에 들어가기 전에, 널 죽일 거다. 너에게 총알을 박아줄 거야"라고 이야기했었습니다. 그 일은 그 사람이 혼자 생활할 수 없게 되어 제가 모시기로 한 후였죠.

🅰 **완전히 미친짓이었네요. 많이 무서웠겠어요?**

자라는 동안 우리 집엔 총이 있었고, 아버지는 항상 차에 총을 가지고 다녔습니다. 저는 그중 하나를 아버지에게 쓸까 하는 생각도 수차례 했었어요. 십대일 때 한번은 어머니가 창문을 열고 산탄총을 아버지에게 조준하였습니다. 어머니가 방아쇠를 당겼지만, 아무 일도 일어나지는 않았습니다. 어머니는 총을 다시 내려놓았습니다. 아마도 총알이 비어 있었던 것 같아요. 찰칵하는 소리가 아직도 기억납니다. 아버지와 내가 밖에 함께 있었는데, 만약 총이 장전되어 있었더라면, 저도 결국 총에 맞았을 거라고 생각했어요.

환상 속에서 저는 저를 사랑하고 원하는 가족들과 함께 완벽한 삶을 꿈꾸었고, 그런 기적이 일어나길 원했습니다.

제 삶이 살아갈 가치가 없다고 여러 번 느꼈어요. 형들 중 누군가가 어떤 조치를 취하거나 어린 동생들을 집에서 데리고 나올 수도 있었지만, 그렇게 하지 않았죠. 우리에게 관심을 가져야 했을 많은 사람들이 우리를 외면했습니다. 저는 항상 소외되어 있었습니다. 벌어지고 있는 진실을 누군가에게 이야기했던 단 한 번의 경험은 최악이었구요. 그러니 뭐하러 그래요? 그게 무슨 소용이란 말입니까!

🧑 **그 이야기를 하는 지금, 당신의 감정이 매우 강렬하군요. 아직도 생각을 꺼내는 데 매우 아픈 고통이 느껴져요.**

커가면서 배운 건 다른 사람들이 너를 해치기 전에, 네가 먼저 해쳐야 한다는 것이었습니다. 그게 널 존중받게 만들어 줄 것이다. 그런 생각을 극복하는 데 정말 오랜 시간이 걸렸습니다. 지난 몇 년 동안 좋은 상담치료사를 만나고 있는데, 그렇지 않았다면 아마 저의 삶은 파괴되었을 겁니다. 나는 지금의 인터뷰가 다른 사람에게 도움이 되었으면 합니다.

제 치료사는 저를 이해해주는 유일한 사람입니다. 아무도 저를 이해하려 하지 않았고, 그만큼의 충분한 관심을 기울여주지 않아 두려웠어요. 아마 6주나 8주 정도 그녀와 만날 수 있겠지 생각하고 시작했는데, 지금까지 2~3년째 해오고 있습니다.

2차 인터뷰

🧑 첫 인터뷰 후 어떤 기분이 들었어요?

일주일 정도는 기분이 꽤 꿀꿀했어요. 불행히도 그 전에는 제가 정말 생각하지도 않았던 기억들을 떠올리게 했는데, 저는 그런 기억에 빠지고 싶지 않았거든요. 다만 자라면서 아이들에게 너무 많은 성적 행위들이 있었다고만 말씀드리겠습니다. 내 상담치료사와는 그것에 대해서도 이야기했습니다.

🧑 좋아요. 오늘 더 이야기를 나누어도 괜찮으시겠어요? 이런 인터뷰가 힘들 수도 있다는 사실 잘 알고 있어요.

네, 괜찮습니다. 기분이 좋은 부분은 이 인터뷰가 다른 누군가에게 도움이 될 수도 있다는 사실이에요. 살면서 좋은 일과 나쁜 일들을 많이 겪었지만, 이렇게 무엇인가 긍정적인 일은 기분을 좋게 해주죠. 하지만 쉽지는 않네요.

🧑 두 번째 인터뷰를 위해 다시 와주셔서 정말 감사합니다. 자, 지난 번 얘기를 이어가 보죠. 나는 당신이 크면서 연관되었을 친인척에 대해서는 전혀 물어보질 않았었네요.

유일한 친척은 외할머니뿐이었습니다. 외할머니는 정말 개 같은 사람이었고, 무엇을 해도 충족할 줄 모르는 사람이었습니다. 제가 백혈병 치료제를 발견하고, 달에 착륙한다 하더라도, 외할머니 마음에는 충족되지 않을 거예요. 외할머니는 처음부터 어머니와 아버지의 결혼을 반대했었기 때문에 아버지와 조금이라도 관련되었다면 그 무엇도 용서할 수 없는 일이었죠.

한번은 제가 학교에서 배운 걸 말씀드린 적이 있었는데, 외할머니가 이렇게 말씀하시더군요.

"아이구, 이 멍청한 녀석아. 그건 모두 틀렸어. 이렇게 멍청하다니…."

제가 수학 숙제를 푸는데, 잘 안 풀렸던 적이 있었죠. 외할머니가 뭐라고 하신지 아십니까?

"네가 얼마나 멍청한지 도대체 믿을 수 없구나. 이게 다 네 엄마가 아빠 같은 멍청이와 결혼했기 때문이다. 네 엄마가 어렸을 때 얼마나 예뻤었는데, 지금 네 엄마의 모습을 봐라."

🔵 그 무렵 학교 생활은 어땠어요?

저는 꽤 유능한 사람이지만, 학교 생활은 잘하지 못했습니다. 제가 집에 돌아와 교과서를 아버지의 눈에 띄게 부엌 식탁에라도 놔둔다면, 아버지는 화를 냈습니다. 어머니가 도와주는 일도 별로 없었습니다. 종종 제가 간판이나 범퍼 스티커 같은 것을 잘못 읽으면 고쳐주기도 했지만, 어머니의 말투는 오히려 "뭐라는 거니, 이 멍청아?"라는 식이었어요.

집에서의 생활과 밖에서의 생활은 따로따로 유지했었나요?

물론이죠. 특히 상담치료사와의 나쁜 경험 이후로는 그 누구도 믿지 않았어요. 제 가정사에 대해서는 절대로 말하지 않았죠. 저는 전문가인 척하는 사람들을 기본적으로 권위에 가득 찬 사람들이라 생각해요. 그러면서 '당신들은 오로지 당신들의 삶을 살아가라. 다만 당신들에게도 말 못 할 상황들이 있잖아'라는 생각을 가지고 살았죠. 때론 다른 아이가 자기 아버지에 손찌검을 당했거나 혁대로 맞았다는 이야기를 듣는다 해도, 우리집에서의 폭력의 수위가 일반적이지 않았다는 사실은 알고 있었습니다.

남자가 되어가는 일에 대해 무엇을 배웠나요?

결코 아버지와 같은 사람이 되고 싶지 않았습니다. 하지만, 저는 어린 시절에 이미 살아남는 법, 싸움꾼이 되는 법, 거짓말하는 법, 폭력을 쓰는 방법 등 그 모든 것들을 배우고 있었습니다. 우리 가족에게 있어, 누군가가 비난하면 보이는 가장 적절한 반응은 0.5초 만에 화를 내는 것이었죠.

고등학교 초반에 상황은 점점 어려워져갔습니다. 학교 버스 안에서 숙제를 할 수 없었던 것은 그때부터였을 거예요. 저는 책상 위에서 책을 꺼내어 공부해야 했고, 연구보고서를 써야 했으며, 독후감을 작성해야 했습니다. 그때 제 스스로가 얼마나 가여운 학생인지를 비로소 깨달았습니다. 학교를 많이 빼먹었지만, 아무도 알아채거나 심지어 상관하는 사람도 없는 것 같았습니다. 마치 그럴 줄 알았다는 것처럼 말이에요.

십대가 되면서 아버지와의 관계는 어떠했나요?

어느 시점에서 저는 몸집이 커지고 힘이 세지면서 아버지와 맞먹었습니다. 힘이 더 세져서는 도망가거나 움츠러들지 않고 아버지에게 처음으로 맞섰죠. 이제는 더 이상 나를 때릴 수 없다는 사실을 아버지가 깨닫게 되면서 변화가 시작되었어요.

또한 제가 아버지처럼 물건을 고치거나 연장을 사용하는 데 재능이 있다는 사실도 깨달았죠. 중학교 3학년 때 좋은 과학 선생님의 지도를 통해 혜택을 받았습니다. 처음으로 A 성적을 받았던 거죠. 저는 과학을 정말 좋아해서, 다른 아이들이 진행하는 과학 프로젝트를 보곤 했지만, 복잡해보여서 어떻게 하는지 알 수 없었습니다. 그때 학교에서 조금만 더 지원을 받을 수 있었다면, 더 나았을 수도 있었을 거예요. 하지만, 그해가 지나면서 저는 제 자신에 대한 혐오에 빠져들기 시작했으므로 어떻게 되었을지는 알 수 없는 일이죠.

저는 제 자신으로 만들어져가는 모습이 싫었습니다. 내가 사는 곳도 삶의 방식도 싫었습니다. 열여섯 살이 되어 어머니가 저희를 아주 떠났을 때 학교를 그만두었죠. 나중에 다시 돌아갔지만, 학교에서 도움받을 기회는 그때가 마지막이었어요.

교회에 다니기 시작해 근본주의 교단에 발을 들여 놓은 것도 그 무렵이었을 거예요. 저는 번개가 쳐서 모든 상황이 일거에 정리되고[2] 제가 짊어진 모든 것으로부터 어떻게든 치유받고, 제가 지은 모든 죄들로부터 치유받기를 기원했습니다.

거기에서 애 엄마를 만나 깊은 관계를 맺었고, 그래서는 안 될 일이었는데, 결국 결혼에 이르게 되었던 거예요. 저는 교회에 몹시 심취했고, 거기서 스무 살에 목사가 되었습니다. 하지만 저는 아무것도 제대로 해낼 수 없었습니다. 집에서는 제 성질 때문에 여러 가지 문제가 생겼는데, 알콜 문제도 그때 생기기 시작했죠. 한편, 교회는 여자가 남자에게 복종해야 한다고 가르쳤는데, 저는 누군가를 책임진다는 사실이 좋았습니다.

각설하고, 결국 저는 교회를 떠나라는 요구를 받게 되었고, 저의 '친구'였던 사람들 모두 갑자기 저에게 말을 걸려

---

2   사도 바울에게 번개가 쳐서 회심하게 되고 하나님의 영이 임한 것을 일컫는다.

고 하지 않았습니다. 모든 일이 엉뚱하게 망가졌지만, 그렇게 외면당하는 현실을 참을 수 없었습니다. 저는 이렇게 삶을 계속 이어갈 가치가 없다고 결론 내리고 시속 80마일로 가로수에 차를 들이받았지만, 차만 박살나고 저는 살았습니다. 자살조차 내 맘대로 할 수 없다고 느꼈었는데, 그때가 저의 두 번째 자살 시도였죠.

결혼 생활은 파탄 지경에 이르렀고요. 여전히 술을 마셨으며, 총을 지니고 다녔고, 여러 곳을 전전하며 생활비를 벌기 위해 일을 했습니다. 하지만 저는 사람들과 세상 모든 것에 너무 화가 났었습니다. 저는 제가 완벽한 삶을 살 수도 있을 거라고 생각한 지점까지 도달했어야 했는데, 결국엔 항상 현재의 내 모습뿐이었습니다.

그 지경에 이르러 저는 결국 아버지 곁으로 돌아가게 되었습니다. 자식들 중 누구도 그와 함께하고 싶어하지 않아 아버지는 혼자 병들어 있었어요. 매우 아파서 결국에는 목욕과 식사 등 모든 일에 도움을 받지 않으면 안 되었습니다. 아버지는 여전히 개 같은 사람이었습니다. 아버지는 화가 나면 제게 나가라고 소리질렀지만 나중에는 자기 혼자 버려둔다고 제게 화를 내곤 했습니다. 그러다 결국 알츠하이머 진단을 받아 요양원으로 들어갔습니다.

한편, 저는 완전히 미친 여자와 또 한 번의 정말 나쁜 관계를 맺었어요. 결혼하여 세상에서 가장 아름다운 어린 딸도 두었지만, 딸은 3년밖에 살지 못했습니다. 저는 어찌할 바를 몰랐습니다.

저는 늘 화나 있었고 공격적이었으며, 여전히 총을 지니고 다녔습니다. 그러다 결국 총으로 누군가를 위협하게 되었고 그 사람의 머리에 총을 들이댔습니다. 충동적으로 그 사람을 거의 죽일 뻔했었죠. 그렇게 결국 3년이라는 세월을 감옥에서 보냈습니다.

감옥에서 저는 상담사이자 성직자 같은 남자를 만났습니다. 그 사람도 아버지가 없는 소년들을 위한 집에서 자란 탓에 우리는 서로 친해지게 되었습니다. 저는 그와 우리 가족에 대한 이야기가 아니라 제가 어떤 상태인지, 얼마나 혼란스럽고 화가 났었는지에 대해 많은 이야기를 나누었습니다. 그가 읽을 만한 책을 주고 좋은 조언들을 해주면서 저도 생각을 정리하기 시작했습니다.

감옥에서 나온 후, 저는 나아지기 시작했습니다. 지금은 근사한 직업을 가지고 있고, 내 아들을 도와주려고 노력하고 있습니다. 지금의 아내에게 꽤 심한 장애가 생겨서 그녀도 돌보고 있습니다. 부모님들은 돌아가셨고, 아버지에게 학대를 당했던, 저와 가장 가까웠던 누나는 결국 몇 년 전 자살했습니다. 경제적인 문제였을 수도 있고, 다른 문제였을 수도 있었겠죠. 잘 모르겠습니다.

나이가 들어가면서 점점 아버지처럼 변해간다는 사실이 두려웠습니다.

저는 '노인네'라고 받아들여지는 상황은 원치 않습니다. 사랑과 애정으로 받아들여지길 바랍니다. 제가 서 있던 어딘가의 자리가 아버지가 서 있던 자리와 같다는 사실을 깨달았습니다. 저는 그렇게 되길 원치 않습니다. 아버지의 어떤 버릇이나 습관도 닮길 원치 않아요.

저는 여전히 우울증 약을 복용 중이고 자살 충동도 여전합니다. 저는 제 치료사에게 이에 관한 이야기를 털어놓았습니다. 현실을 받아들이기 위해 노력해야 할 것들이 많았습니다. 어린 시절 환경의 희생양이라고는 생각하지 않지만, 많은 잘못된 것들을 배웠고 저 스스로를 그리 훌륭한 사람이라고는 생각하지 않습니다. 저는 모든 것을 더 용서할 수 있기를 바라지만, 아직까지는 그럴 수 없어요. 아직까지는 저의 용서가 사람들을 자유롭게 풀어주는 것 같이 느껴지고, 그건 옳지 않아 보이기 때문이에요.

제가 너무 불량해서 다른 사람들로부터 사랑과 관심을 받을 자격이 없다고 느낄 때가 종종 있습니다. 오랫동안 그런 생각에 몸부림쳐 왔죠. 종종 제 치료사가 저를 생각해주는 이야기를 해주면 고맙지만 다소 늦은 감이 있습니다. 그녀는 회복의 한 단계로 제가 희생양이었다는 사실을 받아들이는 게 중요하다고 말하지만, 저는 제 자신을 희생양으로 생각하고 싶지는 않습니다. 그건 변명이나 의존, 나약함이라 생각하기 때문이죠.

저는 아직도 밤에 귀신을 보거나 악몽을 꾸고, 심지어 지금 여기 앉아 있는 시간에도 그런 것들을 기억합니다. 여전히 이 모든 것이 악몽이었으면 하고, '잘못 입력된 기억'이 실제로는 아주 멋진 어린 시절의 기억이었으면 하고 바랍니다.

🧑 **다시 성장기로 돌아간다면, 어떤 게 도움이 되었을 것이라고 생각하나요?**

가장 중요한 일은 아버지의 폭력을 멈추는 일일 거예요. 계속 문제되지 않고, 누군가 그런 일을 해줄 수 있다면 말이죠. 저는 어머니도 안 좋게 느끼셨다는 사실을 알지만, 어머니 또한 떠나버리셨잖아요. 어머니도 마찬가지 희생양이었지만, 그래도 여전히 몇 가지 선택은 할 수 있었을 거라 생각되거든요.

제가 말씀드릴 수 있는 최선의 얘기는, 나에게 일어난 일이 나 때문은 아니었지만, 그런 상황이 지속되지 않게 만드는 것은 나의 몫이라는 사실입니다.

로버트에 대한 나의 고찰

로버트의 이야기는 매우 가혹했다. 아버지의 가차 없는 정서적, 물리적 폭력으로 인한 피해는 그가 극복하기 매우 어려웠으며, 계속해서 그것과 싸우고 있었다. 어머니의 표면적 무관심은 오싹하기까지 했다. 하지만, 로버트가 아이로서 친밀한 관계를 가졌다고 느끼는 것을 보면, 초기에는 어머니의 보살핌이 있었던 것 같다. 로버트는 이른 바 '나이트 쇼' 전까지는 방임하거나 외면하는 어머니로 묘사하지는 않았다. 어머니를 용서하는 데 대한 로버트의 감정은 양면적인데, 최소한 어머니는 자신의 행동에 대해 설명함으로써, 어머니로서 잘못한 부분이 있다는 것을 스스로도 인정했어야 했다. 정확히 말하자면, 로버트는 어머니에 대해 자신을 미워하거나 일부러 상처주거나 방임하려고 한 사람이 아니라, 별다른 대안이 없어서 얻어맞고, 우울하고, 압도당한 어머니로 보았던 것이다.

아버지가 가학적이고 잔인한 사람이었다는 로버트의 평가를 부정하기는 어렵지만, 몇 가지 이해해야 할 사연이 있는 듯하다. 아버지는 양극성 장애를 가지고 있었던 것으로 생각된다. 양극성 장애의 '조증' 형태는 종종 희열과 과장보다 분노와 충동성으로 나타나기도 하는데, 이러한 정도의 지속적인 폭력은 종종 알코올이나 약물 중독과 연관되기도 하지만, 로버트의 아버지의 경우는 그렇진 않았다.

　형제간의 강한 연대는 이러한 가정의 경우 완충 작용을 할 수 있지만, 불행히도 로버트와 그의 형제 자매들은 소원했을 뿐 아니라 서로 적대적이었다.

　아마도 나이 차이로 인해 끈끈함이 생길 만큼 충분한 유대감이 없었을 수도 있지만, 다른 한편으로는 나이 차이가 많이 나는 가족의 경우, 힘든 시기에 나이 많은 형제가 어린 동생을 돌보기도 한다.

　가족의 지지가 없는 이와 같은 이야기에서, 특히 가족 외의 사람을 처음으로 믿었지만 조롱과 불신만 받은 이야기는 듣기에도 너무나 충격적이다. 로버트를 처음 상담했던 치료사는 최소한 지지하고 격려할 수 있는 기회가 있었지만, 오히려 로버트의 상황을 헤아릴 수 없을 만큼 악화시켰다. 만일 그가 로버트의 이야기를 믿지 못했다면, 학교 생활기록부나 가족을 파악하고 있는 누군가에게 물어서 사실을 확인할 수도 있었다. 그럼에도 불구하고 그 상담치료사는 아마도 수개월간의 공감대를 형성하여 경청한 후 로버트를 조롱했고, 그것은 '당신뿐 아니라 앞으로도 오랫동안 당신과 같은 사람들'에 대해 조금이나마 쌓였을지 모를 신뢰까지 산산히 부숴놓았다.

　최소한의 역량을 갖춘 상담사라면 초기 상처의 악영향으로부터 로버트를 보호할 수도 있었을 것이다. 아버지의 노여움의 원인이 로버트가 아니며, 아버지가 로버트의 생각 이상의 문제를 가지고 있다는 사실을 명확히 이야기해주었더라면, 최근까지 가져 왔던 '악한' 생각을 줄여줄 수도 있었을 것이다.

그 시점부터 로버트는 내리막길을 걸어왔던 것 같다. 그는 어머니에게 버림받았다고 생각했고 마약과 술을 남용하기 시작했으며, 극도의 분노와 좌절감을 다루는 데 문제가 있었다. 로버트는 선하고 희망적인 무언가를 찾길 원했지만, 매번 자기 자신의 노력을 약화시켰다. 이러한 모든 것은 초기 아동기의 경험뿐만 아니라 살아오면서 아무런 도움도 없었다는 사실을 시사한다.

하지만, 희망적 상황은 로버트가 아직 자신에게 주어진 좋은 영향에 놀랍게도 개방적이라는 사실이다. 감옥에서 로버트는 일종의 멘토와 친해졌고, 예전의 모습을 종종 반복하긴 해도 일을 잘 풀어가려고 노력했다.

이 시점에서 로버트는 우울증, 죄책감, 분노, 삶의 의미, 자신이 행한 선과 악에 대해 여전히 싸우고 있는 중이다. 여전히 그러한 상황들을 이해하려 애쓰고 있다. 로버트가 이 책을 위한 인터뷰에 동의하고 자신의 이야기가 말할 가치가 있다는 것을 알고 있다는 사실에 깊은 인상을 받았고 감동했다. 그 자신이 말한 것처럼, 몇 년 전이라면 그렇게 하지 않았을 것이다. 로버트의 현재 치료사는 어떤 면에서 아마 '너무 늦은' 것일 수도 있겠지만, 그녀는 로버드의 곁에 함께하며 경청하고 있다.

로버트의 타고난 지능과 자신에게 일어난 모든 상황에도 불구하고 개방성을 유지하는 능력은 그의 성격 중 강하게 드러나는 회복 탄력성이다. 그럼에도 초기에 너무 많은 손상을 입었고, 그 동안에 그를 도우려는 시도들이 거의 없었기 때문에 로버트는 자신의 '악함'에 의지해 오랜 기간 살아왔던 것이다. 로버트에게 있어 누군가 자신의 얘기를 경청하고 믿는 일은 회복의 여정에서 중요한 단계일 것이다.

로버트의 이야기로부터 우리는 무엇을 배울 수 있는가?

슬프게도 우리가 배울 수 있는 건 로버트의 상황을 호전시키는 게 아니라 악화시키는 거의 모든 상황이 그에게 벌어졌다는 사실이다. 로버트를 안심시키고, 위로하며, 대변해줄 사람이 아무도 없었고, 로버트에 대한 아버지의 행동이 로버트 자신 때문이 아니며, 그에게 책임이 없다고 안심시켜주는 사람이 단 한 사람도 없었던 것으로 보인다.

어린 아이들이 반복적으로 자신이 '나쁘다'고 들으면 나쁜 것에 대한 핵심 감정을 내면화하게 되는데, 이는 다시 되돌리기 매우 어렵다. 이것이 왜 조기 중재와 예방이 중요한가를 말해주는 이유이다. 아동이 파괴적 환경에 놓여 있다 하더라도, 자신을 나쁘게 보지 않는 누군가가 있다는 사실을 아는 것만으로도 어느 정도 보호받을 수 있다. 그러한 환경은 부모가 직접적으로 적대적이고, 공격적이며, 언어적 폭력을 가하는 경우 특히 그렇다. 환각 증세를 가진 조현병을 앓는 아버지의 경우가 오히려 욕하고 조롱하고 무시하는 정신병이 없는 부모보다 자녀의 자아에 끼치는 손상이 적다.

회복 탄력성은 최소한 그것이 기대되는 지점에서 나타난다. 그리고 로버트의 이야기는 마음이 열려 있어야 하고 뜻밖의 것에 마주칠 준비가 되어 있어야 한다는 사실을 말해준다. 나는 로버트가 몇 년 전이었다면, "이런 사람들은 모두 거짓말쟁이야"라고 생각하여 내 사무실에 발을 들여놓지도 않았을 것이라고 말했을 때, 로버트를 믿었다. 놀라운 것은 그가 겪어온 모든 상황에도 불구하고, 평안과 충만감을 찾기 위해 여전히 노력하고 있으며 위험을 감수하고 있다는 사실이다.

옮긴이 후기_

부모를 대신해 이끌어 줄
미리엘 주교*는 어디에…

아이는 세상에 태어나 어머니의 일관된 보살핌과 애정으로 세상에 대한 기본적인 신뢰(basic trust)를 형성하게 되는데, 자신의 배고픔이나 여러 욕구에 대해 잘 반응해주고 충족되면 세상은 좋고 안전한 곳이라는 믿음을 가지지만, 그렇지 못할 경우 세상에 대한 불신을 형성한다. 아이에 대해 비난하는 경우, 아이는 이를 내면화하여 자신을 결함 있는 나쁜 존재로 인식하여 자아가 손상된다. 욕하고 조롱하고 무시하는 부모의 목소리는 성장 후에도 내면에서 끊임없이 자신을 평가하는 방식으로 고착되고, 비난의 목소리가 된다. 기본적인 신뢰가 잘 형성되지 않았을 때는 치료자와의 신뢰 관계 역시 잘 형성되기 어렵다. 이러한 경우, 불신으로 가득 찬 마음에 세상과 사람들을 신뢰하게 해줄 수 있는 수정된 경험이 반복적으로 필요하다. 영화 〈레 미제라블〉에서 장 발장이 자신을 용서하고 믿어준 미리엘 주교를 통해 경험한 것과 같이 말이다. 이후 미리엘 주교는 장 발장의 마음속에 항상 같이 있었고, 세상을 떠나는 순간 장 발장의 눈앞에 나타나 장발장을 천국으로 인도한다. 정신질환자의 아이들에게도 이러한 경험을 만들어줄 미리엘 주교 같은 분이 본인 생애 한 명이라도 있다면 그 삶은 변화될 것이다.

---

* 빅토르 위고의 소설 『레 미제라블』의 등장인물. 미리엘 주교는 디뉴(Digne) 교구의 주교로 등장한다. 디뉴 성당에 나타난 장 발장이 은식기를 훔친 뒤 잡혀오자, 미리엘 주교는 오히려 장 발장에게 은촛대 두 개를 내어주며 용서하고, 다시는 죄를 짓고 살지 말라고 한다. 소설의 배경이 되는 시기의 실제 디뉴 주교였던 비앵브뉘 드 미올리(1753~1843년)가 소설 속 미리엘 주교의 모델이기도 하다.

네 번째
인터뷰
조쉬

그건

정서적 근친상간이었어요.

하지만 엄마는

'뭐가 문제라는 거냐?'고 말했죠.

조쉬는 엄마와 외할머니와 함께 자란 이혼 가정의 외동아들로 아버지와 친할머니와는 정기적으로 연락을 취하며 살았다. 조쉬의 엄마는 조쉬를 아들이자 보호자, 친구, 상담자로 대했다. 외할머니는 잔인할 정도로 힘들게 했지만, 엄마는 자신과 아들을 보호할 능력이 없었다. 조쉬는 현재 30대 중반으로 기혼이며 작가로서 어린 시절 경험으로부터 영감을 받아 창작 활동을 하고 있다. 그는 엄마와의 사이에서 매우 강하게 선을 그었는데, 엄마는 왜 예전과 같이 아들과 가깝고 오붓하게 지내지 못하는 건지 아직도 이해하지 못하고 있다.

¿No hay quien nos desate?

프란시스코 데 고야 〈우리를 풀어줄 사람은 없는가?〉 1799년

18세기 스페인 사회에 대한 풍자와 비판을 담은 고야(Francisco José de Goya y Lucientes, 1746~1828)의 판화집 〈로스 카프리초스(Los Caprichos)〉의 75번째 그림이다. 판화의 제목처럼 서로 떨어지려는 남녀를 올빼미가 붙들고 있다. 이 그림은 이혼을 금지한 가톨릭에 대한 비판을 담았다.

더 확장해서 해석하자면 혈연이라는 관계에 얽매여 정서적 고통을 감내할 수밖에 없는 '가족'이라는 제도의 슬픈 초상이다. 가족은 양날의 검이다. 서로에게 사랑을 베풀기도 하지만 희생과 헌신을 강요하기도 하는. _ 편집자

🧑 **어린 시절의 가족 관계에 대해 말해 줄 수 있겠어요?**

부모님은 제가 태어난 지 9개월 무렵에 이혼하셨어요. 왜 이혼하셨는지는 모르지만, 저는 두 분이 결혼했었다는 사실조차 잘 상상이 가질 않습니다. 아버지는 여러 해 동안 여러 곳을 전전하며 따로 살았죠. 두 분이 함께 살았을 때, 아버지는 약물 중독자였는데, 아마 본인은 인정하지 않을 거예요. 아버지는 지금 알코올 중독에다 지독한 골초죠.

엄마와 저는 외할머니와 셋이서 함께 살았습니다. 외할아버지는 제가 태어나기 몇 해 전에 돌아가셔서 저는 전혀 알지 못하고요. 제가 일곱 살이 되던 해 외할머니집으로 들어가 열세 살까지 함께 있었습니다. 그 기간 동안 외할머니는 서른세 번의 심부전 증상을 겪어 응급 상황이 끊이지 않았습니다. 여섯 살 때부터 제가 911에 전화를 걸어야 했죠. 엄마는 그냥 놀라 자빠져 있을 뿐이었으니까요. 앰뷸런스 소리에 엄마는 발작적으로 울었고, 응급 구조사들이 할머니를 들것에 옮기는 동안 저는 그런 엄마를 진정시켜야 했습니다.

🧑 **아버지는 얼마나 자주 만났습니까?**

한 달에 한 번, 주말에 아버지를 만났습니다. 친할머니와 할아버지는 길 건너에 살고 계셨는데, 저는 그분들과 정말 잘 지냈기 때문에 아주 좋았습니다. 그래서 겨울방학 동안 아버지와 지냈고, 여름에도 몇 주간 만나곤 했습니다.

친가로는 고모와 '노니' 할머니와 정말 잘 지냈는데, 할머니는 최근에 돌아가셨죠. 그래서 많이 힘들었습니다. 할머니는 95세였는데 저와 정말 가까웠습니다. 저에게는 엄마와 같은 분이셨어요. 고모는 할머니와의 사이에 문제가 많았었지만, 할머니와 저와의 관계에 절대로 간섭하지 않았다는 점에 감사하고 있습니다. 고모는 할머니와 저의 관계가 좋았고 그 관계가 저에게 중요하다는 사실을 알고 있었던 거예요.

엄마는 제가 할머니 댁을 찾는 걸 뭐라 하지 않았습니다. 저는 일주일에 세 번은 저녁을 먹으러 할머니 댁에 가곤 했는데, 엄마는 전혀 문제 삼지 않으셨어요. 그러한 관계를 좋게 생각해서, 그들로부터 저를 떼어놓으려거나 하지는 않았죠. 엄마도 때로는 저녁 먹으러 가곤 했는데, 노니 할머니는 걸러서 이야기하는 법이 없어서 엄마를 화나게 하는 이야기도 했었지만, 그분들은 대개 잘 지냈습니다.

저와 할아버지의 관계도 아주 좋았어요. 할아버지는 제 인생에 꽤 중요한 분입니다. 정말 자상한 분이셨는데, 제가 열 살 무렵에 그만 치매에 걸리셨어요.

🎭 엄마와의 관계는 어땠나요?

엄마와 저는 정말 가까웠지만, '정서적 근친상간'이라는 말
이 우리의 관계를 더 잘 묘사해주는 말일 겁니다. 엄마에
겐 필요했지만, 없거나 충족되지 않는 모든 대상이 제가 어
머니를 위해 했던 역할이었죠. 그래서 저는 엄마의 아들일
뿐 아니라 치료사, 대리 남편, 대리 아버지였습니다. 엄마
는 제게 모든 걸 얘기했습니다. 어떤 비밀도 없었죠. 엄마
는 많이 우울해 했는데, 때로는 정신을 놓고 멍해 있을 때
도 있었죠. 전 그 모두를 다 보았습니다.

엄마에겐 힘든 감정을 다루는 두 가지 방식이 있었죠. 그
하나는 확인하자마자 곧 잊어버리는 것인데, 실제로 일어
난 일을 잊어버리곤 했어요. 또 하나는 어떻게 할 수 없을
정도로 우는 거예요. 두 가지 방식 중 어떤 것도 이미 발생
한 문제를 해결하지 못하기 때문에 짜증스러웠어요. 엄마
는 끊임없이 발작적 울음을 터뜨렸고, 저는 어머니의 기분
이 나아지게 하려고 애썼습니다. 아주 어렸을 때에는 제 유
머를 생존 수단으로 써먹곤 했습니다. 어릿광대짓이나 작
은 쇼와 같이 어머니의 기분을 나아지게 할 수 있다면 뭐라
도 했어요. 꽤 효과도 있었고요. 엄마가 때때로 기운을 내
기도 했으니까요.

🧑 엄마의 힘든 시간을 지켜보는 일이 꼬마였던 당신에겐 어떤 일이었나요?

지속적으로 엄마가 처한 어떤 상황이나 사람들, 안 좋은 기분으로부터 엄마를 보호하려 애썼습니다. 말하자면, 애어른이었어요. 일곱 살 여덟 살, 아주 어린 시절부터 많은 것을 알고 있었어요. 이해할 수는 없었지만 외할머니가 상황을 유발해 싸움을 일으킨다는 사실도 알고 있었습니다. 그래서 한번은 엄마에게 물었어요.

"왜 '나나' 할머니는 우리에게 싸움을 걸어 화나게 하는 거예요?"

그랬더니 엄마가 되묻는 거예요.

"어떻게 할머니가 그렇다는 것을 알았니?"

저는 몰랐죠. 다만 그런 것 같다는 눈치였으니까요. 이해가 안 되었어요. 그래서 엄마에게 물었던 것인데 말이예요. 저는 엄마가 무슨 일이 일어났는지 깨닫기나 하는 건지 잘 모르겠어요.

🧑 어떤 측면이건 간에 당신의 가족이 다른 가족과 다르거나, 또는 엄마가 다르다는 사실을 알았나요?

아니요. 저는 아이들을 집에 데려오곤 했었는데, 아이들 모두 엄마를 좋아했습니다. 엄마는 아이들을 훌륭하게 다뤘죠. 엄마는 한때 초등학교 선생님이었어요. 그래서 제 친구들과 잘 어울리고, 제 친구들이 하는 모든 얘기를 자세히 기억했죠. 이상하게도 제 친구들의 가족은 대부분 소리 지르는 사람들이었고, 엄마는 제 친구들을 잘 이해해주었기 때문에, 제 친구들에게 엄마는 은신처 같은 사람이었어요.

🔘 **어렸을 때 엄마 때문에 혼란스러웠던 감정이 있었나요?**

(오랜 침묵 후)항상 느꼈던 주된 감정은 아마 당혹감이었을 거예요. 저는 정말로, 완전히 혼란스러웠습니다. 그 모든 일들을 느낌으로는 알지만, 정작 그것들이 무엇을 의미하는지 모른다는 사실은 너무도 답답한 일이었거든요. 엄마가 때론 사랑스런 사람이었던 것은 사실이지만, 저를 통해 자신의 모든 애정을 채웠기 때문에 상황은 금세 반전되었습니다.

좋은 엄마 아들 관계로 느꼈던 순간도 있었지만, 어머니의 애정 욕구는 말도 안 될 정도로 심각하게 지나쳤습니다.

🔘 **무슨 뜻인가요?**

저는 엄마를 돌보고 있었지만, 그 일이 저에게 어떤 영향을 끼쳤는지 전혀 몰랐습니다. 안전한 보금자리를 찾으려고 했지만 찾을 수 없었어요. 어쩌면 할머니 댁에서 찾았던 건지도 모르겠네요.

🔊 집에서 엄마와 나나 외할머니에게 무슨 일이 있었죠?

외할머니는 정말 도발적이고 공격적으로 비열한 말을 쏟아 내곤 했습니다. 하도 반복적으로 이어졌기 때문에 그 모욕이 무엇이었는지 기억조차 못하겠습니다. 언제나 그랬습니다. 외할머니는 아주 영민한 사람이었는데, 엄마와 저의 감정을 헤집어 놓을 때 그 영민함이 발동되는 것이었죠.

외할머니는 저에게보다는 항상 엄마에게 공격을 퍼부어 댔습니다. 외할머니가 오로지 엄마의 마음을 상하게 할 것이라고 생각되는 경멸과 비난을 쏟아부을 때면 우리는 집을 뛰쳐나와서 무작정 차를 타고 여기저기 돌아다녔습니다. 그래서 저는 로드아일랜드의 길들을 매우 잘 압니다. 우리는 무작정 도망다녔던 거예요.

🔊 당신에게는 어땠나요?

저에겐 어땠냐구요? 그저 그랬어요. 그렇게 한참 있다 집에 돌아오면, 엄마를 위한 레몬스퀘어와 저를 위한 브라우니가 만들어져 있었죠. 그게 할머니의 사과였어요. 한마디 말 없이, 그 두 가지가 전부였습니다. 그리고 엄마는 문제에 직접 부딪히는 일이 없었습니다. 그냥 도망쳤고, 그러고 나면 아무 일도 없었던 것처럼 행동했습니다.

🧑 외할머니는 어떻게 지냈습니까?

외할머니는 거의 대부분의 시간을 집에서 의자에 앉아 TV를 보았습니다. 심장마비에 걸리는 일이 마치 외할머니의 직업 같았어요. 외할머니는 때로는 좋았다가 비열해지는 사람이 아니라, 그냥 고약하고 비열한 사람일 뿐이었습니다.

🧑 그럼 외할머니가 그렇게 집에서 군림하는 사람이었단 얘기인가요? 그녀가 그 모든 상황을 만들었다고요?

네. 외할머니는 심하게 군림하는 사람이었습니다. 엄마는 어떤 일에는 상황 파악을 전혀 못 하고 거의 대부분의 상황에서 어른처럼 처신하지 못했습니다. 제가 열두 살 때, 세 명의 각기 다른 사람이 나를 성추행했는데도 엄마는 아무것도 이해하지 못했고, 제가 겪은 변화들을 전혀 눈치 채지도 못했습니다.

이웃 사람에게 성추행당했을 때, 저는 정말 혼란스러웠습니다. 일곱 시에서 아홉 시 언저리였는데, 흐릿합니다. 저는 무슨 일이 벌어졌는지 외할머니에게 설명하려고 하였습니다. 어떻게 설명했는지는 모르겠는데, 외할머니가 눈을 부라리며 제 뺨을 때리더니, "그 이야기는 다시는 하지 말아라"라고 말하더군요.

그래서 다시는 그 얘기를 꺼내지 않았습니다만, '어떻게 나한테 그럴 수가 있지?' 라고 생각할 수밖에 없었어요. 저는 그 나이에도 외할머니가 정말 파괴적이며, 언어 폭력과 정서적 학대를 자행하는 사람이라는 사실을 알았습니다. 작은외할머니들도 모두 마찬가지였습니다. 그 사람들은 정말 분노로 가득 찬 여자들이었습니다.

🧑 외할머니와 외할머니의 인생에 대해 알고 있는 그 밖의 사실들이 있나요?

외할머니와 형제들이 어릴 적에 외증조할머니가 알코올 중독으로 돌아가시는 바람에 외증조할아버지가 아이들을 양육했다는 사실을 알고 있었습니다. 제가 이웃 사람에게 성추행당했다는 말에 외할머니가 그렇게 강렬하게 반응한 건 흥미로운 사실입니다. 정말 이상한 반응인 것 같지만 외할머니에겐 이상한 일이 아니예요. 엄마에게 그 일을 말했는지 안 했는지는 기억나지 않습니다.

그러고 나서 외할머니는 햄버거를 만들어 그 위에 A1 스테이크 소스를 발라주었는데, 오늘까지도 저는 A1 스테이크 소스를 좋아하지 않아요.

🧑 음, 당신은 외할머니의 개인사에 성적 학대에 관한 무슨 일이 있었는지 분명히 의문을 가져야 할 것 같아요. 그녀와 있었던 일 중에 눈에 띄는 또 다른 사건이 있었나요?

제가 다섯 살이었을 때 보모로부터의 추행도 있었지만 그 일 역시 흐릿해요. 그리고 아홉 살인가 열 살 무렵에 가족의 지인으로부터 또 추행을 당했는데, 저에겐 삼촌뻘 되는 사람이었죠. 제가 그 일을 누군가에게 이야기하려고 했는지 기억하지는 못하지만, 중요한 한 가지는 제게 나쁜 일이 벌어지고 있다는 어떤 조짐도 엄마는 눈치 채지 못했다는 사실입니다.

저는 계속 편두통을 앓았고, 학교도 자주 결석했어요. 십대에 들어서며 헤비메탈 음악을 알게 되었는데, 굉장했습니다. 대단히 강렬하고 카타르시스를 느끼게 해줬고, 많은 감정들을 불러일으키게 해주었죠.

🙎 그 모든 일들을 어떻게 감당했나요?

저는 오랫동안 폭력적인 성향을 보였습니다. 경첩을 부수고 문짝을 떼내어 방에 집어 던지기도 했습니다. 모든 감정을 내면에 끌어들인 탓에 병에 걸렸던 거예요. 이유도 없이 구토를 하곤 했습니다. 지난주에 친구가 제게 이메일을 보냈어요.

'오늘의 퀴즈: 당신에게 학교에서의 첫 날의 기억은?'

제 대답이요? 구토였습니다!

공립학교는 저에겐 좋지 않았습니다. 특히 중학교 때는 도대체 학교가 어떻게 돌아가는지 이해할 수 없었습니다. 초등학교 때는 선생님 한 분이 교실에 하루 종일 있었기 때문에 아마도 더 나았던 것 같아요. 그리고 일 년 내내 같은 아이들과 교실에서 지냈죠. 그동안은 대개 잘 지냈습니다. 다른 남자아이들은 어떻게 하면 멋져 보일 수 있을까에 몰두했었지만, 저는 그러한 일들에 자신이 없었습니다.

🧑‍🦰 당시에 괴로워 보였을 텐데, 엄마에게 문제가 있다고 알려주거나 집안에 어떤 문제가 있는지 물어보는 사람은 있었나요?

아무도 없었어요. 제가 처한 현실은 정말 많이 치료를 받아봤던 사람이거나 전문가나 알 수 있을 정도로 정말 안 좋은 상황이었어요. 고모와 아버지는 엄마에게 문제가 있다는 사실을 알고 있었습니다. '강인해져야 한다, 네 엄마에게 문제가 있는데 매우 힘든 일이야'라고 얘기해준 사람은 아무도 없었죠. 바로 이 점이 저를 혼란스럽게 만든 하나의 이유이기도 합니다. 사람들은 엄마를 그냥 멋지고 별난 여자라고 생각하였습니다.

어느 순간, 엄마가 매우 이상한 반응을 보인다는 사실을 깨달았던 것 같아요. 유독 한 사건이 기억나는데, 제가 아홉 살 무렵이었을 거예요. 저는 엄마 방에서 무엇인가에 화가 나 울고 있었죠. 외할머니는 거실에서 TV를 보고 계셨고, 엄마는 제 울음소리를 듣는 게 지겹다는 듯 크게 한숨을 짓더니 나가버리더군요.

그래서 제가 "젠장! 꺼져버리라고!"라고 소리쳤는데, 엄마에게 그런 말은 처음이었습니다. 외할머니가 벌떡 일어나 방으로 들어오더니 저를 침대에 눕혀 놓고 마구 때렸어요. 엄마는 그냥 넋이 나간 채 나가버렸고요. 사실, 말씀드린 것처럼 밖으로 나간 게 아니라 그냥 거기 서 있었습니다. 엄마는 아무런 행동도 하지 않았어요. 외할머니를 말리지도 않았고, 제 울음에도 반응하지 않았습니다. 그냥 넋이 나간 거예요. 저는 그럼 엄마를 보며 '뭐라도 좀 해보라구요!'라고 생각했습니다. 엄마는 완전히 넋이 나간 듯했습니다. 그 이후 어떤 일이 벌어졌는지 기억조차 못하지만 정말 이상한 상황이었습니다.

🧑 **더 커서 중학교에 가면서는 상황이 어땠습니까?**

나이가 들어가면서 집안 분위기가 조금 바뀐 걸로 기억합니다. 열두 살인가 열세 살이 되면서, 저는 외할머니에게 말대꾸하기 시작했죠. 더 이상 외할머니가 함부로 하는 것을 받아주지 않았습니다. 외할머니가 한번은 저에게 묻더군요.

"왜 그렇게 나에게 야비하냐?"

그래서 대답했죠.

"뭐라고요? 외할머니도 나를 거지 개똥같이 취급했잖아요!"

저는 물러서지 않았고, 외할머니도 더 이상 아무말 하지 못했습니다. 그런 상황에서 외할머니가 무얼 더 할 수 있었겠습니까?

🧑 **그때 또 어떤 기분이 들던가요? 그래서 또 어떻게 대처했죠?**

저에게 이런 분노 발작이 있었기 때문에 엄마는 어떻게 해야 할지 몰랐죠. 가끔씩 저는 이성을 잃곤 했어요. 열한 살인가 열두 살 무렵 시작되었는데, 믿을 수 없을 만큼 생각이 급해져서 할 수 있는 방법이라곤 말을 뱉어내면서 생각을 늦추는 일뿐이었어요. 왜냐하면 저는 말을 무척 빨리 할 수 있을 뿐이고, 그렇게라도 해야 생각의 속도가 조금 늦춰질 테니까요. 한번은 그저 아무 느낌이라도 가져보려고 손으로 창문을 부수기도 했습니다. 현실이 밀실에 갇힌 듯 극도로 공포스러워 다만 그 느낌을 없애기 위해 무슨 짓이라도 저지르곤 했어요.

어디선가 피를 철철 흘리고 있는 저를 봤다면, 엄마는 아마 이렇게 얘기했을지도 모르죠.

"이 일에 대해 무슨 조치라도 해야겠다."

엄마는 제가 손으로 창문을 부순 후 뭔가 조치를 취했습니다. 엄마가 저를 응급실로 데려갔는데, 그들이 제게 물었어요.

"누가 이랬어요?"

그래서 제가 답했습니다.

"제가요."

그랬더니 다시 그들이 되묻더군요.

"왜요?"

저는 속으로 생각했습니다.

'왜 안 되지? 왜 당신들은 창문에다 손을 쳐박지 않는 거지?'

그때가 제가 음악 밴드를 시작했던 시기였는데, 정말 아무 짓이라도 하지 않았다면 시시때때로 모든 걸 더 격하게 만들어버려 뒤죽박죽되었을 겁니다.

🧑 당신이 힘든 시간을 보내고 있는 것을 알았거나, 당신에게 손을 내민 사람이 있었나요? 무슨 일이 벌어지고 있는지 누군가에게 이야기한 적이 있나요?

더 이상 견딜 수 없는 지경에 이르렀을 때, 바바라 고모에게 전화를 걸어 말씀드렸어요.

"엄마는 완전히 미쳤어요, 도와주세요!"

고모가 말씀하셨죠.

"나도 내 문제가 있지만, 네 엄마는 조울증이야. 그리고 이 모든 일들이 바로 네 할머니가 나를 미쳐버리게 만드는 일들이야."

그렇게 고모가 털어놓기 시작하는데, 저는 고모가 심술궂은 나나 외할머니에 대해 이야기하는 게 아니라 좋은 노니 친할머니에 대해 이야기하고 있다는 사실을 깨달았죠!
그래서 말했습니다.

"잠시만요, 고모. 지금 노니 할머니에 대해 말씀하시는 거에요?"

그러자 고모가 대답했어요.

"그래."

"사람을 잘못 골랐어요. 노니 할머니가 정말로 별나고 이상하다는 얘기에는 동의해요. 하지만 할머니는 저에겐 정말 천사와 같다구요!"

🧑 비록 엄마가 많은 문제를 가지고 있었지만, 어려운 시기를 겪고 있는 당신에게 엄마의 더 많은 도움이 필요하다고 생각한 적은 없었을까요?

어린 시절에 저는 엄마에게 생각이 너무 급해서 말하는 속도를 늦추려고 한다는 이야기를 했었는데, 엄마는 들으면서도 아무 말도 해주지 않았습니다. 혼잣말이라도 했던 걸까요?

"이런, 내 아들이 이러고 있었구나. 신경쇠약에 걸린 게 아닐까?"(웃음)

🧑 중고등학교 시절, 학교 생활은 어땠어요?

중학교 때는 적응해야 한다는 압박감이 심했습니다. 하룻

밤 사이에 모든 아이들의 패거리가 만들어지는 것으로 보였고, 저는 그 패거리 어디에도 속하지 않았었죠. 학교에 있는 남자 아이들이나 남자 선생님으로부터 소속에 대한 사회적인 압력이 있었어요. 저는 모든 규칙을 다 이해하지 못했습니다. 그런 방식을 납득할 수 없었던 거예요. 제가 정하지 않은 스케줄에 따라 한 수업에서 다른 수업으로 가야 하는 방식은 낯설었고 저를 압도했어요. 붕어빵 같은 똑같은 시스템은 저에겐 아무런 도움이 되지 않았습니다. 거기에는 자유도 없었고, 아무것도 배울 수 없었습니다.

🧑 **대화하거나 찾아갈 만한 남자 롤모델이 있었나요?**

남자 롤모델이 없었다는 사실이 제겐 큰 문제였죠. 열 여섯, 열 일곱 살쯤에 대안학교를 다녔는데, 처음으로 선하고 자상한 남자 롤모델을 만나게 되었습니다. 제가 제자리에 있어야 할 필요가 있을 땐 그렇게 만들기도 했지만, 그러면서도 저를 사랑하고 저에게 잘 대해주었습니다.

다른 곳에서 롤모델을 찾을 수도 있었지만 그렇지 못했습니다. 열네 살 무렵 가톨릭 교회와 보이스카우트 활동을 접었어요. 둘 다 억압적이며 지나치게 많은 규칙이 있었죠. 다른 아이들과 경쟁하는 것도 싫었습니다.

그 무렵 저는 음악에 관심을 가지게 되었는데, 창의적으로 활동했습니다. 명상과 동양 철학에도 관심을 가지기 시작했죠. 이런 관심사들에 대해 신부님과 이야기를 나누어 보려 했는데, 신부님은 마치 제가 악마나 뭐 그런 것들을 이야기하는 듯 빤히 쳐다보더군요.

🧑 **아버지와는 지금도 연락하나요? 아버지와의 관계는 어땠어요?**

고등학교 때 아버지는 저와 함께 살기를 원했어요. 하지만, 저는 친구들을 떠나고 싶지 않았죠. 비록 제 생활이 망가지기는 했어도 익숙한 생활이었으니까요. 저는 또 다른 학교에 가서 새 친구를 만들어야 하는 일이 싫었습니다.

그 사람들과 함께했더라면 매우 훌륭하고 믿을 수 없을 만큼 치열한 경쟁이 있는 학교에 들어가 생활해야 했을 테니까요. 저는 저의 선택에 만족했어요. 아버지는 무슨 일이 일어나고 있는지는 알았지만, 어떻게 해야 하는지는 몰랐던 거죠. 아버지는 엄마가 미쳤다는 것도 알고 있었습니다.

🧑 **그 시기에 외할머니와 한 집에 같이 생활했던 상황은 어떠했어요?**

외할머니는 제가 열네 살 되던 해 심장마비로 죽었습니다. 죽기 전에 외할머니는 엄마한테 사과하면서 이야기했어요.

"조쉬에게 미안하다고 전해주렴. 나는 더 나은 방법을 알지 못했어. 나는 내가 하는 행동을 알지 못했다."

하지만 외할머니가 제 일생 동안 그 무엇도 제게 사과하지 않은 데 더 화가 났어요.

💀 그건 정서적 근친상간이었어요. 하지만 엄마는 '뭐가 문제라는 거냐?'고 말했죠.   153

'죽음을 앞두고 하는 사과라…, 참 극적이다!'

외할머니는 사과의 말조차 제게 직접 하지 않았던 거죠. 저는 외할머니가 죽어서 진심으로 기뻤습니다. 그래서 혼자 '드디어'라고 생각했었죠.

제가 외할머니에게 받은 유일한 사과는 레몬스퀘어와 브라우니뿐이었어요. 저는 지금도 미안하다는 말이 끔찍할 정도로 힘듭니다. 제가 무슨 일인가 저질러 다른 사람을 다치게 한 경우에도 미안하다는 이야기를 하지 못해요. 하지만 계속 노력하고 있습니다.

외할머니가 돌아가신 후 상황은 좀 나아졌지만 이미 많이 망가져버린 뒤였죠. 엄마는 이미 뉴에이지 같은 것에 빠졌었는데, 외할머니가 돌아가시면서 더 심해졌습니다. 사실 저도 한때 그랬어요. 엄마에게 치료를 권했지만 엄마는 오로지 한마디 말뿐이었죠.

"나는 할 이야기가 아무것도 없어."

🔘 자신의 감정을 다루기 위해 어떤 활동을 하세요? 그런 감정들이 꽤 자주 그대로 드러나는 것으로 들리는데요.

아직까지 저는 글을 쓰고 있답니다. 폭력적 이야기들을 많이 쓰고, 가끔은 희곡을 써서 공연을 올리기도 합니다. 십대 때부터 희곡을 써서 무대에 올리기 시작했는데, 제겐 정말 도움이 되었어요. 하지만, 어느 순간 저는 그러한 이야기가 끝이 없을 수도 있겠다는 것을 깨달았죠. 그래서 지금은 세상의 부조리에 대한 글을 더 많이 쓰고 있습니다.

집을 떠날 나이가 되었을 때는 어땠습니까?

집을 떠나야 할 나이가 되기 직전에 성적 학대를 떠올리기 시작했어요. 열여덟이나 열아홉 살 무렵에 예전의 사건들이 기억에 떠오르기 시작했는데, 그때부터 늘 화가 나 있었습니다. 정말 이상한 일이었죠. 늘 화가 솟구치는데, 도대체 그 이유를 알 수 없었으니까요. 얼마 후 실제적인 학대의 기억들이 떠오르기 시작했어요. 그래서 엄마에게 말씀드렸지만, 엄마는 어떻게 해야 할지 몰랐어요. 저는 그 사람이 엄마에게 무슨 짓을 할까 두려워, 저를 학대했던 사람 중 하나였던 그 친하게 지냈던 가족들과 마주치는 걸 원치 않았습니다. 집을 떠난 후 많은 증상이 나타났습니다.

어떤 증상들이었나요?

다시 생각의 질주가 시작되었고, 스스로 조절하기 위해 실제로 시간을 맞춰 천천히 말하기도 했습니다. 스스로에게 늘 얘기했죠.

"늦춰, 이게 세상이 실제로 흘러가는 속도야."

그러면 실제로 천천히 늦춰졌습니다. 어렸을 때와 다른 점은, 저에게 무언가 문제가 있다는 사실을 알게 되었다는

그건 정서적 근친상간이었어요. 하지만 엄마는 '뭐가 문제라는 거냐?'고 말했죠.

것이었죠.

🧑 **대학 시절은 어땠어요?**

대학에 들어가면서 저는 가능한 한 집에서 멀리 떨어져 있고자 했으면서도 동시에 정말 집이 그리웠습니다. 그곳에 있었던 동안이었지만, 주말 전사 워크숍(warrior workshop) 같은 활동도 시작했습니다. 극심한 갈등도 있었고 물론 훈련받은 리더도 없었지만, 제 생각에 그 활동은 굉장한 경험이었어요! 제 말뜻은 그 안에 진실이 있었는데, 그 일은 펑크록과 같은 일종의 치유였습니다. 저는 이 활동을 수년간 계속했어요.

　남자들의 모임에 가입했는데 정말 도움이 되었습니다. 그들이 실제로 문제 해결을 위해 얼마나 빠르게 밀어붙이는지 볼 수 있었습니다. 그리고, 엄마와의 관계가 매우 근친상간적 관계였다는 사실을 깨닫기 시작했어요.

🧑 **어떻게 그런 생각을 하게 되었죠? 집을 떠난 후부터 스스로 생각하게 된 건가요?**

저는 그 일에 대한 환멸을 가지게 되었습니다. 저의 착각은 엄마와 제가 정말 좋은 친밀한 관계이고, 엄마가 정말 나를 아끼고 이해해주는 정말 좋고 굳건한 존재라는 인식이었습니다. 그래서 여전히 당황스럽기는 하지만, 저는 관계의 다른 측면을 보다 명확히 인식하기 시작했죠. 비록 엄마가 대부분의 시간 동안 자상했지만, 돌보지 않았던 시간이 더 많았어요. 그것은 퍼즐 조각을 맞추는 일과 같았습니다.

🧑 **대학 시절 동안에도 엄마와는 계속 연락했나요?**

네, 엄마와 저의 관계가 변해가고 엄마도 변하고 있었지만 연락은 계속했어요. 엄마는 숫자점에 깊이 빠져들었습니다. 사람들에게 들어 맞는 숫자점에 매료되어 완전히 빠졌습니다.

🧑 **그 즈음에 학대받았던 기억을 다루기 위해 무얼 했습니까?**

저는 '피해자'의 코스를 따르고 싶지는 않았어요. 저는 그런 문화에 대해 여러 감정을 가지고 있습니다. 하지만 한 가지 일은 해야 했는데, 그 일은 바로 우리 가족과 친분이 깊었던, 나를 학대했던 그 사람의 딸에게 경고하는 것이었죠. 왜냐하면 그 당시 그 남자의 딸에겐 이미 두 명의 어린 딸이 있었기 때문이에요. 저는 그 여자에게 당신의 아빠가 아이였던 나를 추행했었고, 당신도 이제 어린 아이들이 있으니 그 사실을 알아야 한다고 말하면서, 엄마가 그 통화 내용을 들을 수 있게 했습니다. 엄마는 저의 통화 내용을 듣더니 이렇게 말하더군요.

"아, 이 이야기를 무덤까지 가지고 갈게!"

그녀가 할 수 있는 최악의 말이었죠. 저는 아예 누군가에게 가서 이야기하라고 쏘아붙였습니다.

🧑 그 후 엄마와의 관계는 어땠습니까?

이십대 초반에 엄마와 연락을 끊어야 한다는 사실을 깨달았습니다. 엄마는 저를 미치게 만들었어요. 엄마에게 전화를 할 때면 다른 세계에 있다는 느낌을 받았어요. 제가 왜 엄마와 이야기하고 싶지 않은지를 수차례에 걸쳐 설명했었습니다. 저는 엄마에게 『정서적 근친상간(Emotional Incest)』이라는 책을 드리면서 얘기했어요.

"제가 겪고 있는 상황과 어머니와 제 관계가 어떤 것인지 알고 싶다면 이 책을 읽어보세요."

얼마 후 엄마에게 연락이 왔어요.

"책을 읽었는데 뭐가 문제인지 모르겠다."

저는 엄마와 많은 대화를 나누었습니다. 그 자리에서 엄마가 말했죠.

"보자, 왜 엄마와 말하고 싶지 않다는 것인지 설명해봐."

저는 서너 차례나 엄마에게 설득했어요.

"엄마는 저를 자식이 아니라 친구, 남편, 치료사, 그 모든 대상으로 여긴다구요. 그건 정상이 아니에요. 엄마는 제게 어떤 일이 벌어지고 있는지 눈앞에 있으면서 보지 못했어요. 그게 잘못된 것이라는 사실을 깨닫지 못하면 저는 더 이상 엄마와 연락하지 않을 거예요. 제가 부탁하는 것은 그런 상황들이 저에겐 힘이 들 수도 있다는 사실을 그냥 알아주시는 거예요. 엄마한테 사과를 요구하는 게 아니라구요."

그런데도, 엄마는 저의 얘기를 이해하지 못했어요. 엄마에겐 그럴 만한 능력이 없었던 거죠.

스물한 살부터는 엄마와 비정기적으로 연락을 취하는 바람에 몇 년 동안 연락을 안 한 시기도 여러 번 있었어요. 저와 엄마의 합의는 이것이었어요.

"뭔가 정말 정말 잘못되었거나, 누군가 죽었거나, 누군가 죽어가거나 하면 연락하세요. 아니면 전화하지 마세요."

엄마가 심장 수술을 받게 되었을 때 저는 엄마를 도왔습니다. 비용을 지불하고 이것저것 엄마의 일을 돌봐드렸어요.

🔴 **다시 어머니와 연락하려고 노력했던 적이 있나요?**

몇 년 전, 제가 시애틀에서 돌아왔을 때 다시 시도해보기로 했었죠. 엄마가 제 아내 크리스를 만날 수 있게 해드렸는데, 크리스는 너무도 역겨워했습니다. 아내는 엄마가 자기의 인생이 마치 저에게 달린 것처럼 저를 갈망하는 표정으로 바라봤다고 얘기하더군요. 나중에 확인한 사실인데, 엄마가 크리스를 구석에 몰아넣고 꼬치꼬치 캐물며 얘기했다더군요.

"언제 결혼했니? 생일은 언제니? 정확한 날짜는 어떻게 되니? 조쉬에게는 내가 물었다고 말하지 마라! 내가 이런 질문을 했다는 걸 조쉬에게는 말하지 마라!"

그래서 아버지께 말씀드렸는데, 아버지는 엄마가 변했을 지도 모른다고 생각했다면서, 제 이야기를 듣고 매우 실망하시더군요. 그래서 아버지께 말씀드렸어요.

"엄마는 변하지 않을 거예요. 있는 그대로가 바로 엄마예요. 이제 저를 그냥 내버려두세요. 저는 더 이상 엄마에게 연락할 일 없어요. 정말 미치게 해서 드리는 말씀이니 제발 절 그냥 내버려두세요."

그리고 아버지는 지금까지 거의 그렇게 해주셨죠.

🙎 **다른 사람들이 엄마에 대해 이야기하면서 왜 연락하지 않는지 물어보면 어떻게 설명하나요?**

저에게 질문하는 사람들에게 제 입장을 고수해야 했습니다. 사람들은 편하게 얘기하죠.

"네 엄마잖아, 엄마와 화해해야 해."

정말로 이해하는 한두 명의 친구가 있기는 하지만 대부분의 사람들은 그렇지 못합니다. 그런 일에 제 자신을 방어해야 하는 일은 정말 지쳐요. 저는 대개 이렇게 얘기하며 대화를 끝내곤 하죠.

"음, 당신은 당신 엄마를 챙기세요, 내 엄마는 내가 챙길 테니까."

엄마는 할 수만 있다면 저를 이용하려고 합니다. 엄마는 제가 드려야 했던 모든 것을 취했고, 더 많은 것을 원했습니다. 엄마는 제 웹사이트와 그밖의 모든 수단을 통해 저를 추적해 메시지를 보내곤 해요.

"콜로라도에 있다는 것을 안다. 좋은 글 축하한다."

이런 메시지를 받으면 속에서 토악질이 올라와요.

저는 직업 작가이고 소셜미디어를 이용합니다. 제 경험들을 페이스북과 블로그에 포스팅하고 온라인에 공유합니다. 그런 행위는 프로로서 해야 할 일이니, 엄마가 그 포스팅들을 읽는다고 그만두는 일은 없을 거예요.

아버지는 지금 어떻게 지내십니까?

아버지를 보고 싶지만 제가 드린 말씀이 있었죠.

"자, 이렇게 하죠. 제가 알고 있는 존재로서의 아버지를 제가 바꿀 수는 없어요. 하지만, 제가 아버지와 같이 있는 동안에는 아버지는 술을 한 모금도 마셔서는 안 돼요. 술을 마시면 아버지는 제가 좋아하지 않는 사람으로 변하기 때문이에요."

아버지와 새어머니는 오후부터 술을 마시기 시작해 저녁이면 이미 취해 있고, 어린 아이들은 그 모습을 구경이라도

난 것처럼 주위를 뛰어다닙니다. 그런 일들을 제가 통제할 수는 없지만, 찾아갈지 말지는 내 맘대로 할 수 있습니다.

그리고 아버지가 음주 운전이라도 한다면, 제가 원하는 것은 첫째, 아버지가 죽는 것이고, 두 번째는 저도 누군가를 죽이고 그 위에 죽는 것입니다!

아버지는 그런 일은 일어나지 않을 거라고 말하지만 그럴 수도 있다는 사실을 저는 알아요. 하지만 저는 아버지를 사랑하고 있으며 계속 연락하며 지내고 싶습니다. 하지만 이렇게 분명한 선이 있어야 하죠.

🎙️ 남자의 롤모델로서의 아버지를 가지지 못했다는 사실이 당신에게는 어땠나요? 어떻게 생각하고 어떻게 대처했나요?

우울감에 빠질 때는 다른 남자들에게 다가서기 힘들었습니다. 아주 두려운 상태에 빠졌을 때 다른 남자들과 이야기를 나누고 싶었지만, 어떻게 접근해야 할지 조심스러웠습니다. 지나치게 신세대이거나 지나치게 마초처럼 극단을 오가지 않는 친구를 찾는 게 정말 쉽지 않습니다. 무엇인가에 대해 대화를 나누려 할 때, 남자들과는 의사소통의 다양한 오해가 있었을 뿐이었습니다. 많은 경우 여자와 대화하는 게 훨씬 쉬웠습니다.

🧑 이 모든 상황을 겪어내고, 또한 작가로서의 창의적 작업을 하는 데 있어서 당신에게 가장 도움되었던 게 있었다면 어떤 것이었을까요?

정말 중요한 한 가지 일은 제대로 된 치료사를 찾는 일이었어요. 제가 어떤 사람인지, 하려고 하는 일이 무엇인지를 이해하는 치료사 말이에요. 많은 치료사를 겪었는데, 저와 아내 생각에는 현재 함께 일을 하는 사람이 가장 도움되는 사람입니다. 정말 신뢰할 수 있고 이야기할 수 있는, 그런 사람이나 친구, 공동체가 필요해요. 혼자서는 그런 일을 할 수 없어요.

그리고 저와 아내가 부부 심리치료를 통해 각자의 개성을 더 찾고, 자신을 더 분명히 이해하기 위해 노력하고 있습니다.

저는 항상 스스로 모든 일을 해결할 수 없다는 것 때문에 많은 죄책감을 가지고 있었어요. 가끔은 상황들이 정말 형편없어도 그냥 감내해야 할 때가 있다는 사실을 깨달아야 했습니다. 황금 티켓은 없고, 지름길도 없죠. 저는 몇 년 동안 생각해왔어요.

'음, 이 일이 지나면, 그러면 괜찮아질 거야.'

그리고 나서 또,

'음, 이 일이 지나면, 그러면 괜찮아질 거야.'

하지만, 그런 식으로는 되는 일이 아무것도 없었습니다.

또 한 가지 많은 도움이 되었던 일은 항우울제의 복용

이었습니다. 전 이따금씩 완전 녹초가 되어버리는 우울증 (depressive episode)에 빠지는데, 그 동안에는 아무것도 할 수가 없어요. 그러면 제 자신을 비난하고, 종내에는 자살 충동을 느끼게 되죠. 그 상황이 너무 무서웠습니다!

마침내 저는 우울증에 대한 책을 진지하게 읽고 깨달았 어요. 외가쪽이 정신질환을 가지고 있었는데, 저도 위험에 노출되어 있었죠. 이제 심각하지 않은 척하는 일은 끝내기 로 했죠.

저는 변덕스럽고 과민한 환경에서 자랐습니다. 저는 지 금 여기 숲속에서 사는 것을 좋아합니다. 저는 신경이 너무 빨리 예민해집니다. 많은 자극에 반응하는 역치가 매우 낮 죠. 그래서 저는 도시에서 일하더라도 이렇게 나와 살아야 합니다. 저는 순간적으로 감정에 빠져들죠. 평생을 과민하 게 살아왔던 거죠. 안전하다는 감정을 느끼기가 정말 쉽지 않아요. 그래서 제 삶이 원하는 게 무엇이고, 무엇을 필요 로 하는지 인식하고, 그 일에 주의를 기울여야 하겠죠.

🧑 이러한 일들을 겪는 과정, 그리고 그 과정들이 당신에겐 어떤 것이었 고 지금은 어떤지 등, 더 하고 싶은 이야기가 있나요?

더 좋아지는 길은 있어요. 하지만 매우 구불구불한 길이지 요. 정말 혼란스럽게, 당혹스럽게, 그리고 심각하게 화를 내도 괜찮습니다. 찰스 부코스키 원작(바벳 슈로더 감독)의 영화 〈술고래(Barfly)〉[1]에 이런 장면이 나오죠.

주인공이 차 옆을 지나는데, 차 안에 있던 개가 그를 보자 마자 그냥 죽이려고 덤비는 거예요. 사납게 짖고 광분하면서 창문에 몸을 던지는 거예요. 부코스키는 이 장면을 한마디로 표현했죠.

"와, 정말 예술이네."

당신이 그러한 분노를 느낄 수도 있다는 사실을 받아들여야 합니다.

정말 자포자기한 적이 많았어요. 저 자신을 그리고 세상을 포기했었어요. 다른 사람들에 대한 기대도 포기했었죠. 그리고 그러한 감정이 실제로 좋은 점도 있다고 생각합니다. 왜냐하면 당신으로 하여금 그 감정의 이면을 이해할 수 있게 해주기 때문이죠.

안전하다거나 다른 사람들과 연결되어 있다고 느끼는 순간들이 있는데, 저는 그 순간들을 사랑합니다. 하지만, 그 감정들은 구체적이지 않고 사람마다 매우 다릅니다. 저는 그러한 것을 자라면서 경험하지 못했습니다. 어쩌면 여기저기서 짧은 순간 경험했을지도 모르는 일이지만.

---

1 미키 루크 주연의 1987년도 영화

조쉬에 대한 나의 고찰

조쉬와의 인터뷰는 침습적이며, 또한 방임적이었던 엄마에 대한 기록이다. 그녀는 영유아 시절의 조쉬에게는 충분히 좋은 엄마였고, 정서적으로 생존할 수 있는 능력을 주었지만, 또한 그에게 아주 혼란스러운 성장 과정을 겪게 했다. 조쉬가 가진 당혹감의 일부는 엄마가 전혀 공격적이거나 악의적이지 않았다는 데 있다고 생각된다. 다만 엄마는 위험에 처한 아이를 지키지도 못했고, 자신과 아들에게 처한 위험한 상황을 알아차리지도 못했다.

나는 엄마가 특히 외할머니에게 맞았을 때, 종종 해리되었던 같다는 내 소견을 조쉬에게 말했다. 엄마가 그런 '멍한' 상황이 지난 후 사건을 종종 잊어버렸다는 사실은 그녀의 해리 현상을 확인시켜준다. 이 얘기는 돌봄을 포기한 엄마가 아니라, 압도적인 고통과 두려움을 피하기 위한 자동적 방어 기제가 그저 '없어져버리는' 방식으로 작동하는 상처받은 엄마였을 수 있다는 의미이다.

엄마와 조쉬와의 뚜렷하지 않은 경계와 트라우마에 대한 엄마 자신의 방어는, 엄마가 조쉬를 그녀 자신에게 흡수 통합되게 하여 아들을 자신의 짝이 되었으면 하는 감정으로 이어진다. 이것이 조쉬를 혼란스럽게 했던 이유이다. 엄마는 사실 '선의'를 가지고 있었지만, 전적으로 그녀 자신이나 아들을 보호할 수 없었고, 뭐가 뭔지 누가 누구인지에 대한 온갖 왜곡이 존재하는 심리적 체계 안에서 작동하고 있었다.

엄마가 이러한 왜곡을 만들었던 데는 이유가 있었다. 하지만 조쉬는 그런 식으로 자신의 인식을 왜곡하지 않았기 때문에 외할머니가 자신을 때렸을 때 저항하고, 부모가 자신을 보호했어야 했다는 사실을 인식했다. 그렇지 않았다면, 그는 당황했었을 것이다. 조쉬는 그렇지 않으면 안 된다는 것을 알았다.

엄마와 대화할 때 느끼는 조쉬의 '미쳐버릴 것 같은' 감정은 또한, 엄마와 관계 맺는 유일한 수단이 엄마의 왜곡된 세계 안에서 일어날 뿐이라는 사실을 암시한다. 그 세계는 누구에게도 나쁜 일이 일어나지 않고 어디에도 위협이나 위험이 도사리지 않는 그런 세계이다. 하지만 조쉬는 현실은 그렇지 않다는 것을 알기에 엄마를 상대하는 일이 매우 어려운 것이다. 그래서 조쉬는 엄마와의 연락을 끊기로 결정했다. 엄마는 악하거나 의도적인 파괴성에 기인한 것이 아니라, 아들을 분리된 별개의 존재로 인식하는 일이 그녀 자신의 심리적 통합감을 위협하는 것으로 인식하기 때문에 단지 아들을 독립된 존재로 인식하지 못할 뿐이다.

비록 그녀가 의도한 건 아니지만, 부모의 이런 혼란은 매우 해로웠다. 비록 그녀가 조쉬를 위한 최선을 원했지만, 정작 그녀는 조쉬가 누구인지를 알지 못했다. 아들과 연결되고 싶었지만, 오직 자기 방식으로만 하고자 했다. 그녀는 사랑스러웠지만, 침습적이고도 방임적이다. 조쉬도 어떤 면에서는 사랑받았다고 느끼지만, 또한 침습되고 몹시 방치되어 보호받지 못했다고 느꼈다.

조쉬의 이야기로부터 우리는 무엇을 배울 수 있을까?

조쉬의 이야기는 경계에 대해 그것이 얼마나 설정하기 힘들고 중요한지에 대한 많은 사실을 알려준다. 가족 단절은 가볍게 다루어져서는 안 되지만, 가끔 단절은 그것을 시도하는 사람에게 필수적일 뿐만 아니라, 어려운 관계에서 경계를 다시 설정하는 좋은 방법이기도 하다. 단절은 어떤 사람이 관계를 조절하는 힘을 느낄 수 있는 유일한 방법일 수 있으며, 공격자에게는 상황이 심각하고 침범의 결과가 실제적이라는 신호를 드러내 보일 수 있는 일이다. 일상적으로 부주의하게 경계를 침범하는 사람들에게 이것은 새로운 개념으로 작용할 수 있는, "안 돼요!"라고 하는 일종의 경계를 강화하는 수단이 될 수 있다.

단절을 시작한 사람은 때때로 단절했던 사람과 다시 연결을 시도하거나 상대로부터의 연결을 허용하기도 한다. 그때 일어나는 상황은 매우 중요하며, 실제적이고 지속적인 변화가 일어나는지의 여부를 확인하게 해준다. 조쉬는 그러한 연결을 시도했지만 엄마는 예전과 똑같았다. 조쉬의 단절은 충동적이지 않앉다. 조쉬는 여러 번 엄마에게 자신을 설명하기 위해 노력했고, 좀 더 합리적이고 존중받는 방식으로 행동할 기회를 드린후에 단절을 시도했다. 단절이 엄마에 대한 처벌로서가 아니라자신에 대한 보호를 목적으로 했다는 점 또한 중요하다.

이런 단절에 대해 비난받는 경우는 조쉬의 경우와 같이 매우흔하다. 일반적으로 부모와 자식 간의 어려움은 해결될 수 있는 일이므로 지속적으로 노력해야 한다는 기대가 있다. 조쉬와같은 사람들에겐 때때로 자신들의 결정이 효과적이고 합리적이었다는 확인이 필요하다.

또한 조쉬는 어떤 사람들에게는 창작 활동이 오랜 상처를 회복하는 매우 큰 힘이 된다는 것을 우리에게 알려준다. 조쉬의글쓰기 작업은 상황을 명확히 보고, 또한 그러한 상황들을 이리저리 돌려가며, '평범한' 세계를 관조할 수 있는 모든 방식을포착하는 데 초점을 맞춘다. 그는 그의 지성, 유머, 그리고 모순되는 다양한 '현실'을 다루는 능력을 바탕으로 작품들을 창작했다. 그는 많은 훈련을 했고, 그것을 유효적절하게 잘 적용하고 있다.

옮긴이 후기_

가족만이 할 수 있는 일,
가족이어서 할 수 없는 일

조쉬의 이야기는 한계를 설정하는 일이 얼마나 중요한지를 잘 대변해준다. 많은 가족 구성원들이 아픈 가족 구성원에게 보다 더 잘해주지 못했다거나 화를 냈다거나, 외면했었다는 사실을 괴로워한다. 괴로움은 죄책감이 되어, 다시 아픈 가족 구성원과의 감정적 거리를 가깝게 만들고 그 과정에서 또 다른 마찰을 일으키는 악순환을 반복한다. 때에 따라서는 환자의 사과마저 다른 가족 구성원들에게는 가장 침습적일 수도 있다. 진료실을 찾는 오랜 환자와 그 가족들에게서 나는 때때로 감동을 받기도 하고, 반대로 어떻게 환자의 정신 병리가 감기 바이러스처럼 가족에게 퍼져나가는지 보기도 한다.

한 가지 분명한 사실은, 아무리 부모형제라 해도 병을 대신 앓아줄 수는 없으며, 죽음의 문턱까지는 같이할 수 있지만 죽음은 결국 혼자 걸어가야 할 인간의 운명이라는 사실이다. 폐암을 대신 앓아줄 수 없으며 가족 구성원들이 그 병을 낫게 하는데 분명한 한계가 있듯이, 정신질환 역시 병을 낫게 하는 데 구성원들의 한계가 분명하다는 사실을 받아들이고, 병을 앓는 당사자의 문제임을 분별해야 한다. 그리고 그것이 외면이 아니라는 점을 깨달아야 한다.

조쉬의 경우, 아버지가 술을 마시면 방문을 중단하고 어머니와는 연락을 단절했다. 이처럼 자신을 보호해야 하고, 자신이 건강해야 가끔이라도 아픈 가족을 만나 웃으며 손을 잡아줄 기회라도 만들 수 있다. 여러 가지 이유로 자책하는 많은 가족들에게 나는 단호하게 이야기한다.

"그 일은 너무 힘들어서 가족이라도 못 한다."

"가족만이 알고 해줄 수 있는 것이 있고, 오히려 가족이라서 모르거나 할 수 없는 일이 있다."

그리고 '그런 부분은 의료진이나 다른 사람들이 도와줘야 하는 부분'이라고. 그러면 마치 내가 큰 짐이라도 덜어주기라도 한 양 안도하는 환자 가족들을 보며, 그들을 짓누르는 죄책감이 얼마나 크고 스스로 떨쳐내기 어려운 일인지 새삼 느끼게 된다.

특히 사춘기 어린 자녀의 경우, 아픈 부모에 대한 반항과 분노를 마치 광분하는 개처럼 터뜨릴 수 있어야 한다는 조쉬의 말에서 알 수 있듯, 누구라도 너무 고통스러워 느낄 수 있는 지극히 정상적인 감정이라는 사실을 인정하게 함으로써 안심시켜주어야 한다. 분노의 감정이 부모와 흡수 통합되지 않고, 자아를 유지하는 별개의 존재로 구분되는 긍정적 기능도 있음을 알려주어야 한다. 무엇보다 고통에 대한 공감이 필요하다.

그리고 가정으로부터의 독립이나 구직, 학업 등 실제적인 문제에 대한 조언이나 적극적 개입이 필요할 수 있다. 따라서 치료자의 개인적 정보나 경험 등 융통성 있는 노출을 통해 가정 밖의 건강한 한 명의 성인 멘토 역할을 할 수도 있을 것이다.

발달 장애, 자해 · 자살, 중독　　　전체 정신질환의 평생 유병율은 25%로 전 국민의 약 1/4은 우울, 불안 등 평생에 한 번 정신질환을 경험하는 것으로 알려져 있다. 보통 중증 정신질환(Severe mental illness, SMI)이라고 하면, 조현병, 양극성 장애, 반복성 주요 우울 장애를 가리킨다. 하지만, 중증 정신질환 외에도 발달 장애, 중독 등 부모의 여러 정신질환이 가족과 그 자녀에게 영향을 미치게 된다. 발달 장애의 경우, 어린 나이에 특수학교에 다닐 때는 특수 교사의 보살핌으로 일상 생활이 어느 정도 가능하다 성인이 되면서 이용할 수 있는 사회 서비스가 극히 제한되게 되는데, 이때 급격히 증상이 악화되어 자해를 하거나 행동 조절이 안 되어 정신병원에 입원하는 경우도 있고, 환청 등의 증상이 뒤늦게 나타나 조현병으로 추가 진단받는 경우도 많다. 아울러, 본인 뜻대로 일이 되지 않아 좌절할 때 부모를 구타하는 경우 역시 많은데, 그 정도가 꽤 심해 부모가 구타의 두려움 때문에 불안 장애로 치료받는 일이 생기기도 한다. 또, 발달 장애인인 아버지가 혼자 기르던 딸이 조현병이 발병하였는데, 아버지가 딸의 조현병 증상을 인지하지 못해 환청에 이끌려 길거리를 헤매던 딸이 경찰에 의해 발견될 때까지 치료가 늦어지는 경우도 있다. 이와 같이 동일한 질환이 아니더라도 부모의 정신질환과 자녀의 질환 간에 그 영향이 순환되는 경우도 관찰된다. _ 옮긴이

엄마의 몸에는
수백 개의 자해 상처가
있을 거예요.

토마스는 캐나다에 살고 있으며, 부모님, 형과 누이와 함
께 자랐다. 열 살 때 집에서 어머니가 자살 시도를 했다는
사실을 알게 되기까지는, 그 자신의 기질 문제를 제외하
면, 가족은 꽤 정상적이라고 생각했다. 그 무렵부터 수년
간 수차례의 어머니의 정신병원 입원과 치료 실패를 겪으
면서 부모님은 이혼에 이르고, 몇 년 동안 다른 가족과 살
게 되었다. 토마스는 귀기울여 주는 사람 누구에게나 그의
가족 이야기를 하였고, 어머니의 정신질환과 관련하여 상
당한 전문가들의 지원을 받았다는 점에서 특이했다. 그는
이제 삼십대 초반이고, 어머니가 회복되면서 가족 관계가
회복되어 행복해 하고 있다.

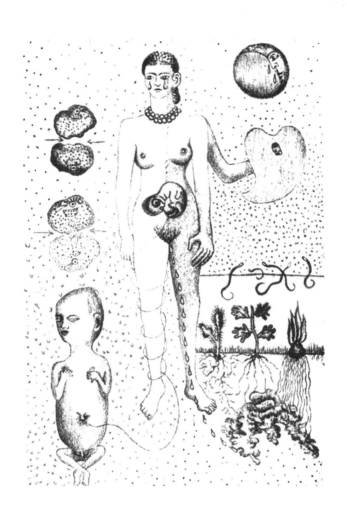

프리다 칼로 〈프리다와 유산〉 1932년

개성적이고 충격적인 자화상을 많이 남긴 프리다 칼로(Frida Kahlo, 1907∼1954)는 멕시코 사회주의 혁명에 참여한 혁명가로서, 멕시코 민중 미술의 대부 디에고 리베라(Diego Rivera, 1886∼1957)의 아내로서 그 무엇보다 고통스런 삶 속에서 독창적인 예술 세계를 개척한 여성화가로 역사에 새겨진 인물이다.

"일생 동안 나는 끔찍한 사고를 두 번 당했다. 열여섯 살 때 나를 부스러뜨린 전차 사고, 그리고 디에고와의 만남이다. 디에고가 더 끔찍했다."

첫 번째 사고로 다리와 척추 장애를 얻고 자궁까지 손상된 칼로는 수십 번의 수술과 몇 차례의 유산을 경험하지만, 그녀에겐 정신적 고통이 더 끔찍했다. 남편 디에고의 끝도 없는 바람기에 칼로의 여동생 또한 희생양이 되었다. 디에고의 행위는 그녀에게는 정신적 성 학대였다. 프리다는 수많은 자화상에 그 상처들을 하나하나 새겨 넣었다. _ 편집자

🔊 어디서 자랐고, 가족은 누가 있었는지, 이런 것들에 대해 좀 이야기해 줄 수 있나요?

저는 캐나다 서부 시골의 작은 마을에서 자랐습니다. 전형적인 작은 마을 공동체로, 모두가 서로 알고 지내지만 가족의 사생활이 없다고는 할 수 없는 그런 동네였어요.

저는 세 아이 중 막내로 태어났습니다. 누이는 다섯 살, 형은 두 살 많아요. 어릴 적에 아버지는 TV 방송국에서 일했고, 어머니는 보험회사에 근무했습니다. (이 일은 우리들에겐 비밀로 부쳤었는데)어머니의 첫 '신경쇠약' 증상이 제가 두 살 때였으니, 어머니가 그 일을 오래했던 것 같지는 않아요. 그 무렵 어머니가 일을 그만둔 거죠.

🔊 어머니의 정서적 문제를 알기 전에 당신이 어릴 적 어머니는 어떠셨나요?

솔직히 말하면, 어머니는 아주 든든한 분이었다고 기억합니다. 제가 3학년 때 '다문화의 날(multicultural day)' 수업에 참여하여 도와주었던 일이 특히 기억납니다. 또한 어머니는 내 운동 행사에는 거의 참여하곤 했습니다. 나는 어머니에게 도대체 무슨 일이 벌어지고 있는지 전혀 알지 못했어요.

어머니는 등교 준비를 해주었고, 또 저녁을 챙겨주셨습니다. 아버지가 출근하고 우리가 학교에 가 있는 동안, 어머니로서 해야 할 일을 모두 처리했습니다. 어머니는 가구, 벽지, 장식품 등 집안 분위기를 자주 바꿨습니다, 우리집 분위기는 늘 변화무쌍했어요! 돌이켜보면, 아마도 어머니의 불안이 표출된 것이었는지도 모르겠습니다.

어머니와는 꽤 가깝게 느꼈나요?

멋진 케이크와 이것저것 만들어 나에게 멋진 생일 파티를 열어주려고 애쓰셨던 기억들이 나기는 하지만, 감정적으로 정말 가까웠던 것은 아니었습니다. 하지만 아까 말씀드린 대로, 대개는 좋은 기억들을 가지고 있습니다. 다른 기억은 별로 없습니다. 나는 당시 어머니에 대해 따뜻한 느낌을 갖지는 않았습니다. 우리는 그 자체로 신뢰할 만한 어떠한 유대감도 없었습니다. 뭐라 콕 집어 말할 수 없지만, 어머니는 어떤 면에서 보자면 내성적 감정을 가졌습니다. 멋진 추억이 있고 어머니가 많은 일들을 잘했다는 것은 알지만, 각별히 어머니와 친밀하게 느끼지는 않았던 것 같습니다.

하지만 교회에서 노래를 부르시던 어머니를 생각하면 마음이 편해지는데, 제 생각에 어머니는 정말 아름다운 목소리를 가졌었습니다. 어머니는 내가 아주 어릴 때 흔들어 재우시곤 했는데, 그럴 때면 노래를 불러주었습니다. 그건 아주 멋진 기억입니다.

🙋 가족에게 일어났던 일들 중 "원래 그런 거야"라고 생각하다가 나중에 다른 가족들과는 다르다는 사실을 알게 된 일들이 있었나요?

'그날'까지 우리는 실제로 모든 부분에서 당신이 생각하는 그런 전형적인 가족이었습니다. 우리 가족 중 제일 문제는 매우 변덕스러운 제 성격이었을 거예요. 저는 늘 아버지와 싸웠습니다. 일상에서의 권위를 싫어했거든요. 선생님들, 교장 선생님, 부모님 가리지 않았습니다. 그냥 가만히 있을 수 없었고, 누가 나를 진정시키려 해도 들으려고도 하지 않았습니다. 아무것도 아닌 일에도 심하게 발작을 일으켰고, 그런 나를 아버지는 방으로 밀어 넣으려고 했어요. 그러면 우리는 크게 싸웠습니다. 어머니가 개입하려 하면 어머니에게도 달려들었지만, 그래도 어머니는 종종 싸움을 말려주곤 했습니다. 나는 내 방에 갇힌 채 계속 소리를 질러댔습니다. 상황이 끝나고 나면, 아버지는 방으로 들어와 여전히 나를 사랑한다며 차분하게 나에게 이야기하곤 하셨어요.

🙋 당신의 분노와 성질을 어떻게 설명할 수 있을까요? 문제가 있다고 여긴 건가요, 아니면 일부러 까다롭게 굴었던 것이었나요?

나는 분명 문제가 있다고 보았는데, 사람들은 모두 내가 일부러 그런다고 생각했을 겁니다. 당시는 아무도 내게 어떤 문제가 있는지 정말로 이해하지 못했습니다. 결과적으로 그렇게 진단을 받기는 했지만, 사람들은 내게 ADHD[1]가 있다고 생각했을 겁니다. 나는 학교든 어디서든 사람들로부터 관심을 받고 싶었습니다. 이상한 일이죠? 지금의 저는 어린 시절과는 거의 정반대로 훨씬 더 내성적으로 바뀌었는데 말이예요.

🙂 그런 상황을 형이나 누나는 어떻게 받아들였을까요?

어머니에게 그런 일이 생기기 전까지 형과 나는 가장 친한 친구였습니다. 우리는 늘 함께했어요. 같은 친구들과 놀러 다니고, 똑같이 입고, 같은 놀이를 했습니다. 말 그대로 가장 친한 친구였죠.

저보다 다섯 살 많은 누나는 저를 매우 어리게 여겼는데, 그럴 만도 했죠. 누나와 무언가를 같이하기보다는 많이 싸웠던 것 같아요. 누나가 친구들을 초대했을 때 제가 여느 때와 같이 난리친 일이 있었는데, 누나와 친구들은 나를 벨트로 묶었어요. 저는 폐쇄공포증이 있어서 거의 넋이 나갈 지경이었습니다. 누나가 나에게 우유를 줬는데, 나중에 우유에 타이레놀을 탔다는 것을 알았습니다. 누나는 타이레놀이 나를 진정시켜줄 것이라 생각했던 거죠.

그러니 우리 사이가 그리 가까웠던 것은 아니라고 할 수

---

1   Attention Deficit Hyperactivity Disorder, 주의력결핍 과잉행동장애

있겠죠!

🙋 **당신과 아버지는 어떻게 지냈습니까? 아버지는 꽤 거칠었지만, 당신과 잘 지내보려고 계속 노력했던 것 같은데요.**

사실, 아버지는 나의 영웅이었습니다. 나는 아버지처럼 키가 크고 강해지고 싶었어요. 아버지는 우리 스포츠팀을 가르쳤고, 우리의 경기를 항상 지켜보았습니다. 하지만 스포츠 활동을 벗어난 집에서의 관계는 아까 이야기한 것처럼 껄끄러웠습니다. 아버지도 역시 욱하는 성미가 있었고, 제가 꽤 자주 아버지의 성미를 건드리곤 했어요.

🙋 **그럼, 어머니에게 문제가 있다는 사실을 처음 안 것은 언제였나요?**

한때 우리는 단란한 가족이었는데, 한순간에 산산이 부서졌습니다. 열 살 때, 학교에서 돌아왔는데 집에 경찰차가 와 있었습니다. 경찰들이 나를 경찰차에 태웠고, 저는 무슨 일이냐고 물었습니다.

경찰관은 미처 몰랐겠지만 클립보드에 '자살 시도'라고 써 있는 것을 저는 읽었습니다. 저는 큰 충격을 받았지만 여전히 이해할 수는 없었습니다. 아버지는 누나와 함께 소프트볼 경기에 가 있었고, 형은 아마도 친구들과 어딘가에서 놀고 있었을 겁니다. (당시에는 핸드폰이 없었기 때문에) 경찰관이 나를 태우고 아버지를 찾아 여기저기 한참을 돌았습니다. 그러다가 아버지를 발견하고는 아버지 차를 길가에 세우게 했는데, 고속도로 갓길에서 우리는 마치 영화의 한 장면 같은 상황을 연출했습니다. 제가 아버지에게 달려들어 울음을 터뜨렸고, 아버지는 나를 안아주었습니다. 아버지의 세계가 눈 앞에서 무너져 내린 순간이었습니다.

아버지는 처음에는 무슨 일이 일어난 건지 이해하지 못했습니다. 사실, 아버지의 첫 반응은 "토마스, 무슨 일을 저질렀니?"였습니다. 제가 먼저 차로 돌아갔고, 아버지는 경찰관과 얘기를 나눈 후 돌아왔습니다. 아버지는 내게 무슨 일이 벌어졌는지 얘기하시면서 어머니가 아프다고 했습니다.

누나는 우리가 매우 어렸을 때 밴쿠버로 여행 중에 어머니가 종합병원 정신병동에 몇 주간 입원했었다는 사실을 몇 년 전부터 알고 있었죠. 형과 나는 그때 너무 어려 왜 밴쿠버에 와 있는지, 어머니는 왜 안 보이시는지 이해할 수 없었지만, 누나는 나이가 더 많았기 때문에 알고 있었던 거죠.

그래서 누나는 어머니가 아프다는 사실을 이해하고 있었지만, 누나나 아빠 모두 어머니의 병이 자살 시도로 이어질 줄은 생각도 못 했던 거예요. 우리 가족이 함께 어머니께 병문안을 갔었는데, 그때가 수 많았던 정신병동 면회 중 첫 번째 면회였습니다.

우리는 어머니가 외할아버지로부터 성적 학대를 당했다

는 얘기를 들었습니다. 제가 외할아버지에게 복수하고 싶을 만큼 매우 끔찍한 얘기들을 우리는 수년에 걸쳐 더 듣게 되었습니다. 하지만 내가 그런 일들이 어떤 것인지 알 만큼 나이 들기 전에 외할아버지는 죽었어요. 저는 외할아버지를 증오했고 '에헴' 외할머니와는 내가 네 살 때 우리 집에서 화를 내고 나간 이후 단 한마디도 나눈 적 없습니다. 그때는 몰랐는데, 아마도 성적 학대에 대한 언쟁이었을 거라고 생각합니다.

슬픈 일이지만 형과 누나 그리고 나는 외할머니가 돌아가실 때까지 외할머니에게 연락하지 않을 것입니다. 우리는 외가를 '가족'이라 여기지 않습니다. 그 가족에게 벌어진 일들은 참을 수 없을 정도로 끔찍했고, 상상하기조차 힘들 정도여서, 그러한 사실이 밝혀진 이후 18년이 지난 지금도 나를 화나게 합니다.

🧑‍🦰 어머니나 전문가가 성적 학대에 대한 일을 당신에게 얘기해준 적이 있었나요? 당신은 어떻게 이해했나요?

아니요. 어머니는 제게 말해주지 않았어요. 그때를 돌이켜, 그들이 자신의 아이에게 저지른 끔찍한 일들을 다시 끄집어내 말해주어야 하는 일이어서 정말 힘들었을 거예요. 어느 전문가가 우리에게 설명해줬어요. 저는 매우 화가 났습니다. 세상이 이토록 추악할 수 있는지 이해할 수 없었습니다. 저는 이제 그것이 어머니 잘못이 아니라는 것을 알고 있습니다. 어머니는 피해자였고, 본질적으로는 우리 가족 역시 끔찍한 사건의 피해자였습니다. 저는 어머니를 비난하지 않았지만 몇몇 이유로 형과 누나는 더 힘든 시간을 보냈고, 어머니에 대한 분노를 극복하는 데 오랜 시간이 걸렸습니다.

🧑 정신 건강 전문가가 도움이 되어주었나요? 그들이 당신이 이해할 수 있도록 도움을 주었나요?

가족 치료는 저에게 크게 도움이 되었습니다. 저는 그 시기의 가족 치료가 얼마나 중요했는지 나이를 먹을수록 더 깨닫고 있습니다. 가족 치료는 저에게 안식을 주고 벌어진 상황에 대해 스스로 보호하는 것이라기보다는, 오히려 자기 내면의 과정을 통해 울고, 울어도 괜찮다고 느낄 수 있도록 표현하고 대화를 가능하게 해주는 기회인 것 같습니다. 저는 가족 치료 과정에서 많이 울었습니다. 그리고 그 사실을 말하는 일이 당황스럽지 않습니다.(하하!)

🧑 '그날' 이후, 그리고 어머니가 입원을 반복하는 동안 가족의 삶은 어떠했습니까?

솔직히 말해, 어머니는 어떠한 역할도 하지 못했습니다. 어머니는 점점 더 심하게 자해해서 집에 있는 모든 칼을 치워야 했어요. 어머니는 장보러 다녀오면서 조각칼을 사서 감추곤 했었기 때문에, 누나는 어머니가 숨긴 것이 없는지 어머니 침대 밑을 확인하곤 했죠. 하지만, 어머니를 막을 수는 없었습니다. 우리가 어떻게 주의하건 어머니는 항상 자해할 물건을 찾아냈어요. 어머니가 침실 벽에 '컷(cut)'이라는 글자를 새긴 날을 생생하게 기억합니다. 그건 오늘까지도 저를 괴롭히는 기억입니다. 틀림없이 수천 개의 자해 흔적이 자그마한 어머니의 몸에 새겨져 있을 겁니다!

어머니는 수주 간격으로 입퇴원을 반복했습니다. 우리는 어머니를 찾아 우리가 쓴 편지를 읽어드리고, 병원 치료사와 가족 면담을 하곤 하였습니다. 오늘날까지도 병원은 우리 가족 누구에게도 결코 즐거운 경험으로 남아 있지 않을 겁니다. 어머니는 병원에 입원하지 않을 때면 항상 침대에 누워 있었습니다. 말 그대로 그렇게 몇 년간 지냈습니다. 한번은 밤중에 자해는 하지 않았는지, 너무 많은 약을 드시지는 않았는지 확인하기 위해 늘 그랬던 것처럼 어머니를 살펴보러 방에 들어간 적이 있었어요. 내가 뭔가를 촉발시켰는지, 어머니가 상상할 수 없을 정도의 소름끼치는 비명을 질렀습니다. 정말 끔찍해서 지금까지도 뇌리에서 그 기억이 떠나지 않고 있습니다. 저는 "엄마, 저예요, 토마스. 토마스예요"라는 말을 반복할 수밖에 없었습니다. 이 무렵, 우리는 빚 때문에 차를 처분했고, 아버지는 어머니의 건강 문제로 너무 자주 자리를 비워 직장을 잃었던 상태였어요. 어머니는 나아지기 위한 어떤 노력도 기울이지 않았고, 그저 아버지에게만 의존할 뿐이었습니다.

🧑 **그 시기 아버지와 어머니 사이에 무슨 일이 있었나요?**

응급 상황으로 더 많은 혼란이 유발되면서 어머니는 아버지의 인생을 완전히 지배하게 될 때까지 계속 악화되었던 것 같습니다. 어머니가 울면서 직장에 있는 아버지에게 전화를 하면 아버지는 언제고 집에 달려와야 했죠. 결국 직장 생활에 타격이 있을 수밖에 없었는데, 이 시기가 최악이었던 것 같습니다. 아버지는 아내, 가정, 자동차 등 너무 많은 것을 잃었고, 어머니가 방 밖으로 나오지 않는 동안 곁에서 가족을 지키기 위해 할 수 있는 일을 계속했습니다.

저는 아버지가 떠났으면 했습니다. 할 만큼 하셨거든요. 아버지는 날이 갈수록 더욱 어머니에게 좌절했습니다. 아버지가 이성을 잃고 화를 내며 싸움이 있던 날을 아주 생생하게 기억합니다. 나는 그저 거실에 우두커니 선 채, 아버지에게 집을 떠나시라고 말할 수밖에 없었습니다.

🧑 **이런 일들이 있기 전에 아버지와 어머니는 서로 어떻게 지냈습니까?**

확실히는 모르겠습니다. 이런 일들이 생기기 전에는 괜찮았던 것 같습니다. 하지만 돈이 떨어지면 두 분은 내 앞에서 소리가 다 들리도록 다투시곤 했죠. 나중에 어머니가 최악의 상태에 이르렀을 때, 아버지는 오로지 어머니의 쾌유만을 바랐습니다. 결과적으로 아버지는 어머니가 나아지려고 노력하지 않는다고 여겼고, 어머니는 점점 더 당신의 삶을 아버지에게 의존했습니다. 아버지는 애정 없는 관계를 오래 유지했지만, 더 이상은 그렇게 할 수 없었습니다.

🎧 당신과 형제들은 이런 과정을 함께 극복해왔나요? 감정적으로 말이죠.

가족으로서 상의하기 위해 모이거나 가족 치료를 위해 병원에 가야 할 때는 같이 갔지만, 감정적으로는 거의 단절되어 있다는 느낌을 확실히 받았습니다. 제 형제들도 같은 말을 할 것이라 확신합니다. 우리는 어머니에게 벌어지는 일들에 대해 그저 우리가 할 수 있는 최선의 방식으로 우리의 삶을 그냥 살아왔을 뿐이었죠.

어릴 적에는 형과 아주 친했고, 가장 친한 친구였다고 말씀드렸잖아요. '그날' 이후 완전히 바뀌었습니다. 갑자기 형은 가족 관계에 있어서는 매우 회피적으로 변해 집에서 보내는 시간이 거의 없었으며, 감정도 드러내지 않았습니다. 제가 다른 가족과 살기 위해 집을 떠날 때, 형과 누나는 저를 원망했어요. 우리는 여전히 형제였고, 가족이란 이름으로 연결되어 있었지만, 예전의 관계를 회복할 수는 없었습니다.

🧑 당시 이러한 상황에 대해 누구에게든 이야기한 적이 있습니까? 그 나이 또래의 다른 가족을 알거나 같이 시간을 보내거나, 도움이 된 적이 있었는지요?

나는 이건 내 삶의 일부분에 불과한 사실이므로 당시 상황을 있는 그대로 주위 사람들에게 보여줬죠. 학교에서 집으로 돌아오는 길에 엄마가 들것에 실려 나오는 모습을 친구들과 같이 목격하곤 했었는데, 그럴 때면 저는 친구들을 앉혀 설명했어요. 우리는 정신병동에서 어머니를 면회하면서 크리스마스를 보내곤 했습니다. 저는 왜 그렇게 제가 집에서 변덕을 부렸는지 이제 알게 되었습니다. 부모님 사이에 있었던 그 많은 긴장이 제게 전달되어, 결국 제가 폭발하게 된 것이었습니다.

저는 늘 친구들에게 제 삶을 공개했습니다. 아무것도 숨기지 않았습니다. 그리고 어쩌면 그것은 당시 제가 해야 할 매우 중요한 일이라고 느꼈습니다. 저는 교회 청년부에 있었는데, 청년부 담임 목사님과 꽤 자주 이야기를 나누었습니다. 당시에도 여전히 많은 치료를 받고 있었습니다. 다른 가족이 제 삶에 들어왔고, 그들은 지금까지 우리가 나누어 온 이야기와는 다른 정상적이고 안정적인 가정을 제게 주고자 했습니다. 여러 일들이 진행되는 동안 그들은 항상 나와 이야기를 나누려 곁에 있어주었고, 벌어진 상황을 내가 이해할 수 있게 해주었습니다.

🙋 **다른 가족과 살기 위해 집을 떠나기 전에는 어떻게 대처했나요?**

가능한 한 집에서 떨어져 오래 머물렀습니다. 학교가 끝나면 친구 집에 갔다가 저녁 여덟 시나 돼서 집으로 돌아오곤 했죠. 전화조차 하지 않았습니다. 고작 열 살, 열한 살이었는데 말이에요. 바보 같지만, 뭐랄까 일종의 부모 역할에 대해 가졌던 존경과 이해, 뭐 그런 것이 있었던 것 같은데…, 부모님이 완벽하지 않다는 것을 알게 된 순간 사라져 버린 거죠. 그들은 자신들의 문제를 안고 있는, 다만 나이 든 나와 다를 바 없다는…. 그 사실을 깨닫게 된 순간은 제겐 축복이자 저주가 되었습니다.

저는 친구들과 이야기를 나누고, 상담 치료하고 운동으로 대처해 나갔습니다. 저는 단지 정상적인 아이가 되고 싶어 제 어머니에게 일어나는 일들이 모든 아이들이 겪는 일상적인 일처럼 여기려 노력했습니다.

열네 살, 9학년 때의 일이었어요. 아버지가 어머니와의 이혼 절차를 시작하며 먼저 가족을 떠났을 때, 저는 교회를 통해 알게 되었던 다른 집으로 보내졌습니다. 그들과 짧은 기간 생활하다 곧 엄마에게 돌아왔습니다. 한번은 밤에 엄마가 괜찮으신 건지 침실에 들어가 확인했는데, 엄마가 약을 너무 많이 먹은 것 같았어요. 엄마의 발음은 꼬였고 제 정신을 차리지 못했는데, 집에는 저와 엄마뿐이었어요. 그래서 저는 얼마 전까지 같이 생활하던 집에 도움을 요청하고, 그분들이 올 때까지 엄마를 일으켜 침대에서 농구공을 주고 받으며 깨어 있게 했어요.

다시 제가 그 집으로 돌아가는 것이 최선이라는 결정이 내려졌습니다. 9학년과 10학년 기간을 그 집에서 그분들과 함께 보내게 되었습니다. 누나는 졸업 후 당시 열다섯 살이었던 형과 어머니를 남겨두고 독립해 나갔고, 형도 결국 독립해 나갔습니다.

👩 **누가 당신을 다른 집에서 다른 가족과 살게 결정했나요? 누가 관여했죠? 당신에게는 그게 무슨 의미였고, 엄마에게는 어떤 일이 일어났나요?**

그 집 가족은 교회 청년부를 통해 연결되었습니다. 아버지가 그들과 함께 의논했고, 청년부를 통해 그 사실을 들었습니다. 그 대화가 어땠는지, 왜 그런 이야기가 나왔는지는 모릅니다. 제가 알았던 사실은 아버지가 어머니를 곧 떠날 예정이고, 그분들은 제가 어린 막내여서 엄마와 사는 게 좋지 않다고 여겼다는 사실이 전부예요. 또 제게도 어느 정도 문제가 있었기 때문에, 제가 난리치는 상황이라도 닥치면 엄마가 저를 다루지 못할 수도 있고, 아무도 저를 돌보지 않으면 제 인생이 어떻게 될지 모른다고 생각했던 것 같습니다. 그건 정확한 판단이었고 저는 그 집에서 매우 행복했습니다. 그분들은 평온했고, TV도 거의 안 켤 정도로 우리 집에 비해 너무도 조용했습니다. 그분들은 시내에서 30분 거리에 농장을 소유하고 있어서 제게는 뛰놀 수 있는 2,300 에이커의 땅이 생겼습니다. 저는 트럭 엔진을 교체하는 일을 배우고, 말들에게 먹이를 주었습니다. 저는 그러한 일들을 좋아했습니다. 그분들은 정말 천사 같은 분들이었어요.

그러던 중 다시 아버지와 살기로 결정되었는데, 저는 그 결정 과정에 제가 포함되지 않은 사실을 지금까지도 부당하게 생각하고 있습니다. 이후 여기저기 여러 차례 보내졌고, 아무도 저를 원하지 않는다고 느꼈습니다. 엄마는 여전히 집에서 살고 있었습니다.

부모님은 완벽하지 않으며 다른 사람들 역시 마찬가지의 문제를 가지고 있다는 깨달음은 제게 엄청난 변화를 가져다주었습니다. '그날'은 제가 9학년일 때 일어났습니다. 제가 아버지에게 얘기했죠.

"제게 부모 노릇하려고 하지 마세요. 당신은 아버지가 아니라 그저 한 사람일 뿐이에요."

한 번이었지만, 저와 아버지의 관계는 바로 '그날' 이후 정말 많이 성숙했습니다.

다른 가족이 항상 곁에 있었고, 나에게 무슨 질문이건 할 수 있도록 격려하였으며, 무슨 일이 진행되는지를 확실히 알게 했습니다. 그런 상황은 제게 많은 도움이 되었습니다. 자신을 드러내고, 부딪히는 문제들을 처리할 수 있도록 격려받을 수 있었다는 점에서 저는 믿을 수 없을 만큼 운이 좋았던 거예요.

🧑 화를 내거나 분노 발작하는 것 외에 다른 문제를 가지고 있었나요?

매사가 두려웠습니다. 어둠이 두려웠고, 잠들거나 혼자 집에 걸어가는 일, 이 모든 것이 두려웠어요. 많이 달렸습니다. 신경이 날카로워지면 상황을 악화시켰습니다. 지금도 여전하고요. 폭발할 때까지 지속적으로 몰아붙이는 끔찍한 습관이 있습니다. 예민해지면 더욱 몰아붙이곤 했습니다.

바로 그 점 때문에 다른 가족과 함께하는 게 좋았던 거예요. 그분들은 기본적으로 조용해서 저도 차분해질 수 있었고 제가 하고 싶은 일들을 할 수 있었거든요.

🧑 가족들은 다른 사람들이나 친척, 이웃들의 일에 자주 같이했나요?

부모님은 늘 교회에 다녔어요. 그래서 많은 사회적 교류가 교회 사람들과 이루어졌어요. 하지만 엄마가 아팠을 때 그들은 그다지 도움을 주려하지 않았어요. 그래서 부모님은 그 교회를 떠나 다른 교회를 다니기로 결정했어요. 제 생각에 그 일은 엄마에게 도움이 된 아주 훌륭한 결정이었습니다.

나이 들어서는 어떻게 지냈죠?

음, 저는 고등학교를 마치지는 못했지만, 영업직으로 좋은 경력을 쌓았고, 지난 5~6년간 지역 사회 리더십에 참여해 왔습니다. 그동안 겪어 왔던 경험 덕에 꽤 괜찮은 '정서적 지능'을 가지게 된 것 같습니다. 어머니는 매우 잘하고 있고, 고비를 완전히 넘겼습니다.

엄마의 이야기는 인내의 이야기예요. 어린 시절 희생양이 되었고 성인이 되어 어린 시절의 피해가 되살아났다는 점에서 이 이야기가 언급될 필요가 있어요.

엄마는 한동안 자신의 가족마저 잃었을 정도로 모든 것을 잃었지만 포기하지 않았습니다. 어머니는 주치의, 후원자들, 그리고 하나님과 더불어 노력했어요. 최근 들어서는 하루에 항우울제 한 가지만 복용한다는 이야기를 듣고 눈물이 나더군요. 어머니는 그 어느 때보다 강해졌고, 다시 가족을 찾았습니다. 저는 그런 엄마를 정말 사랑합니다. 엄마는 내가 기댈 수 있는 굳건한 바위 같은 존재이고, 세상이 아무리 끔찍하고 악하고 두려워도 견뎌낼 수 있다는 가르침을 줍니다. 엄마의 변화는 어떤 말로도 표현할 수 없을 정도여서 이 부분에서는 저도 감정이 격해집니다. 저는 결코 그럴 수 없을 거라고 생각했는데 엄마가 다시 제게로 왔습니다.

🧑 당신은 그것이 얼마나 놀라운 일인지 깨달은 것 같군요. 아버지와 형, 누나는 어때요? 잘 지내고 있습니까?

아버지는 재혼하여 지금은 저와 좋은 친구같이 지내고 있습니다. 우리는 세상을 비슷한 방식으로 보며, 매우 좋은 관계를 만들어 왔습니다. 어릴 적에 아버지와 나는 그러한 유대감을 가지고 있었습니다. 저는 아버지가 겪어야 했던 모든 일에 대해 그를 매우 존중합니다. 아버지의 이야기 또한 인내와 회복에 대한 또 하나의 이야기입니다. 아버지는 제가 고등학교를 졸업하던 바로 그날에 떠났습니다. 농담이 아니라, 실제로 졸업식 날이었습니다. 아버지는 그동안의 아파트 임대료를 지불한 후, 저에게 이제 직업을 갖든지 나가라고 했어요. 그 점에 대해서는 아버지를 용서했습니다. 아버지는 학위를 따고 성공적인 리더가 되었습니다. 아버지는 세대와 상관없이 모든 사람이 좋아하는 매우 훌륭한 사람입니다. 심지어 저는 아버지와 같은 조직에서 몇 년간 나란히 일할 기회를 가지기도 했어요. 정말 멋진 일이었어요.

형은 중요한 시기를 막 지났습니다. 본인이 진정으로 원하는 일을 하기로 결정하고, 학교에 진학해 자신의 길을 가고 있습니다. 형은 늘 엄마와 가장 밀접한 관계를 유지했어요. 제 생각에는 엄마가 잘 지내기 시작하면서 형 스스로 자신을 추스리기 시작한 것 같습니다. 형은 이전에 오랫동안 봐오던 것보다 자신감에 찬 모습이었습니다.

누나는 두 살배기의 자랑스러운 엄마가 되었고 본인도 엄마 역할을 매우 사랑하는 것 같아요. 누나는 엄마가 아팠을 때, 엄마와 형, 그리고 저에게 최선을 다했고 자신의 역할에 정말 열중했어요! 누나는 엄마를 용서하기까지 많은 시간이 걸렸는데, 가장 오래 그 일들을 겪었으니 그런 누나가 이해되기도 합니다. 누나는 엄마가 아프다는 사실을 알고 있었던 유일한 사람이었고, 형과 나보다 오랫동안 그 상황에 대처해야 했었죠.

ⓟ 당신은 어머니와 함께 그런 상황에 대해 이야기를 나눠본 적이 있나요? 어머니께서는 자신에게 문제가 있다는 사실을 알고 있었나요. 아니면 그것에 대한 이야기를 불편해 하시지는 않았어요?

우리는 그 일에 대해 이야기를 나눈 적이 없었습니다. 엄마의 정신 건강에 관해 우리가 함께 나눈 대화는 항상 엄마에게 건강하시라는 격려뿐이었습니다. 말씀드린대로 엄마가 모든 일을 견뎌내고 이제는 한 가지 약만 드신다고 했을 때, 저는 울었어요. 하지만, 그게 우리가 이야기한 내용의 전부입니다.

엄마는 아름다운 여인이셨고, 저는 엄마를 사랑했습니

다. 하지만, 엄마의 문제에 대해 서로 상의한 적은 없습니다. 왜냐하면, 영화와 같은 사소한 자극조차도 어머니를 자극할 수 있었기 때문입니다. 저는 절대로 제 자신이 어머니의 증상 악화의 원인이 되고 싶지 않았습니다.

🧑 **당신은 그러한 고비를 어떻게 넘겼고, 다른 가족들은 또 어떻게 그렇게 넘겼을 거라 생각하나요?**

제 생각에 그것은 저뿐만 아니라 우리 모두에게 매일매일 반복되며 유지되는 인생의 전환점이었습니다. 우리는 모두 의식했건 의식하지 않았건 간에 성장하고 일하고 가족의 유대를 회복하기 위해 올바른 선택을 하기 위한 결정을 합니다.

우리는 지금도 전환점을 살아가고 있고, 남은 여생 그렇게 지속해나갈 것입니다. 이 글을 읽는 누군가가 정답을 기대한다면, 솔직히 저는 누구에게든 돌파구가 될 수 있는 한 가지 정답이 있다고는 생각하지 않아요. 저에게 이 모든 일은 제 의지와 무관하게 희생양이 되는 것으로, 그리고 성장하고자 하는 의지로 시작되었습니다. 그리고 엄마와 엄마의 '병'을 구분해 볼 수 있었던 것은 세상의 모든 변화를 만들어내었습니다. 엄마를 용서하고 그녀를 악당이 아닌 한 여자이자 엄마로 볼 수 있도록 해주었습니다. 엄마는 여전히 치유를 위한 지원이 필요하며, 정상적인 삶이 아니라고 화를 내거나 비난하는 사람들은 엄마에게 필요 없습니다.

이 이야기를 당신과 나눌 수 있어 매우 즐거웠습니다. 제 이야기가 어려움으로 몸부림치고 있을 누군가의 마음에 위로가 된다면 열 배 이상 보상받을 수 있을 것 같군요. 형과 누나에게 할 말이 있으면 보내달라고 했는데, 형이 이렇게 적어 보내왔습니다.

저는 제 감성을 글로 쓰는 데 익숙하지 않지만, 최선을 다해보려고 합니다. 제가 느끼기에 제 삶이 실패하지 않은 큰 이유는 훌륭한 지원 체계가 있었기 때문인 것 같습니다. 그러한 지원이 동생, 누나, 특히 아버지에게 없었다면, 저는 오늘과는 다른 사람이 되었을 겁니다. 아버지는 존경할 만하고, 닮고 싶은 큰 사람이라고 생각합니다. 저는 아버지가 어머니의 모든 위기를 감당하면서 저희들을 키우고 직장에서 버티는 것을 보았습니다. 이러한 점은 제게 아주 인상적이었고 아버지가 할 수 있다면, 저 또한 제 역할을 정상적으로 해내는 사람이 되기 위해 최선을 다할 수 있을 것이라고 느꼈습니다.

전환점을 이야기하자면, 친구와 제가 집에 와 보니 방 바닥에 빈 약병 네 개가 굴러다니고, 어머니가 침대에서 의식을 잃은 채 불러도 대답 없이 누워 있던 모습을 처음 보았던 그날일 수도 있겠습니다. 그날 밤은 정말 무서웠습니다. 그때 저는 열여섯 살이었고, 그날 이후 저는 더 이상 그 이전의 제가 아니었습니다.

우리 가족은 병원에 갔었고, 어머니가 함께 노력하지 않는다면 어머니는 더 이상 우리 삶에 없을 것이라고 어머니에게 이야기했습니다. 그것이 어머니와 제 관계에서의 전환점이었던 것 같습니다. 저는 2년 동안 집에서 나와 살았고, 우리가 어머니를 구하려는 노력에 항상 함께하지는 못했어도, 어머니에게 스스로 문제를 해결할 수 있는 시간을 드렸습니다. 저 또한 저의 상처를 치유할 시간을 가졌고, 저를 둘러싸고 있던 사람들로부터, 그리고 어머니가 약을 먹고 쓰러져 있던 모습으로부터 멀리 벗어났습니다.

어머니와 오늘에 이르기까지 최소한 12년이 걸렸습니다. 하지만, 어머니는 저에게 매일매일 더 사랑스러워지고 있습니다. 저는 지금의 어머니 모습에 매우 행복합니다.

요새 어머니는 제가 늘 원했고 필요로 했던 그 모습입니다. 우리가 겪었던 일에 대해 어머니를 용서하는 것은 가장 어려운 일이었지만, 제 삶에 있어 가장 성취감을 주는 일이기도 합니다. 또한 이러한 일은 시간이 걸리지만, 용서는 자기 자신을 회복하는 데 제일 좋은 일이라고 말하고 싶습니다. 저는 가족을 많이 사랑하고 세상 무엇과도 바꾸지 않을 겁니다.

토마스에 대한 나의 고찰

토마스는 자신에 대해 기억할 수 있는 한, 쉬지 않고 자신을 표현했다는 점에서 일반적이지는 않았다. 어릴 적 그의 잦은 울화증과 분노는 분명 가족에게 부담이 되었지만, 어머니가 병을 얻었을 때는 그가 털어놓았던 자신의 고집이 자신을 구했다. 우리는 그가 수치심이나 침묵, 고립을 이야기하는 것을 들어보지 못했다. 실제로 그는 물어보는 학교 친구들에게 상황을 설명했고, 전문가뿐만 아니라 십대에 같이 지냈던 가족과도 이야기를 나누었다.

특히, 오래 지속된 가족 치료 등과 같이 많은 전문적 지원이 있었다는 점 역시 일반적이지 않았다. 그는 가족이 위기를 겪는 동안 스스럼없이 말할 수 있고, 마음을 터놓을 수 있으며, 터놓고 울 수 있는, 그리고 안전하게 받아들여질 수 있는 곳이 필요했었다고 당당하게 말할 수 있었다(토마스는 캐나다인이고, 캐나다, 오스트레일리아, 네덜란드 등 세 나라는 정신질환자의 가족에 대한 상당한 인식 수준과 풍족한 지원이 있다는 점을 다시 언급할 필요가 있겠다).

그는 같이 살았던 다른 가족과 교회 식구들의 지원이 있었는데, 두 가지 모두 어려운 시기를 견디는 데 매우 중요한 요인이었다. 이혼에도 불구하고 아버지는 자신의 아이들과 관계를 지속하며 지원했다. 토마스에게 있어서 아버지가 어머니와의 이혼을 결정한 일은 납득할 만했고, 이런 과정들 속에서 토마스가 버림받았다는 느낌을 받지 않았다는 사실은 명확해 보인다.

토마스의 회복은 어머니의 극적인 호전과 어느 정도 관련이 있다. 어머니의 자살 시도와 자해는 근친상간과 관련된 흔한 증상으로 대개 치료가 가능하다. 어머니는 조현병으로 오진되어 평생 지속되는 증상과 오랜 고통을 겪었을 수도 있었다. 결국, 어머니는 많은 힘든 과정을 거쳐 회복된 것으로 보이고, 어머니와 아이들은 훨씬 나은 관계를 회복하게 되었다. 이것은 다른 많은 이야기들에 비해 더 행복한 결말이다.

토마스의 이야기로부터 우리는 무엇을 배울 수 있을까?

그의 이야기에는 계속되는 정신적 위기에 직면하여 어른들이 할 수 있는 바람직한 예들이 많이 들어 있다. 문제가 표면화되었을 때, 모든 아이들은 무엇이 어떻게 잘못되고 있는지 들을 수 있어야 한다. 아이들에게 부모가 받은 성적 학대를 얘기해준다는 일은 어려운 결정이지만, 이번 경우에는 일어나는 일에 대해 토마스가 이해할 수 있게 도움이 되었을 뿐 아니라, 어머니 문제에 대한 죄책감이나 책임감에서 벗어날 수 있도록 해주었다는 사실은 분명해 보인다.

가족은 많은 전문적 도움을 받았고, 그 도움은 꽤 효과적이었던 것으로 보인다. 또한 토마스에게는 이러한 상황들을 자유롭게 이야기할 수 있었고, 도움이 되는 많은 활동을 통해 정상적인 성장기를 거칠 수 있게 했던 또 다른 장소가 있었다. 비밀은 필요하지 않고, 마치 아무 문제 없는 듯 행동할 필요가 없으면서도 가족과 떨어져 지낼 수 있는 많은 기회가 있었다. 토마스의 이야기에서 수치심과 낙인은 찾아볼 수 없었다.

어머니에게 같이 노력하고 진심을 다해 치료받을 것을 이야기했던 바와 같이, 이 가족은 필요할 때 서로 선을 그을 수 있었던 것으로 보인다. 만약 이 가족이 외부와 단절된 상태에서 어머니를 구하려고 투쟁하며 서로 계속 붙어 있었다면, 어쩌면 무너졌을지도 모를 일이었다.

어린 시절 학대 경험의 영향

1980년대 샌디애고 카이저 퍼머넌트(Kaiser Permanent)* 예방 의학과 의사인 팰리티(Felitti) 박사는, 비만 연구 중 체중 감소 에도 불구하고 연구 참가자 중 50%가 탈락한다는 사실에 의 문을 품었다. 그들에게 다시 연락하여 조사한 결과, 탈락자 상 당수가 아동기 성적 학대의 경험이 있다는 사실을 알게 되었다. 비만 자체가 아동기 트라우마로 인한 우울, 불안, 공포에 대한 대처 기제라고 생각한 팰리티 박사는 아동기 학대의 경험과 사 망 간의 관련성에 대하여 미국 질병관리본부와 함께 1995년부 터 1997년까지 17,000명을 대상으로 연구를 진행하였는데, 연 구 결과는 실로 충격적이었다. 아동기 부정적 생애 경험(The Adverse Childhood Experiences, ACEs)의 영향은 신체 질환과 흡 연, 음주, 약물 남용 등의 행동, 그리고 학업 및 직업적 손상에 도 상관관계가 있었다. 더욱이 놀라운 사실은 아동기 학대 경 험에 의한 트라우마가 누적 효과를 보인다는 것이었다. 즉, 학 대 경험이 네 번 이상인 경우 알코올 중독은 7배, 폐기종은 4 배 증가하고, 학대 경험이 여섯 번 이상인 경우 자살률은 30배 증가하고, 수명은 평균 20년 감소하였다.

성적 학대 등 아동기 부정적 생애 경험(ACEs)은 사회, 정서, 인지적 결손을 일으키고, 건강 위험 행동을 높여, 결과적으로 질병과 장애, 사회적 문제 및 조기 사망에까지 이르게 한다. 이러한 아동기 트라우마는 신뢰와 관계 형성, 감정 조절 및 표현 능력에 손상을 미치며 자신과 타인들에 대한 믿음과 희망을 가질 수 있는 능력 및 인생관에 손상을 준다.

2005년 뉴욕 몬테피오르병원(Montefiore Medical Center) 소아과에서 환자 부모에 대한 아동기 부정적 생애 경험(ACEs) 선별 검사를 시행하여 부모의 회복 탄력성을 증가시키고, 아이와 애착을 강화해 가족적 반복을 예방하기 위한 시도가 있었다. 그 결과는 매우 고무적인데, 환아들의 응급실 방문이 줄었고, 아동들이 더 건강하게 정서·사회적으로 성장하였다. 정신질환자의 자녀들의 경우에도 이들이 경험하게 되는 트라우마가 그들에게 미쳤을 영향에 대해 개인적, 관계적, 공동체적, 사회적, 문화적 맥락에서 이해될 필요가 있으며, 수정된 경험을 통해 트라우마를 극복하게 도와야 할 것이다.

---

* 1945년 설립된 미국 최고, 최대의 통합 의료 그룹으로 종합병원 37개를 운영하고 있다.

엄마를 위해
네 아버지를
그냥 이해해다오.

브라이언은 살아오면서 아버지를 이해하거나 감당하는 일을 힘들어했던 청년이다. 엄마는 브라이언에게 "아빠를 용서해라"라고 요구했지만, 브라이언의 반응은 점점 더 '차가운 아이'가 되어가는 거였다. 그는 최근 3년간 사귀었던 여자 친구와의 관계를 청산하고 자신의 과거가 정서적으로 어떻게 영향을 미쳤는지에 대한 이해를 위해 심리 치료를 찾았다. 브라이언의 아버지는 진단이나 치료를 받은 적은 없지만, 몇 가지 특이한 행동을 보이고 있으며 아이들과 정서적으로 연결되지 못하고 있었다.

에곤 실레 〈거울 앞에 선 누드모델을 그리는 자화상〉 1910년

에곤 실레(Egon Schiele, 1890~1918)가 열다섯 되던 해, 매독으로 세상을 떠난 아버지의 죽음에 대해 어머니는 냉담했다. 자식들에게도 무관심하고 냉담했던 그녀는 화가가 되겠다는 아들 실레를 비난했다. 미술 공부를 하는 실레에게 보낸 편지에서 그녀는 저주를 퍼붓는다.

"너는 많은 돈을 쓸데없이 낭비하지 않았느냐. 너는 다른 걸 할 시간은 있어도 어미한테 할애할 시간은 없지. 하느님은 너를 용서할는지 모르지만 … 난 네 녀석을 저주한다. 어미의 저주가 너를 그냥 놓아두지 않을 것이다."

병적으로 집착했던 소녀들의 누드, 뒤틀린 자화상의 신경증적인 표정 모두를 소년 시절의 가정 환경 탓으로 돌릴 순 없지만, 가볍게 지나칠 수도 없다. _ 편집자

1차 인터뷰

🧑 당신은 아버지가 진단받은 건 아니지만 어떤 정서적 문제가 있다고 얘기했습니다. 아버지에 대한 첫 기억은 어떤 것인가요?

제가 아주 어렸을 때일 거예요. 아마 서너 살 무렵쯤이었을 텐데, 엄마 방으로 달려가서 엄마에게 아빠와 형이 화가 나서 나를 죽일까 봐 무섭다고 이야기했던 기억이 납니다. 엄마가 저를 위로해 주셨지만, 정말 두려웠었습니다. 당시 저는 아빠를 매우 경계했습니다. 아빠가 저를 놀려대곤 했는데, 멀쩡하다가도 갑자기 저를 호되게 꾸짖곤 했습니다. 아버지가 저를 몇 번 때리기도 했는데, 형과 누나에게는 더 난폭했습니다.

아홉 살인가 열 살 무렵, 저는 아빠가 항상 주체할 수 없는 분노를 가지고 있다는 사실을 알게 되었습니다. 아빠는 늘 두려움에 빠져 있었습니다. 아빠의 어린 시절 아빠 집이 경제적 어려움을 겪었고, 집안의 모든 물건을 법원이 압류하여 가져가는 걸 손도 쓰지 못하고 지켜봐야만 했었다는 얘기를 들었습니다. 그리고 할아버지 할머니가 아빠를 육체적으로 학대했다는 얘기도 들었습니다. 허락없이 마당에 나가거나 하는 아주 사소한 일에도 매를 맞았다고 했습니다. 아빠 말씀에 따르면, 할아버지 할머니는 손가락에 커다란 반지를 끼고 계셨는데, 그래서 더 상처가 났다고 힘주어 말씀하셨어요. 그분들은 정말 그렇게 의도적으로 아빠에게 잔인하게 대했었던 것 같아요.

그래서 저는 어렸을 때조차 아빠가 그렇게 힘들게 자랐다는 사실을 알았지만, 아빠가 하는 행동 중 일부는 정상이 아니었습니다. 예를 들면, 아빠는 늘 부엌에 있는 은그릇과 컵과 접시를 세곤 했는데, 비싸거나 값나가는 것들은 아니었습니다. 그냥 평범한 살림살이였을 뿐이었죠. 그런데 하나라도 없어지거나 제자리에 있지 않으면, 그리고 제발 그럴 일이 없기를 바라지만, 손상되거나 깨지기라도 하면 아빠는 집안을 돌아다니며 한 명 한 명 붙잡고, "네가 그랬냐? 네가 가져갔냐? 네가 이걸 여기다 두었냐?" 하며 채근했습니다.

저는 어린 나이에 몹시 불안감에 휩싸였다고 기억합니다. 아빠의 주위에는 오로지 많은 불안 요인들뿐이었습니다. 층계를 올라오는 아버지의 발자국 소리가 들리면 무서웠습니다. 아버지가 방문을 두드리는 소리는 "들어가도 되니?"가 아니라, "조심해라, 내가 들어간다"였습니다. 저는 "아니에요, 여기로 올라오지 마세요"라고 말하는 형을 뒤쫓아 아빠가 층계를 오르던 일을 결코 잊지 못할 겁니다. 아빠가 형 방으로 들어가 형을 때리는 소리와 형이 울부짖는 소리가 닫힌 방문을 넘어 들렸습니다. 아빠의 그런 행동을 말려줄 엄마는 마침 집에 안 계셨습니다.

저는 고등학교 때 엄마께 아빠와 이혼해야 된다고 말씀 드렸습니다. 엄마는 그런 이야기를 나누길 원치 않았습니다. 평소에 별 말이 없던 저로서는 엄마께 그런 얘기를 건네는 일이 쉬운 일은 아니었는데 말입니다.

🧑 아버지를 폭발하게 한 게 무엇이었는지, 또는 형의 어떤 행동이 아버지를 화나게 했는지 정말 알 수 없었겠군요. 아버지가 당신에게도 화를 냈나요?

자라면서 저는 사람들에게 '차가운 애'로 인식되었습니다. 감정을 잘 드러내지도 않았고, 행동은 거만했습니다. 아빠는 정말 이상했어요. 아빠가 무언가에 화가 나 욕을 시작하면 멈추질 못하고 계속 이어졌습니다. 제가 방에서 숙제나 컴퓨터를 하고 있을 때면 제 방에 들어와, 무언가에 대해 불평을 털어놓곤 했습니다. 저는 아빠의 그런 행동을 전적으로 무시했지만 아빠의 불평은 계속 이어졌죠. 아빠가 저에게 초점을 맞추거나 제가 하는 일에 대해 욕하려고 하면, 저는 자리에 가만히 앉아 그냥 멍하니 있으려고 했습니다. 아버지는 그게 무엇이 되었건 간에 끊임없이 집착했습니다. 그러다 보면 결국 멈추고 나가곤 했죠. 저는 처음부터 끝까지 한마디도 하지 않고 가만히 앉아 있을 수 있었어요. 사람들이 무언가에 화를 낼 수도 있다는 사실은 알지만, 이건 정말 정상이 아니었습니다.

🙍 당신이 아버지를 무시하거나 듣지 않으려 하면, 아버지가 당신을 버릇
없고 무례하다고 생각하지 않을까 하는 걱정은 없었나요?

음, 그건 생각지도 못했습니다. 아버지는 결코 그렇게 반응
하지는 않았거든요.

🙍 어떤 부모들은 그런 반응을 참고 넘어가지 않죠. 부모에게 버릇없어
보일 수도 있고, 적어도 상황을 더 악화시킬 수도 있거든요. 아버지에
게 위협을 느끼진 않았나요?

아니요. 십대 때까지는 그렇지 않았습니다. 아빠의 불평은
바닥을 드러낼 때까지 계속되었고, 그러다 방을 나가곤 했
어요. 저는 아빠가 충동적으로 저를 때릴 수도 있다고 생각
했지만, 그땐 좀 달랐던 것 같아요. 다만 아빠는 도저히 자
신을 멈출 수 없었던 거예요.

🙍 아버지와 무언가를 함께하거나 당신에게 도움을 주었거나 보다 밀접
하게 느껴졌던, 그런 좋은 추억은 없나요?

어렸을 때 아빠와 함께 테니스 치는 건 좋았어요. 제가 아
빠를 이기는 수준에 오르기 전까지는 말이에요. 중학교 다
닐 때는 엄마께서 우리의 학교 숙제를 도와주는 일을 아빠
께 맡기곤 했는데, 결국은 늘 아빠의 화를 불러 일으키곤

했습니다. 저는 비참한 기분으로 가만히 지켜보기만 했었어요. "우리 함께해보자"가 아니라, "내가 화내면서 이 일을 하는 동안 잘 지켜봐" 하는 태도였습니다. 쳐다보면서 참고 견뎌봐라 하는 거였죠.

한번은 아빠가 갈퀴로 낙엽을 모으는 마당 일을 도와달라고 불렀는데, 역시나 같은 식이었어요. 아빠는 자신이 요구하는 대로 정확하게 일처리가 되지 않자, 비명을 지르고 고함을 치며 비이성적으로 변했습니다. 아무리 노력해본들 소용이 없었습니다. 제 얘기는 아빠가 일처리에 얼마나 까다로웠는지의 문제가 아니라는 의미입니다. 오로지 비이성적일 뿐이었다는 얘기예요.

초등학교 시절의 하루 일과는 대개 어땠어요?

엄마는 일을 하셨지만 학교에서 집에 돌아오면 대개는 집에 계셨어요. 외할머니가 자주 오셨고, 우리는 모두 잘 지냈어요. 엄마와 친하게 이야기도 많이 나누었고, 아빠가 안 계실 때는 기분이 괜찮았어요. 아빠가 늦게 집에 돌아오시면, 저는 아빠를 피하려고 했지만 가족이니 저녁 식사를 함께해야 했습니다.

그럴 땐 어땠어요?

늘 긴장된 분위기였습니다. 아버지가 무엇인가에 화를 내기 시작하면, 형은 아빠와 싸웠고 누나는 울기 시작했어요. 하지만 저는 마치 돌로 만들어진 듯 '차가운 아이'였고, 어떤 반응도 드러내지 않았습니다. 그냥 관계를 단절해버렸던 거예요. 저는 아빠가 무얼 하건 무시하려고 애썼습니다. 아무 일도 없는 듯 행동했죠. 모두들 제가 어떤 감정도 갖고 있지 않을 거라고 생각했을 거예요. 형과 누나를 보며 생각했죠. '입 좀 닥치고 있지 그래! 이건 전혀 도움이 되지 않는다고. 우리는 이 상황을 전혀 통제할 수 없어. 소용없는 일이라고. 상황은 변하지 않을 테니 우리가 결국 상황에 맞춰야 하는 거라고.'

🧑‍🦰 **십대 때는 상황이 어떻게 변했어요?**

한번은 아빠와 제가 개를 데리고 밖에 나갔어요. 사실 멀리 간 게 아니라 그냥 뒷마당에 서 있었는데, 아빠가 갑자기 "네 엄마와 결혼하는 게 아니었어"라고 말씀하시는 거예요. 고작 열네 살 아이에게 아빠가 할 얘기는 아니잖아요. 저는 아무 말도 하지 않았지만 기분은 매우 언짢았습니다. 또한 아빠가 그에 대한 어떤 조치도 하지 않을 거라 생각했습니다. 아빠는 그냥 그 속에서 허우적거릴 뿐이었습니다. 아버지는 매우 부정적인 사람이었고 불평이 많았습니다. 저는 만약 아빠와 엄마가 실제로 갈라선다면, 친구가 전혀 없는 아빠는 어떻게 해야 할지 모를 거라고 생각했습니다.

사실 엄마 없는 아빠를 상상할 수 없었고, 마찬가지로 아빠 없는 엄마 또한 상상할 수 없었습니다. 엄마에겐 친구가 많았지만, 경제적 문제를 헤쳐 나갈 수 있을까 하는 확신은 없었습니다. 아빠가 늘 잘했던 한 가지 일은 우리를 경제적으로 부양한 것이었습니다. 그 점에 대해서는 감사히 생각하고 있으며, 아빠에게도 그 일이 많은 의미를 갖는다는 사실 역시 알고 있습니다.

🧑 형과 누나가 십대 후반이었을 때 당신은 그보다 몇 살 어렸었는데, 그들은 집에서 어떻게 지냈습니까?

형은 고등학교와 대학 시절에도 우울증을 앓았습니다. 누나도 어느 정도 그랬다고 알고 있지만, 형의 상태가 심각했던 것 같았어요. 형은 수년간 몇 가지 약을 복용했었는데, 지금은 훨씬 나아졌습니다. 아빠는 이런 모든 일에 냉소적이어서 저에게 "형이 관심 받으려고 저러는 것이다"라는 식으로 이야기했습니다. 부모라면 자녀에게 절대 그렇게 말해선 안 된다고 생각했어요. 부당하다고 느꼈고, 형은 실제로 많이 우울해 하는데 아빠가 인식하지 못한다는 생각이 들었습니다. 형은 한동안 혼자 고립되어 비디오 게임을 하며 지냈습니다. 저는 형이 방 밖으로 나오길 바랐어요.

제가 고등학교에 들어가고 몸집이 커졌을 때, 아빠가 한 번은 제 어깨를 때리는 거예요. 제가 아빠에게 말씀드렸죠.

"또 다시 제게 그러면 가만있지 않을 거에요. 전 이제 충분히 그럴 만한 나이예요. 그걸 알아야 해요!"

그때 제 나이가 열다섯 살이었는데, 그 후로 아빠는 그러지 않았습니다.

하지만 형은 달랐습니다. 형이 대학을 다니다 집에 왔는데, 무슨 일인가로 아빠가 형의 팔을 쳤어요. 하지만 형은 웃기만 할 뿐 다른 반응을 하지는 않았습니다. 아마도 형은 '그냥 웃긴 일이야'라고 생각할 뿐인 듯했습니다. 엄마는 화를 냈지만, 형은 그렇지 않았던 거죠.

당신이 커가는 동안 아버지가 당신을 당황케 한 적은 없었나요?

아빠는 사회적으로 정말 서툴렀습니다. 새로운 사람을 만나는 자리에서는 매우 수줍어했어요. 아빠는 어떻게 대화를 이끌어나가거나 상황을 진전시켜야 하는지 전혀 몰랐고 매우 불안해했습니다.

사람들과의 대화 도중 상대방이 농담을 건네면 이해하지 못해 대처할 줄 몰랐는데, 실제로 사람들이 나누는 대화를 듣고 있지 않았죠. 마치 이해한 듯 웃을 때도 있었지만, 사실은 전혀 그렇지 않았던 것입니다.

🎭 **친구들을 집에 놀러오게 했나요, 아니면 그런 일들을 피했나요?**

초등학교 때 집에 놀러와서 자곤 했던 친구는 두 명뿐이었습니다. 그래서 저는 우리 집보다는 친구들의 집에서 더 많은 시간을 보냈죠. 중고등학교 때는 아빠에게는 안 된 일이지만 친구들을 초대하는 경우에도 아빠를 신경 쓰지는 않았습니다. 저는 아빠에게 문제가 있으며, 그 문제는 아빠 자신이 처리해야 할 문제라는 사실을 깨달았습니다. 아빠의 문제가 제 인생에 영향을 끼치게 할 수는 없었습니다. 제가 물어보면 싫다고 거부했을 거란 의미는 아니지만, 아빠가 이상한 행동을 할 수도 있다 해서 친구들과 집에서 어울리는 일을 피하지는 않기로 한 거죠.

🎭 **아버지에 대한 친구들의 반응은 어땠나요?**

친구들이 한 말에 대해서는 잘 기억나진 않지만, 제가 "내 아빠는 바보야" 뭐 이렇게 이야기하면 친구들은 "맞아" 하고 맞장구쳤어요.

한번은 친구들과 버몬트로 간 적이 있었는데, 부모님도 같이 갔었습니다. 엄마와 아빠는 같은 차에, 저와 제 친구들은 다른 차에 타고 있었는데, 아빠와 제 친구가 동시에 차문을 열면서 차문끼리 서로 부딪쳤어요. 아빠는 자기 차에 완전 집착하고 있었죠. 차에 긁힌 자국이 어디에 있으며, 또 자국들이 언제 어떻게 생겼는지도 정확하게 알고 있을 정도였습니다. 차문이 서로 부딪혔을 때 아빠는 완전히 광분했어요. 나중에 친구가 제게 말하더군요.

"네가 아빠에 대해 이야기한 적이 있었지만, 이제야 알겠네!"

그 일은 아빠가 스스로를 어찌하지 못했던 분명한 순간이었습니다. 물론 차문에는 아무 이상도 없었습니다. 사실 차문이 크게 닿았던 것도 아니었습니다. 나중에 아빠는 늘 그랬던 것처럼 사과했습니다. 하지만 어떠한 행동으로 나아가지 않았기 때문에 시간이 지날수록 아빠의 사과는 제게 점점 무의미한 일이 되어갔습니다. 아빠는 자신의 행동을 바꾸려는 어떠한 노력도 하지 않았습니다. 아빠는 자신의 사과가 무엇에 대한 건지도 알지 못하는 것 같았습니다. 아빠는 다른 누군가를 속상하게 한 데 대해 미안함을 느끼는 듯했지만, 정작 사람들이 왜 화가 났는지는 이해하는 것 같지 않았습니다.

🧑 그때, 당신은 아버지의 그러한 반응에 당신의 책임이 있을지 모른다는 생각은 하지 않은 것 같은데, 당신이 아버지를 진정시켰어야 한다거나 그런 일들을 막았어야 한다는 생각은 없었나요?

어릴 적에 저는 정말 마음에 담아두고 상황을 개선하기 위해 제가 무엇을 할 수 있을지 생각했었을 거예요. 언제쯤 변했는지 정확히 말씀드릴 수는 없지만, 제가 중학교 2학년이나 3학년쯤에 '아빠는 어린애처럼 행동하고 있는 거야'라고 생각하게 되었던 것 같아요. 형과 누나는 제가 그때까지 생각했던 것보다 더 깊이 아빠의 행동에 대해 생각했을 거라고 판단합니다.

누군가 당신에게 "이건 네 잘못이 아니야. 네 아빠에게 심각한 문제가 있는 거야"라고 말해줘도 당신에게 안도감을 안겨주지는 못했을 거예요. 당신은 오히려 "그래, 그래서 새로운 게 뭔데? 나는 이미 알고 있어. 그래서 당신은 어떻게 할 건데?"라고 생각했던 것이군요.

정확합니다. 그것들은 아빠의 문제들이지요. 제가 그런 문제들을 야기한 것도 아니었고 도울 수도 없었습니다. 아빠가 도움을 받을 수 없었고, 자신의 행동을 이해하기 위한 어떤 노력도 하지 않은 것이 제 잘못은 아닙니다. 누나는 아직도 책임감 때문에 아빠 주위에서 조심스럽게 행동합니다.

교사나 코치, 친구 부모 등 다른 주위 어른들과는 어땠어요?

저는 심지어 어른이 된 지금도 강인한 사람들을 따르며, 그들의 기대에 부응하기 위해 노력하는 자신을 발견합니다. 테니스를 꽤 잘했었던 어린 시절에는 테니스 코치에게, 그 후에는 음악에 흥미가 있어 남자 음악 선생님에게 끌렸습니다. 솔직히 말씀드리자면, 제가 음악가가 될 것이라고 생각했는데, 그건 제 고등학교 시절에 큰 영향을 미쳤습니다.

저는 그들의 기대보다 더 나아가길 원했습니다.

🔵 **당신이 성인이 된 지금 부모님과의 관계는 어떻습니까? 그분들은 서로 어떻게 지내나요?**

그분들은 여전히 함께 지내고 계시고, 엄마는 당신이 참을 수 있는 일과 그렇지 못한 일을 더 잘 구별하는 것 같습니다. 그리고 아버지는 당신 자신에 대해, 특히 다른 사람에 대한 자신의 행동에 대해 조금 더 인식하게 된 것 같아요.

🔵 **요즘은 부모님을 어떻게 대하고 계신가요?**

대학 졸업 후, 특히 작년에 저는 부모님과 더 많이 대립했었어요. 그 이유 중 하나는 심리치료사와 이야기를 나누었던 때문일 수도 있겠습니다.

저는 부모님 집의 별채에 세들어 살았습니다. 몇 달 전에 아버지와 저는 바보 같은 일로 말다툼을 벌였었는데, 아마 인터넷 연결 문제였을 거예요. 저는 더 이상 진전이 없을 거라는 확신에 집을 나가려고 하는데, 아버지가 그때까지도 흥분한 채 저를 계속 따라왔습니다. 저를 따라다니면서 아버지는 계속 소리를 질러댔습니다. 그때 저는 무너져 울었는데, 어디로 가야 할지 정말 막막했습니다. 예전에 늘 그랬었던 것처럼 신경을 끊은 채 무심하게 있을 수 없었습니다. 아버지는 제게 그 일을 처리하라고 강요하고 있었던 거예요. 그래서 처음으로 아버지에게 달려들었습니다. 이성을 잃고 아버지에게 "입 닥치세요!"라고 계속 소리 질렀습니다. 누구도 저의 그러한 행동을 본 적이 없었기 때문에 아버지는 놀란 토끼 눈으로 저를 빤히 쳐다보았습니다. 저는 감정을 표출하지 않는 차가운 사람이었는데, 소파를 내리치면서 아버지에게 "그 입 닥치세요, 더 이상 못 견디겠어요"라고 계속 소리 질렀던 거예요. 그렇게 울부짖다가 방으로 들어가 문을 쾅 닫아버렸습니다.

🧑 꽤 상황이 격렬했고 당신에게는 정말 다른 상황이었겠습니다. 그 후 어떻게 느꼈어요?

그러고 나니 사실, 기분이 꽤 괜찮았습니다. 제가 늘 순한 사람이 되어야 하는 것은 아니었습니다.

🧑 좋은 지적입니다.

저와 엄마의 대립도 더 했습니다. 엄마는 발산할 만한 어떠한 창구도, 자신의 애기를 털어놓을 사람도 없었어요. 재작년쯤인가 꽤 감정적인 대화를 나눴는데, 엄마는 스스로를 불행하다고 하였습니다. 계속되는 전쟁 같은 상황에 엄마는 행복해 할 수 없었던 거예요. 현실은 두 분 중 어느 한 분이 없다면 서로 무엇을 할 수 있을까 하는 것입니다. 엄마는 늘 이렇게 이야기합니다.

"우리에게 문제가 있긴 하지만, 모든 가족들이 다 그래."

하지만 엄마와의 대화는 제 생각의 타당성을 입증해주었습니다. 우리의 문제가 짐이 아니라는 사실을 깨닫게 해준 것이죠. 덕분에 저는 우리의 상황을 더 잘 이해할 수 있게 되었습니다. 엄마는 아버지를 결코 험담하지 않았지만, 사람들이 좀 쉽게 넘어갔으면 좋겠다고 이야기했습니다. 저에게 가장 힘들었던 일은 잘못은 아버지가 했는데 엄마가 저희더러 아버지에게 사과하라고 할 때였습니다.

🧑 원래 그래야 하는 거라고 생각했나요? 그리고 그 방식은 아버지의 한계를 이해하고 그 대부분의 한계를 극복하려는 노력이었나요?

글쎄요. 그게 항상 그렇게 명확하게 구별되지는 않았습니다. 아버지는 종종 끔찍하게 운전을 할 때가 있었어요. 우리는 작년에 차를 가지고 멀리 산악지대로 가족여행을 갔었는데, 아버지가 매우 좁고 구불구불한 길을 운전하고 있을 때였어요. 지난 휴가 때 아버지가 끔찍하게 운전하는 바람에 제가 무척 화냈던 일을 아버지는 알고 있었죠. 그리고 앞서 말씀드렸다시피 아버지는 다른 사람을 화나게 하는 걸 안 좋아하기도 했죠. 그래서 제가 속도를 좀 늦추자고 얘기하면 들을 거라 생각했습니다. 그런데 아버지가 계속 핑계를 대는 거였어요. 이모와 엄마가 아버지께 계속 "우린 당신의 운전을 걱정하는 게 아니라, 다른 운전자를 걱정하는 거란 말이에요"라고 얘기했지만, 저는 '난 다른 사람들의 운전은 걱정 안 해, 아버지가 걱정되는 거라구'라고 생각했습니다. 결국 '내가 더 이상 뭘 어쩔 수 있겠어'라는 생각에 이어폰을 꽂고는 좌석에 푹 기대 앉아 그냥 입을 다물었습니다. 다행히도 앞자리는 아니었습니다. 나중에 아버지가 사과를 했지만 이번에도 자신이 무엇을 사과해야 하는 건지는 모르는 것 같았습니다.

그래서 제대로 한번 목소리를 높였죠. 아버지가 했던 일에 항의했지만, 여전히 소용 없는 일이었습니다.

🎧 **함께 차에 있던 다른 사람들의 반응은 어땠어요? 당신은 위험을 느꼈나요?**

네, 진짜 위험했습니다. 우리 중에는 열 살 무렵의 여자아이도 있었어요. 엄마가 차에서 내리면서 "줄리는 아무런 불평없이 차를 잘 타니 모범 승객으로 상을 줘야겠구나"라고 말씀하셨는데, 그 말은 저를 향한 직격탄이었습니다. 제가 반발하자, 엄마는 저에게 "아버지를 이해하고 너무 몰아세우진 않았으면 좋겠구나"라고 하셨어요. 아빠를 왜 그렇게 이해하지 못하니, 왜 그처럼 아버지를 몰아세우는 거니 하는, 기본적으로 아버지에 대해 더 잘하라는 압박이었던 거죠. 그래서 제가 말씀드렸어요.

"생각해보세요. 도대체 용납할 수 없는 일이에요. 반대방향에서 오는 차가 있었다면, 우리는 세 번이나 죽을 뻔했 단 말이에요."

제 말에 엄마가 대답하셨죠.

"이제 그 이야기는 그만하자. 엄마를 위해 아빠를 이해해 줬으면 좋겠다."

2차 인터뷰

🧑 첫 인터뷰 후 2주가 지났네요. 이후에 무슨 생각이 들거나 반응이 있 었나요?

네, 이야기를 하면서 제가 얼마나 감정적으로 닫혀 있었는 지 생각하게 되었어요. 저는 아직도 제 자신을 잘 표현 못 하고 남들과 섞이지 않죠. 저는 제 스스로 마음의 문을 닫 고 상대에게 맞추곤 했는데, 사실 제게 별로 좋은 일이 아 니었습니다. 저는 늘 괜찮다며 넘어갔고, 다른 사람의 사정 을 봐줬죠.

누나와 매형은 관계에 선을 긋는 데 매우 뛰어나서 그들 에게서 많이 배울 수 있었습니다. 아버지가 누나 집에 계단 을 만들어준 적이 있는데, 물론 중간중간 화를 내면서 말이 죠. 다음에 집을 고칠 일이 있었는데 그때도 아버지가 도우 려 했지만, 누나와 매형이 거절하며 아버지께 얘기하시더라구요.

"아뇨. 다시는 아버지와 같이 일하지 않을 거예요."

부모님들의 기분은 상했겠지만, 그 결정은 올바른 결정이었습니다.

🧑 그 밖에 어떤 일들이 당신에게 영향을 미쳤을 것이라고 생각하나요?

3년간 지속되었던 연애가 끝난 것에 꽤 화가 났었고, 대인 관계에 대해 부모님으로부터 배운 게 무엇이었는지 정말 궁금했습니다. 저는 그분들의 방식대로 흘러가는 것은 원하지 않는다는 사실을 알았습니다. 그래서 헤어지기 전에 여자 친구에게 얘기했었죠.

"당신과 나의 관계가 우리 부모님의 관계와 다른 점은 그분들은 결혼 생활에 대한 현실적인 이익을 중시했다는 점이야. 부모님은 집을 같이 소유하고, 이미 결정된 삶을 살면서 서로 얽혀 있어. 하지만 나는 그 삶의 모습이 어땠는지를 봤어. 그래서 하는 말인데, 우리가 집이나 자동차, 이런 모든 것들을 함께 가진다 한들 정서적 친밀감에 우선할 수 없어. 나는 정서적으로 만족스럽지 않은 관계를 유지하고 싶지 않아."

하지만 우리는 3년간 같이했음에도 여전히 그러한 관계가 잘 이루어지지 않았습니다. 실패한 것처럼 느껴지더군요. 정말로 관계가 지속될 수 있는지, 앞으로의 여정을 좋게 만들어 갈 수 있을지 신뢰할 수 없었습니다. 저는 매우 냉소적이 되어서 친구가 결혼할 때도 '글쎄, 운이 따르길 바래. 어떻게 되나 보자고'라는 생각을 했을 정도였으니까요. 일고여덟 살쯤에 저는 생각했었어요.

'나중에 커서 결혼을 하면, 나는 집의 한쪽을 쓰고 부인은 다른 한쪽을 쓰게 해서, 내 등에 칼을 꽂고 내 돈을 가져가는 일은 없게 할 거야.'

지금 와서 생각해보면 꼬마가 상상할 수 없는 이상한 생각이지만, 아버지가 사람들에 대해 행동하는 모습을 보며 배웠던 것이 확실해요.

제 자신을 표현할 수 있고, 비록 그게 말다툼일지언정 터놓고 말할 수 있으며, 저의 경계를 명확히 하는 것이 제겐 중요했습니다. 저에게 그러한 일은 어려운 일이었고, 처음부터 배워야 했습니다. 무엇이 옳고 그른지 스스로 평가할 수 없었습니다. 사람들과 섞이기 위해 그저 순응해버리는게 더 쉬웠습니다. 그렇게 저는 같이 일하기 쉬운 사람이었으므로 사람들은 저에게 끌렸고, 저도 그런 상황을 괜찮게 받아들였고요.

🎙 그게 당신의 순응에 대한 대가이군요. 모든 사람이 당신을 좋아했다니 당신은 정말 온화한 사람이군요.

그러는 동안 제 정신은 망가지고 있었고요!

🧑 **아버지처럼 될까 봐 두려워했던 적이 있습니까?**

물론입니다. 저는 그냥 화를 내도 괜찮다는 사실을 인정하는 게 힘들었습니다. 아버지처럼 하겠다는 의미는 아닙니다. 아버지가 자신을 통제하지 못하는 것을 보면서 어떻게 대처해야 하는지 몰라 화를 내는 상황을 두려워했던 것이죠. 저는 화란 것이 사람들을 다치게 하는 그저 쓸모없는 감정일 뿐이라고 생각했었습니다.

🧑 **자라면서 당신을 더 좋게 만드는 것이 있었다면 무엇이었을까요?**

아버지가 자신에게 어떤 문제가 있었다는 사실을 알고 그 문제에 대한 도움을 받을 수 있었으면 했습니다. 아버지는 사건이 일어난 후 늘 사과하곤 했지만 변하는 건 아무것도 없었습니다. 아버지는 달리 행동할 줄 몰랐고 배우려 하지도 않았습니다.

🧑 **지금까지 저와 함께 그런 얘기들을 전부 나누었는데, 어땠어요?**

좋았어요. 제가 이런 이야기를 하면 대부분의 사람들은 이상하게 생각합니다. 제가 아버지에게 매정하게 군다고 말이죠. 저는 아버지를 나쁜 사람으로 생각하는 건 아니라는 사실을 말씀드립니다. 하지만, 저는 아버지에게 화를 낼 권리를 가지고 있습니다.

아버지가 저를 위협하거나 군림하려 하지는 않았다는

당신 말을 그동안 깨닫지 못했습니다. 아버지 내면의 불안이나 스스로 다룰 수 없었던 무언가가 아버지로 하여금 그런 행동을 하게 만들었던 것이죠. 상황이 아버지를 화나게 만들었을 뿐, 아버지는 남을 괴롭히려고 의도한 사람은 아니었습니다.

할아버지보다 아버지가 낫다는 사실은 확실합니다. 아버지가 원한 건 관계였다는 사실을 깨달았습니다. 비록 여러 가지 방식으로 아버지가 저의 일을 망치긴 했어도, 저를 다치게 하려고 했던 건 아니었죠. 저는 사람들이 단지 이거 아니면 저거라는 흑백 논리로 설명되지 않는다는 사실을 깨달았습니다. 아버지가 실질적으로 경제적 지원을 해주신 데 대해서도 정말 감사드립니다. 하지만 아버지와 제가 정서적 유대를 맺을 수 없었다는 사실 또한 받아들이게 되었어요.

브라이언에 대하여 : 나의 고찰

브라이언은 최근에 치료를 받고 있고 자신과 가족, 어린 시절에 익힌 대처 방식들을 새롭게 알아가는 중이었다. 형제 중 나이가 어렸기 때문에 아버지의 화로부터 조금 비껴 있을 수 있었고, 또한 형의 저항이나 누나의 눈물이 상황에 별로 도움이 되지 않았었다는 사실도 관찰할 수 있었다. 그는 상황에 반응하지 않거나, 어떠한 감정도 드러내지 않는 방식을 선택하였지만, 성인이 된 후 브라이언은 그러한 선택에 한계가 있다는 것을 알게 되었다. 그는 부모님에게 순응하였었는데, 지금의 친구 관계와 연인 관계에서 자신이 지나치게 순응적이라는 사실을 알았다.

브라이언은 어머니와 좋은 관계를 가졌지만, 둘의 관계에서 한 가지 문제를 알아냈다. 어머니는 결혼 생활의 유지를 원했기 때문에, 어머니 자신을 위해 아버지에게 맞서지 말라고 브라이언에게 얘기했었다. 이상적 상황이라면, 어머니가 브라이언에게 그의 감정과 반응을 이해하며 타당하다는 사실을 알려 줄 수도 있었는데, 어머니는 그와는 반대로 브라이언의 반응을 이해하지 않았을 뿐 아니라 옳지 않다는 암시를 내비쳤다.

나는 브라이언 아버지의 분노가 딱히 개인적인 게 아니라는 이상한 사실을 발견했다. 인터뷰에서 내가 브라이언에게 말했듯, 만약 브라이언의 아버지가 브라이언을 위협하거나 협박하려 했다면, 아버지는 브라이언의 침묵이나 무관심을 절대 견디지 못했을 것이다. 아버지는 심한 불안과 강박적 사고를 소리 지르거나 화를 내는 방식으로 다루려고 했던 것 같은데, 이러한 성향은 아이들을 지배하거나 군림하려는 부모들의 성향과는 완전히 다른 것이다.

브라이언이 비록 그러한 아버지의 성향을 인식하지는 못했지만, 이러한 아버지의 무의식 덕분에 아버지가 모욕감이나 위협감을 느끼는 일 없이 브라이언이 노골적으로 화를 낼 수 있었다고 보인다. 브라이언은 일찌감치 아버지와 자신을 분리하였고, 어떠한 '연대된 수치심'도 느끼길 거부했던 것으로 여겨진다. 브라이언은 아버지에게 문제가 있다는 사실을 알고 있었고, 가족과 가족 외의 사람들과 그 사실에 대해 이야기를 나눌 수 있었다. 브라이언은 이러한 문제가 일어난 원인과 해결책에 대해 어떠한 방식으로도 책임감을 느끼지 않았다.

브라이언과 나는 그의 아버지가 심한 불안을 동반한 아스퍼거 장애[1]를 가지고 있을 가능성에 대해 이야기를 나누었다. 내 이야기에 브라이언은 납득했고, 분노의 폭발뿐 아니라 은그릇과 같은 물건들에 대한 집착, 사회적 관계에 대한 불편함, 특정한 일에 대한 경직성을 설명할 수 있었다. 아버지가 스스로의 문제에 대해 치료나 평가를 받은 적이 없으므로 이것은 단지 나의 추측일 뿐이다.

브라이언은 아버지의 정서적 무능에 대해 자책하지는 않았던 것으로 보인다. 하지만, 아버지의 무능은 나이 든 권위 있는 남성과의 관계 속에서 자신감을 잃어버리는 브라이언의 경

---

1 아스퍼거 장애(Asperger disorder): 대인 관계에서 상호 작용에 어려움이 있고 관심 분야가 한정되며 반복적인 행동 문제를 보이는 전반적 발달 장애의 일종으로, 사회적, 직업적으로 어려움을 겪게 되지만, 자폐증과는 달리 두드러지는 언어 발달 지연이 나타나지 않는다. 그러나 정상 언어 발달을 보여도 현학적이거나 우회적인 언어를 사용하는 경향이 있어 의사소통에서 어려움을 보인다.

향을 설명해줄 수 있다. '아버지에 대한 갈망'은 아버지와 유대 관계를 맺을 수 없었던 젊은 남성들에게 나타나는 매우 흔한 감정이다.

우리는 브라이언에게서 무엇을 배울 수 있을까?

형제 중 나이 어리다는 사실이 때로는 장점으로 작용한다. 가족 문제에 대한 책임감이 상대적으로 적고, 상황에 휘말리지 않은 채 다른 사람들을 관찰할 수 있기 때문이다.

다시 강조하건데 어린 시절의 대처 방식은 성인기 들어 재평가될 필요가 있다. 형과 누나가 아버지의 상황에 관여해보았지만 먹혀들지 않았던 사실에 비춰볼 때, 브라이언이 감정을 배제하고 감정의 동굴로 숨어든 일은 어린 브라이언에게 도움이 되었을 것이다. 하지만, 어른의 세계에서 그러한 방식은 통하지 않는다. 심리 치료는 침묵과 원통함, 순응의 감정에서 자신의 주장과 합리적 경계를 설정하는 변화의 길에 큰 도움을 줄 수 있다.

부모의 동기와 정서적 기질에 대한 이해는 자유롭고 분리된 자기 삶을 위해 큰 도움이 된다. 이러한 이해는 아이 또는 아이 같은 어른이 자기 자신과 문제를 가진 부모를 구별하고, 부모 자식 관계의 적절한 선을 긋는 데도 도움을 줄 수 있다.

오래된 지도

어린 코끼리를 말뚝에 묶어 키우면, 벗어나려다가 이내 포기하고 그 상황에 적응해버린다. 성장하여 줄을 끊고 나갈 수 있음에도 말뚝 주위를 벗어나려는 시도는 하지 않는다. 어린 시절 마음의 습관은 어린 코끼리를 묶어놓은 끈과 같다. 이미 지나간 날의 일들을 지금 연속되는 일처럼 착각하고, 어린 시절의 기억과 감정에 매여 지금의 상황을 벗어날 수 없는 현실로 여겨버리는 것이다. 실상은 꿈속에서 강도에게 쫓겨 두려워하다가도 깨면 그뿐이고, TV를 보며 울고 웃다가도 TV를 끄면 현실이 아닌 것과도 같은데 말이다. 이러한 현상을 불교에서는 전도몽상(傳導夢想)이라고 한다.

사람들은 내면의 욕망과 현실 사이의 갈등 해소를 위해 심리적 방어 기제를 작동하는데, 어릴 적 브라이언의 경우 그 방어 기제는 '침묵'이었다. 어릴 적 브라이언의 침묵은 아버지의 공격으로부터 자신의 세계를 지켜내는 데 도움이 되었지만, 자라면서 성인으로서의 삶을 풀어나가는 데는 도움이 되지 않았다. 오래된 방어 기제가 계속 작동하는 상황은 오래된 지도를 품고 목표를 찾아 항해하는 일과 같아서, 이미 변해버린 현실을 반영하지 못하고 엉뚱한 곳으로 흘러간다. 이럴 때의 해결 방법은 아주 간단하다. 새로운 지도를 품으면 된다. 그것이 새로운 관계나 심리치료, 혹은 명상이건 종교적 성찰이건 간에 새로 품은 지도가 지금 내가 처한 현실을 반영하는지 확인하라. 만일 현실과 다르다고 느껴진다면 꿈에서 깨어나 새로운 지도를 찾아야 한다.

어머니는 침실을
미드나이트 블루로
칠했어요.

팀은 세 아이의 둘째로 형과 여동생이 있다. 뉴 잉글랜드
지역에서 자랐고 가족은 여러 번 이사를 했다. 그의 부모
님은 팀이 열한 살 때 이혼하여, 아빠는 서부 해안에 살며
아이들에게 가끔 연락을 주고받을 뿐이다. 팀의 엄마는 간
간이 회복되기는 했지만, 수년간 우울증을 앓아서 아이들
은 제멋대로 자라게 내버려두었다. 팀은 엄마를 도우려고
했지만 엄마에게 많이 사랑하지 않는다며 질책을 받았다.
팀은 현재 자영업에 종사하며, 오랜 관계를 맺은 여자친구
와 함께 살고 있다. 아직도 우울증과 싸우고 있기는 하지
만, 스스로를 도울 여러 방법을 찾고 있다.

외젠 들라클루아 〈오필리아의 죽음〉 「햄릿」 삽화, 1843년

세익스피어 4대 비극의 주인공들은 모두 광기에 휘둘리는 인물들이다. 오셀로는 질투에, 멕베스는 권력에, 리어왕은 배신에 이성을 잃고 햄릿은 복수의 화신이다.

오필리아는 아버지 폴로니우스와 오빠 레어테즈의 반대에도 불구하고 햄릿을 사랑한다. 하지만 아버지를 죽인 숙부에게 복수하려는 햄릿은 미친 척하며 오필리아에게도 차갑게 군다. 햄릿에게 아버지가 죽임을 당하고 사랑마저 잃은 오필리아는 실성한 채 연못을 배회하다 빠져 목숨을 잃는다. 자살에 가까운 죽음이었다.

사랑하는 사람에게 버림받은 상실감을 어떤 고통과 비교할 수 있을까. 사랑하는 사람을 죽음으로 내몬 죄책감 역시 마찬가지다. 정신질환을 앓는 환자에 비해 상실감과 죄책감에 고통받는 그 가족들에 대한 사회적 관심은 여전히 부족하다. _ 편집자

🧑 엄마가 어딘가 아프다고 느껴졌던 첫 번째 기억은 어떤 게 있나요?

여덟 살 무렵에 우리 가족과 엄마가 무엇인가 잘못되었다는 느낌을 받기는 했지만, 구체적인 상황은 없었어요. 전에도 우여곡절은 있었죠. 부모님은 늘 다퉜지만 제가 여덟 살 무렵에 뭔가 더 악화되는 것 같았습니다.

🧑 어떤 걸 눈치챈 거죠?

제가 열 살에 엄마가 입원했다는 사실을 알았는데, 당시 제 기억은 텅 빈집 같다는 느낌뿐이었습니다. 아버지는 출장을 많이 다녔습니다. 이웃과 학교에 대한 기억은 또렷하지만, 엄마 아빠에 대한 기억은 그려지질 않습니다. 집이나 엄마 아빠를 기억하길 원치 않아서 그런 것 같아요.

🧑 이사를 많이 다녔네요. 그렇지요?

우리는 1~2년마다 이사를 했습니다. 어느 해인가는 엄마가 우리에게 매우 자상하게 대해주었는데, 엄마는 자신의 예술 작업을 위해 예술품과 공예품을 사러 다니고, 골동품을 사들이며 다른 예술가들과 어울리는 일에 대해 매우 행복해 했던 기억이 있습니다. 좋은 해였어요. 아마도 제가 일곱 살, 여덟 살 무렵으로 기억하는데 사실상 우리가 경험했던 최고의 해였습니다.

🧑 그해 이후에는 어떤 일이 있었습니까?

우리는 다시 이사를 했고, 전반적으로 모든 게 다시 텅 빈 듯한 기억만 어렴풋합니다. 열 살 무렵에 어머니는 입원했고, 그때까지 아빠는 여전히 우리와 같이 살고 있었습니다.

🧑 엄마의 입원에 대해 어떤 기억이 있나요? 당신에게 설명을 해준 사람이 누구라도 있었나요?

YPI(Yale Psychiatric Institute, 예일 정신의학원)란 글짜를 기억하는 것으로 보아 예일에 있었던 같네요. 하지만 그 누구도 우리를 앉혀놓고 무슨 일인지 설명해준 사람은 없었습니다. 2층인가 3층에 면회실이 있었고, 우리는 엄마를 보러 거기로 갔었어요. 저는 아마 엄마가 잠옷을 입고 있는 걸로 생각했던 것 같아요. 아홉 살 열 살짜리 아이가 정신병원에 있는 부모에게 무슨 말을 해야 할지 어떻게 알았겠습니까? 무얼 어떻게 해야 할지 몰라 서성거렸는데, 형이나 동생도 마찬가지였을 거예요. 우리는 올라가서 엄마에게 키스나 하려고 했는데, 기분은 정말 별로였어요.

🧑 엄마가 병원에 입원했을 때의 다른 기억은 어떤 게 있어요?

아빠는 우리 주위에 더 오래 머물며 부모 역할을 더 많이 해야 했죠. 아빠는 이전에는 한 번도 해본 적이 없었던 요리도 해야 했어요. 우리는 모두 몇 가지 요리와 TV에 나오는 저녁 요리법을 배워서 엄마가 집에 돌아왔을 즈음엔 엄마가 요리를 좀 덜 해도 되었습니다. 저는 형이나 여동생보다 더 많이 했어요. 점심을 준비하는 등 요리나 집안일도 좀 챙기려고 했어요.

제가 아침에 학교 갈 때 엄마는 일어나지 못했습니다. 집에 돌아올 때면 엄마는 계셨지만, 아마도 잠옷 차림으로 방에만 틀어박힌 채 아무것도 하지 않았을 거예요.

지금까지도 저는 집안에서 움직일 때 살금살금 다닙니다. 말하기에 좀 황당한 일이지만 사실입니다! 형과 여동생도 어릴 적에 모두 그랬습니다. 우리는 마치 들키면 안 되는 사람처럼 살금살금 다녔습니다. 저는 지금 여자친구와 같이 살지만 각자의 방을 따로 씁니다. 저는 여자친구가 저를 자기 방으로 부르는 걸 정말 싫어합니다. 어릴 적에 조금이라도 시끄럽게 굴면 엄마가 저에게 고함을 지르거나 방으로 불러서는 등을 주물러달라고 했기 때문이죠. 정말 오싹한 일이었습니다. 엄마의 목소리를 듣고 싶지 않았던 우리는 되도록 조용히 움직여야 했어요. 엄마가 부르면 우리는 코코아 버터로 목이나 등 마사지를 해드려야 했습니다. 성적인 느낌을 주지는 않았지만, 엄마의 방 안은 늘 어두웠어요. 어머니는 삶이 끝나갈 무렵 침실을 짙은 청색(midnight blue)으로 칠했어요. 여동생이 "도대체 누가 이런 짓을 한 거야?"라고 했었죠.

🧑 형제들 모두 그 일에 대해 같은 느낌을 가졌나요? 엄마와 함께하거나 어울리는 시간이라기보다 불쾌한 시간이었다고요?

네, 그건 피해야 할 일이었습니다. 저는 그런 상황을 여전히 두려워합니다. 사귀던 여자친구가 아파서 돌봐줘야 하는 상황에서도, 그런 돌봄이 끔찍하게 느껴져 어떻게 할 수 없었을 정도로 제게는 엄청난 영향을 미친 거예요. 특이하게도, 저는 사람들을 돌보는 일을 대체로 좋아하지만, 어떤 특정의 상황에서는 섬뜩하게 놀라기도 한답니다.

여동생은 열네 살에 결국 집을 뛰쳐 나갔는데 캘리포니아에 있는 것이 알려져 결국 집으로 다시 오게 되었죠. 하지만 한편으로 우리는 여동생이 부럽기도 했습니다. 그후 엄마는 재혼했고 여동생 혼자 집에 남게 되었습니다. 여동생은 그 시절을 '코코아 버터 시절'이라고 얘기했었죠.

🧑 이러한 초기의 상황에서 아버지는 어디 계셨죠?

아버지는 일찍 일어나 일하러 갔고 밤 늦게 집으로 돌아오면 술을 마셨습니다. 아버지에 대한 기억은 잘 나지 않네요. 아버지는 정말 우리와 관계가 별로 없었습니다.

아버지는 출장을 많이 다녔는데, 엄마는 아버지가 출장 갈 때를 기다렸다가 우리를 앞혀 놓고는 이혼할 거라고 얘기했습니다. 아버지는 집에 잘 계시지 않았고, 집에 있는 시간이면 두 분이 자주 다투고 싸웠기 때문에 우리는 엄마의 말처럼 될 거라고 생각했던 것 같아요. 엄마는 우리에게 선택권이 있다고 했습니다. 엄마와 함께하거나 아버지와 같이 갈 수도 있었지만, 아버지는 캘리포니아에 살 예정이었습니다.

그 선택은 정말 어려운 결정이었습니다. 저는 그 선택에 죄책감을 많이 느꼈었던 것 같아요. 정말 아버지와 가고 싶었지만, 엄마가 자기와 함께하길 원한다는 사실을 알고 있었습니다. 우리마저 떠나면 엄마는 살지 못할 거라는 암묵적인 위협이 있었죠. 우리가 떠난다면, 그건 엄마와의 단절을 의미하는 것이기도 했구요. 우리는 모두 엄마 곁에 남기로 결정하였습니다. 아버지가 계신 곳에서 좋은 학교를 다니고, 아버지와 좋은 관계를 가질 수도 있었을 테고, 상황이 더 좋아졌을 수도 있었다는 생각에 지금도 그때의 선택을 후회하곤 합니다. 그 결정은 마치 감옥 문이 철컹 열리며, 나를 가두는 소리나 마찬가지였죠.

🔵 엄마가 자살할지도 모른다는 암시적 위협이 있었던 건가요?

네, 엄마는 한때 우울해지면 자살할 거라고 말했었습니다. 엄마가 그때 정확히 그렇게 말했는지는 확실하지 않지만, 의도는 분명했습니다. 만일 제가 떠난다면 분명 좋지 않은 무슨 일인가 벌어질 것이란 사실을 저는 알고 있었습니다.

🔵 그건 어린 아이였던 당신과 형, 동생들이 버티기에는 정말 엄청나고

부당한 책임이군요.

음, 이상했던 것은 이혼 후 우리가 엄마와 남기로 한 선택이 별로 의미가 없었다는 사실이에요. 엄마는 점점 안 좋아졌고 자신을 사랑해주지 않는다고 우리를 계속 비난했습니다. 한밤중에 우리 모두를 깨워 잠옷 차림으로 아래층으로 내려오게 했습니다. 우리는 졸려서 제대로 깨어 있지도 못했습니다. 엄마는 한밤중에 부엌 식탁에 우리를 모두 앉혀 놓고 몇 시간이고 히스테리 상태로 울고불고 소리를 지르며, "나에게 왜 이러는 거니? 왜 나를 사랑하지 않는 거냐?"는 말을 계속 반복했습니다. 동생의 말에 따르면, 엄마의 히스테리는 대개 저를 향했다고 하더군요. 저는 잘 모르겠어요.

우리가 "잘못했어요. 엄마 사랑해요"라고 가짜로 고백해야 겨우 멈추곤 했죠. 엄마가 술이라도 마셔 그랬다면 오히려 이해하기 쉬웠을 거예요. 하지만, 그렇게 불평을 늘어놓을 때도 술은 전혀 마시지 않았죠.

🧑 **형과 여동생의 반응은 어땠어요?**

그 당시 말인가요? 우리는 그냥 거기 앉아 있다가 엄마의 히스테리가 다 끝나면 침대로 돌아갔죠. 서로 놀리거나 할 때가 아니라면, 우리는 그 일에 대해 전혀 이야기하지 않았습니다. 형은 가능한 한 집 밖에 나가 있었고, 말씀드린 대로 여동생은 잠시 집을 뛰쳐 나갔었죠. 대부분은 제가 엄마를 돌봤던 것 같네요.

🧑 관심을 가지거나 집안 상황이 안 좋은 것을 알던 친척이나 선생님, 이웃 등 다른 어른들이 있었나요?

몇 년마다 이사를 다니는 통에 그런 친분은 거의 없었죠. 부모님은 친구도 거의 없었습니다. 우리는 다른 사람들로부터 고립되었던 것 같아요. 오래 지속되는 관계를 가져본 적은 거의 없었어요.

🧑 그 몇 년간의 기억은 고통스럽고, 생각하는 것조차 힘들어 보이는군요. 이야기를 하는 동안 그런 기분이 드는가요?

물론입니다. 안개 속을 헤매는 기분입니다. 기억할 수 없다기보다는 온통 안개 속에 싸여 있는 것 같아요. 어쩌면 그 당시도 그런 느낌이었을지도 모르겠네요. 집안은 언제나 무거운 분위기였습니다. 당시로 되돌아가 많은 기억들을 다시 꺼내고 싶은 생각은 없습니다. 뭔가 억압되었다기보다는 마치 텅 비어서 정말 공허한 것 같은 그런 느낌이에요.

🧑 그래서 당신은 어떻게 대처했나요?

만화책 보는 것을 좋아했는데, 제겐 매우 생생한 공상 속의 삶이 있었습니다. 여자, 특히 아주 작은 여자를 구출하는 상상을 오랫동안 가지고 있었죠. 팅커벨은 저의 '연인'이었어요. 제가 열 살, 열한 살, 열두 살이었을 때부터 제 손에 올려놓을 수 있을 정도로 아주 작은 여자를 상상하길 좋아했습니다. 그들은 안전하게 항상 저의 곁을 지키며, 저를 좋아하고 저와 시간을 같이 보내는 듯했죠.

우리에겐 수백 권의 만화책이 있었고, 만들어낼 수도 있었습니다. 여름이면 형과 저는 밤인데도 불구하고 밖으로 돌아다녔습니다. 아무도 신경 쓰지 않았습니다. 집으로 찾아가 놀던 친구들이 있었고 그 친구들도 저를 좋아했습니다. 하지만 저는 그 어디에도 어울린다는 생각을 못 했습니다. 어디에도 어울리지 않는다는 것, 그것은 제가 스스로를 인식하는 방식이었어요. 마치 현재 살고 있는 곳의 여러 이웃들이 저를 알아봐 주고 친근하게 대하지만, 그들과 겉돌고 있다는 그런 느낌 말이에요.

🧑 이 시기의 학교 생활은 어땠습니까?

노래 부르는 것을 좋아했는데, 한번은 선생님이 아이들 앞에서 제게 노래를 시켰습니다. 선생님은 제가 싫어하는 노래를 몇 곡 부르게 했는데, 노래를 망치고 나서 아이들 모두에게 비웃음을 샀어요. 선생님도 "정말 끔찍하구나"라며 비웃더군요. 그때부터 저는 사람들이 저를 보면서 비웃을지도 모른다는 두려움에 빠지게 되었고, 그 두려움이 이후

제 삶의 발목을 잡았죠.

제 작은 키 역시 제 삶의 발목을 잡았어요. 팔굽혀펴기도 많이 하고 키에 비해 힘이 꽤 셌는데도 운동 경기에 선수로 뽑히지는 못했으니까요.

🎧 다른 어른들이나 선배들 중에 당신을 도와주는 사람이 있었습니까?

정말 아무도 없었습니다. 형은 관심조차 주지 않았습니다. 사실 형은 저를 신체적으로 많이 괴롭혔고, 엄마는 그런 형을 말리지 않았습니다. 그 당시 아버지는 떠났고, 저는 스카우트나 그런 조직에도 속하지 못했었죠.

형이 때리거나 하지는 않았지만 원하는 게 있을 때면 저를 괴롭혔습니다. 저는 어린 시절 성질이 못됐다는 말을 종종 들었어요. 그 당시 가라데 강습을 받았었는데, 정말 좋아했었죠. 그러던 참에 형이 저를 괴롭히자 제가 가라데 폼을 잡았거든요. 그걸로 가라데 강습은 끝이었죠. 형이 다치는 걸 원치 않던 엄마가 저를 더 이상 가라데 도장에 다니지 못하게 했거든요. 엄마는 제가 형에게 덤비는 행위를 용납하지 못한다고 했습니다. 형이 저보다 20센티미터나 크고 20킬로그램 더 나간들 그게 무슨 소용이겠습니까? 형에게 반격할 단 한 번의 기회였기 때문에 저는 정말 화가 났지만, 엄마는 제가 아닌 형을 감쌌습니다.

🧑 엄마가 당신에게 조언을 하거나 가르침을 주는 식의 좋은 관심을 기울 였던 적이 있나요?

아주 가끔이요. 하지만 그렇게 따뜻하지는 않았었습니다. 한번은 저를 괴롭히는 아이의 얼굴을 때려도 좋다고 엄마가 이야기했는데, 엄마의 관심을 받는 경우가 거의 없었기 때문에 그 말을 귀기울여 들었어요. 결국 저는 여차저차 다른 아이를 때려줬는데, 제 생각에도 잘한 행동이었어요.

제가 어렸을 때는 엄마가 더 관심을 주셨고 더 도와주려고 했습니다. 숙제도 도와주고, 무슨 일 때문인지 학교에도 같이 가주었습니다. 여느 가정처럼 엄마가 행복해 하고 우리에게 더 많이 관심을 기울였던 그 한 해 동안은 좋았던 엄마로 기억합니다.

🧑 당신과 형은 엄마나 다른 어른과 친하게 지냈거나 그 외의 친한 관계 는 없었던 모양이네요.

그건 꽤 많은 것을 설명해주죠. 그래도 2년 후 엄마는 기분이 더 나아지고, 부엌 식탁에서의 암울한 대화도 한동안 없었습니다. 엄마는 데이트도 했습니다. 엄마는 그 남자와 재혼했는데, 꽤 괜찮은 남자였습니다. 하지만 그에겐 이미 두 아이가 있었기 때문에 우리와는 별로 밀접한 관계를 맺지는 않았습니다.

우리는 다시 이사를 갔죠. 그 무렵 저는 우울하고 혼란스러웠습니다. 얼마 지나지 않아, 엄마와 새아버지 사이에 싸움이 시작되었고, 예전과 같은 상황이 다시 반복되었습니다. 엄마는 저를 포함한 모든 사람에 대해, 정말 세상의 모든 것에 대해 화를 냈습니다.

엄마가 치료사를 만났거나 약을 복용했던 적이 있었나요?

엄마는 늘 정신과의사나 다른 사람들을 만났지만, 여동생과 저는 엄마가 그들에게 모든 사실을 털어놓지는 않을 거라며 농담을 하곤 했습니다. 동생이 농담처럼 얘기했죠.

"자기가 얼마나 못된 여자인지 그 사람들에게 말하지는 못할 걸."

무슨 약인지 기억 나지는 않지만, 약도 복용했습니다. 하지만 열심히 약을 먹은 것 같지는 않았습니다. 별다른 차도를 보이는 것 같지도 않아서 저도 그다지 관심을 기울이지 않았어요. 누군가로부터 어머니에게 양극성 장애가 있다는 얘기를 들었는데, 그럴 수도 있다고 생각했습니다.

엄마가 재혼하셨을 땐 어땠어요?

우리는 새아버지를 좋아했지만, 말씀드린 대로 그분이 롤모델로서의 역할을 하거나 그러지는 않았습니다. 우리는 엄마가 늘 방에 누워만 지내며 자해를 할까 두렵다는 이야기를 했지만, 새아버지는 우리 얘기를 무시하고 들으려고

도 하지 않았어요. 자신을 위해서라도 그러한 사실들을 알았어야 했는데 말이죠. 그는 몇 년 더 있다 대학으로 떠나면서 엄마와 이혼했습니다. 엄마는 곧바로 다른 남자를 만나 세 번째 결혼을 했습니다.

🎧 그때 당신의 형제들은 어땠습니까?

형은 오래 전에 가족과 연을 끊었습니다. 제 나이 서른 살쯤 되었을 때였어요. 엄마가 형이 제게 쓴 편지를 보여주었습니다. 형은 자신이 더 이상 이 가족이 아니며, 가족 누구와도 아무 관계가 없다고 하며 종지부를 찍었습니다. 그 이후 형에 대한 얘기는 아무도 듣지 못했습니다. 그게 20년 전이군요. 결국 저와 제 여동생만 남았던 것 같습니다.

🎧 정말 끝이었다는 생각이 드네요. 무엇이 형을 그렇게 만들었는지 모르시나요?

모르겠습니다. 어차피 형과 연락하며 지내지 않았기 때문에, 크게 달라질 것도 없었습니다.

🎧 청소년 시절 당신과 아버지 사이는 어땠습니까?

열다섯 살 무렵에 런던과 파리에서 아버지를 만났었습니다. 그때 아버지는 유럽의 여러 도시에서 일을 하던 중이어서 저는 유럽 여러 지역에서 아버지를 만났습니다. 그리고

나서 얼마 후, 형과 여동생과 함께 유럽으로 가 아버지와
몇 주간 같이 지내기도 했습니다.

🔘 **아버지와는 어떻게 지냈어요? 아버지는 어떤 사람이었나요?**

아버지는 아주 냉담한 분이었습니다. 술을 많이 마셨고,
항상 양복을 입었습니다. 아버지는 꽤 훌륭한 분이었지만,
진정으로 공감하여 마음을 터주거나 친근한 편은 아니었습
니다.

우리들이 함께 찾아가거나 저 혼자 찾아가도, 아버지는
거의 대부분의 시간 일을 하고 있었고, 일거리를 집으로 가
지고 돌아왔습니다. 우리에 대해 그다지 알려고 하지도 않
았어요. 하지만, 제가 동전 수집하는 것을 알고 한번은 동
전들을 가져다 주었어요. 그 일은 꽤 좋았죠.

🔘 **아버지가 집안일에는 관심을 가졌나요? 엄마가 어떻게 지내는지 신경
을 썼나요?**

우리는 그러한 일에 대해 얘기하지 않았습니다. 아버지는
묻지 않았고, 물론 저도 아무말 하지 않으려 했죠. 다른 사
람보다 더 친하다는 느낌도 없었고, 집안 얘기나 제가 어떻
게 자랐는지에 대해 한 번도 사람들에게 이야기한 적 없었
고요.

🧑 사람들에게 이런 이야기를 한다면, 어떻게 반응할 거라 생각하세요?

사람들은 넌더리를 칠 거예요. 엄마에게는 이상한 것이 너무 많았고, 어떤 면에서는 제가 엄마를 아프게 하는 나쁜 아이라는 느낌도 가졌었어요. 사람들도 그렇게 생각하고 외면할 것 같았습니다. 제 자신이 보잘것없는 존재로 느껴졌어요. 어린 시절에는 엄마를 도우려고 많이 애쓰기도 했지만, 어느 시점부터는 엄마를 그냥 미워하고, 저를 혼자 내버려두길 바라는 마음에 혼란도 있었죠. 그런 상황이 제 자신을 안 좋은 사람으로 느끼게 만들기도 했고요. 지금 하는 이야기들은 치료사 말고 다른 사람에게 털어놓을 수 없을 거예요. 누가 이런 헛소리를 듣고 싶겠어요?

🧑 고등학교 때 친구나 여자친구가 있었나요?

여자친구를 만들려고 노력했지만, 엄마가 그 친구들을 싫어했습니다. 정말 괜찮은 여자애가 있었는데, 엄마가 그녀를 싫어했어요. 그 친구나 나중에 알게 된 다른 친구들은 편안하고 다정한 관계였다고 생각하지만, 저는 그러한 관계를 제대로 이해할 수 없었어요.

🧑 학교 생활은 어땠어요? 집에서는 어떤 일이 있었습니까?

고등학교 생활은 괜찮았습니다. 성적도 괜찮았고요. 그렇게 잘 맞는 것은 아니었지만, 친구도 몇 명 있었어요. 하지만, 집은 여전히 매우 안 좋은 상황이었습니다. 저는 지금 도 제게 부모의 관심이 필요하다고 느끼는데, 엄마가 저에 게 관심을 기울이는 순간은 오로지 제가 무언가를 원할 때 뿐이었습니다.

저는 엄마의 기분이 나아질 수 있도록 노력했습니다. 크 리스마스에는 집안을 장식하려고 했는데, 엄마가 상황을 항상 개판으로 만들어버렸습니다. 집에서 가족과 휴가라도 보내려고 하면, 엄마는 방에서 나오지 않거나 기분이 엉망 이었습니다. 그야말로 아무런 소용 없었죠. 성인이 되어 추 수감사절에 형과 여동생과 함께 집에 가면, 우리는 엄마가 아래층으로 내려올지 안 내려올지 장난삼아 내기를 하기도 했어요. 엄마가 아래층으로 내려올 때, 정상인처럼 행동할 까, 아니면 잠옷 차림으로 내려와 크게 싸우기 시작할까? 뭐, 그런 내기였죠.

엄마는 형이나 저를 공격하기도 했습니다. 한번은 제가 화 가 나 "입 닥치세요, 더 이상 못 견디겠어요!" 하고 엄마에게 고함을 지르기도 했습니다. 엄마는 비명을 지르며 "나가, 나 가!"라고 고함쳤지만, 저는 더 이상 상관하지 않았습니다.

하지만 우리는 엄마가 이성을 잃거나 측은하게 맥이 빠 져 우울해 하는 모습을 보고 싶지는 않았기 때문에 대개는 엄마와 맞서려 하지 않았습니다.

🧑‍🦰 대학으로 떠났을 때는 어땠습니까? 집을 떠날 때 어머니가 도움을 줬나요?

어머니는 도와주지 않았습니다. 돈이 없다고 했고, 제가 집을 떠날 때는 파산 상태로 대학에 진학했습니다. 하지만, 저는 장학금을 받았고, 아버지도 일부 경제적 도움을 주었습니다. 대학을 다니다 잠깐 쉬려고 집에 와 있었을 때였어요. 엄마가 제가 치는 기타 소리에 화를 내며 기타를 창문 밖으로 집어던지려고 했는데, 새아버지가 말렸습니다. 도망치고 싶다는 마음에 마약을 시작했고 술도 마셨습니다.

🧑‍🦰 대학으로 떠난 후 어떤 일이 있었어요? 잠깐 이야기를 한 것 같은데, 다시 집으로 돌아오지는 않았나요?

아니요. 음, 졸업 후 아주 잠깐 돌아갔던 적이 있었죠. 하지만 몇 가지 이유로 엄마는 제가 스물두 살 되었을 때 사전에 어떤 통보도 없이, 돈이나 옷 등 아무것도 챙길 새도 없이 저를 내쫓았습니다. 제가 가끔 마약에 취해 있기도 했는데, 엄마가 그 때문에 쫓아냈는지도 모르죠. 저는 결국 창문이 온통 검게 선팅된 방을 구했습니다. 그때 기분은 정말 짱이었죠!

엄마의 상태는 점차 악화되어 최악으로 치달았습니다. 저는 엄마를 보는 것조차 견디기 힘들었습니다. 엄마는 세 번째 남편과 결혼했지만, 다시 크게 다투기 시작했어요. 한

번은 싸우고 나서 잠옷만 걸친 채 옆 마을까지 걸어갔었다는 얘기도 들었습니다.

가끔 엄마에게 들르면, 엄마는 제게 하고 싶은 얘기를 털어 놓으며 속마음을 열기 시작했습니다. 엄마는 형이 가족 모두와 의절했다고 말하며 형이 쓴 편지를 제게 보여주었죠. 엄마는 형의 그런 결정에 대해 욕을 많이 했습니다.

🎧 그 당시 엄마는 어떤 상태였나요? 엄마가 걱정이 되었나요?

음, 새아버지가 엄마를 응급실로 데리고 가면서 제게 전화를 했기 때문에 몇 번의 자살 시도가 있었다는 사실을 알고 있었습니다. 엄마는 다시 음독을 시도했죠. 엄마를 보러갔었는데, 정말 끔찍했어요. 예전에는 정말 매력적이었었는데 창백하고, 붓고, 넋이 나간 듯한 모습이 정말 끔찍했습니다. 엄마의 그런 모습을 몇 번 더 보았습니다.

그런 모습을 다시는 보고 싶지 않아서 자주 찾아뵙지 않았어요. 하지만 여동생은 아이가 셋 있었는데, 아이들이 외할머니를 알아야 한다며 찾아가곤 했어요. 엄마는 제가 서른다섯 살이 되었을 때 결국 자살로 생을 마감했습니다.

🎧 팀, 저는 그런 일이 벌어질 것이라고는 생각도 못 했습니다. 무슨 일이 일어난 건가요?

제가 가르치던 학교로 경찰이 와서 "같이 경찰서로 가셔야겠습니다"라고 하더군요. '안 좋은 일이구나'라고 생각했죠. 그들과 같이 가는 동안 무슨 일이 벌어졌는지 제게 말해주었지만, 엄마의 얼굴을 보지는 못하게 했습니다. 정확히 기억나지는 않지만, 제가 그 사람들에게 뭐라고 소리를 질렀고, 그들이 결국 이기지 못하고 엄마를 볼 수 있게 해주었습니다. (울음)

인터뷰 도중 예측 못 하게 일어난 이런 상황에 나는 매우 당황스러웠다. 나 자신도 잊고 있었던 그 무언가를 이야기하는 듯했다. 20년 전의 일이 아니라 바로 몇 달 전의 일처럼 느껴졌다.

엄마는 정말로 떠났습니다. 왜 그랬을까요? 저는 한마디도 할 수 없었습니다. 새아버지와 저는 서로 바라만 보다가 끌어안았습니다. 아무 할 말이 없었습니다. 무슨 말로도 표현할 수 없었습니다. 엄마는 스스로 머리에 총을 쏘았습니다. 총을 입에 물고 쏘면, 척수의 아랫부분에 맞아서 살 가능성이 없다고 하더군요. 엄마의 머리에는 붕대가 감겨 있었고 입에는 관이 꽂혀 있었습니다. 몸은 하얀 천으로 덮혀 있었습니다. 그게 제가 본 엄마의 마지막 모습입니다. 집으로 돌아갔는데, 여기저기에 피가 튀어 있었고 천장에는 총알 자국이 있었습니다. 새아버지는 침대 매트리스를 밖으로 꺼내 어딘가로 옮겼습니다.

엄마가 왜 그랬는지 우리는 알 수 없었습니다. 자살 몇 주 전에 유언장을 변경했기 때문에 모두들 엄마의 유언에 대해 이야기하느라 누구도 그 일을 입에 담지 않았습니다. 어머니는 우리 셋을 모두 빼고, 새 남편에게 모든 것을 남겼습니다.

"제기랄, 그 인간이 결국 그렇게 했군."

여동생이 중얼거리더군요. 형이 한 말은 기억도 안 나지만, 보잘 것 없는 돈에 대한 이야기뿐이었습니다. 아마도 차나 다른 몇몇 물건들을 처분하는 일에 대한 다툼이었을 거예요. 장례식은 없었습니다. 엄마는 화장을 원했고, 결국 한 줌의 재가 되었습니다.

🧑 이 시기의 또 다른 기억이 있나요? 가족 간 유대감은 없었다고 들리는데, 의지할 수 있는 다른 누군가가 있었나요?

음, 이 기억은 정말 사람들에게 털어놓고 싶지 않은 기억입니다. 오랫동안 저는 충격에서 헤어나지 못했습니다. 결국 몇 년 전 엄마와 소풍을 다녀왔던, 엄마가 좋아했던 호수를 찾았습니다. 저는 항상 그 당시를 기억하고 있었습니다. 그래서 엄마의 유해를 그곳에 뿌리기로 생각한 것이었죠. 하지만, 이제는 누군가의 사유지가 되었다는 사실을 몰랐습니다.

경비원이 나타나 여기서 뭐하냐고 묻길래 "어머니의 유

해를 뿌리려 한다"고 말했죠. 어리숙하게도 그로부터 공감이나 이해를 바라면서요. 경비원이 "그러니까 무단 침입도 모자라 무언가를 더 버리겠다는 말이요? 경찰을 부르겠어요" 하더군요. 저는 경찰서에 잡혀가 몇 시간 대기하다 재판관 앞에 서게 되었습니다. 재판관이 제 이야기를 모두 듣고 나더니 제게 사과하더군요.

어머니의 자살이 당신에게 어떤 영향을 주었습니까?

저는 교사를 포함해 여러 일을 했었고, 최근에는 비즈니스 컨설팅을 하고 있습니다. 그 일이 적성에 맞고 꽤 잘하고 있습니다. 언젠가는 제 사업을 시작할 겁니다. 저는 목표에 집중하고 장애물을 극복하며 나아가는 데 어려움을 겪었습니다. 확실치는 않지만 어느 정도는 우울증으로 인한 게 아닌가 생각합니다. 결혼 전이었던 삼십대 중반에는 아마도 술을 너무 마셨던 것 같아요. 수업 후 집에 와서 술을 마시며 컴퓨터를 하였습니다. 길을 잃고 헤매기도 많이 했었죠. 한번은 '전생'에 관심을 가진 적이 있었는데, '다행히도 이번 생애는 정말 많은 문제가 있었군!' 생각했습니다(웃음).

여전히 우울증을 겪고 있나요?

네, 좋아졌다 나빠졌다 하는 것 같습니다. 약 먹는 걸 좋아하지 않아서 스스로를 긍정적으로 생각하거나, 사람들이 나를 좋아하며 제가 유능한 사람이라는 사실을 스스로 인식하기 위해 노력하고 있습니다. 때로는 기분이 좋기도 하지만, 기분이 정말 처지는 경우는 아무것도 하지 않았고, 때론 자살을 생각하기도 했었습니다. 잠깐 동안이었지만 말입니다.

🎧 치료는 어땠어요?

몇몇 치료사를 만났습니다만 그다지 도움이 되지는 않았죠. 저는 '랜드마크 포럼''에 참여했었는데, 흥미는 있었지만 장기적으로 정말 효과가 있을지는 확신할 수 없었습니다.

🎧 대인관계는 어땠습니까?

결혼한 지 10년 정도 되었습니다. 서로 의존하는 관계라고 말씀드릴 수 있을 것 같습니다. 늘 덫에 걸렸다고 느끼지만 실제로 그랬던 것은 아니었어요. 우리에겐 아이도 없고, 그녀도 저에게 경제적으로 의지하지 않으니까요. 하지만 언제라도 떠날 수 있는 상황인데도 둘 다 관계에 대한 의존에 빠져 덫에 걸렸다고 느껴지는 걸 거예요.

---

1 자기 개발 프로그램의 일종

🧑 자라면서 느꼈던, 그런 갇혀 있는 느낌인가요?

음, 선생님이 그렇게 이야기하니 비슷한 종류의 느낌인 것 같군요. 한 번 이혼하고 지금의 아내와 살고 있는데, 앞으로 어떻게 될지는 모르겠습니다. 헤어질까도 생각하는데 아직 확실치는 않아요. 그녀도 많이 우울해 하고 자존감이 떨어져 있거든요.

🧑 팀, 성장 과정에서 당신을 변화시킬 수 있었던 게 있다면 무엇이었을까요? 변화가 가능했다면 말이죠.

엄마가 우리를 잘 돌봤더라면, 그리고 엄마가 우리를 여기 저기 데리고 다니고 이것저것 해줬더라면요. 저는 청소와 요리를 좋아하는 괜찮은 아이였습니다. 우리는 그런 시간을 오직 한 해만 보냈을 뿐, 그게 전부였습니다. 엄마와 계속 그렇게 지낼 수 있었다면 행복했을 거예요.

제 안에 이러한 끔찍한 감정들이 다 들어 있는 것처럼 느껴져요. 그런 느낌에 갇히면 제 스스로를 매우 나쁜 놈으로 여기게 되죠. 평소에는 괜찮습니다. 아프지 않을 때는 정말 괜찮다고 생각하거든요. 하지만, 그런 상태를 계속 유지하는 일이 쉽지 않아요. 항상 제 내면에 그런 감정들이 자리 잡고 있는 것 같아요.

팀에 대한 나의 고찰

팀은 가족 내에서 엄마를 돌보는 한 가지 역할만 주어졌다. 어쩌면 이때가 자신이 속한 '곳'이 있다고 느낀 유일한 순간이었을지 모른다. 어린 시절에 어머니가 방에만 있는 동안 요리를 하고, 크리스마스 트리를 꾸미고, 청소를 하면서 엄마를 돌보는 행동은 순수하고도 진심어리게 느껴졌다. 나이를 먹어가면서, 그는 침실에 불려가 앉거나 엄마에게 등 마사지하는 일에 두려움을 가졌고, 그러한 자신의 태도 변화에 상당한 죄책감을 느꼈다. 아이 스스로 일종의 배신으로 여겼던 것이다.

그는 엄마의 기분이나 사회적 위축, 심지어 입원에 대한 어떠한 사실도 제대로 기억해내지 못했다. 비록 팀이 잘 기억하지는 못하지만 어머니 문제에 대해 아이들을 돕기 위한 노력은 거의 없었다.

부모님의 이혼 후 팀은 아버지를 따르지 않은 선택이 얼마나 어려웠는지 알고 있었지만, 그의 분노는 죄책감으로 범벅되어 있었다. 멀리 떠나 연락도 거의 안 함으로써 아버지는 엄마를 돌보는 책임을 아이들에게 떠넘겼다. 일부 이혼한 배우자들은 서로 가까이 지내며 아이들을 같이 보살피려 노력하고, 심지어 아이들에 대한 접견권을 얻기 위해 서로 다투기도 한다. 그렇게 성장한 아이들은 대개 팀의 형제들이 가졌던 버림받았다는 느낌을 덜 느낀다.

팀은 엄마와 머물기로 희생한 후에도 엄마가 좋아지는 게 아니라 오히려 나빠졌다고 했다. 누군가를 위한 엄청난 희생이 결국 아무런 소용도 없었다는 의미이다.

부모가 공개적으로 자신의 고통을 아이들에게 탓하는 행위는 특히 해롭다. 팀의 경우, 어머니는 자신의 불행과 아이들이 자신을 충분히 사랑하지 않는다는 주장을 반복적으로 연관시켰다. 아마도 팀이 느꼈을 죄책감은 상당했을 것이다.

불행히도 엄마나 아버지 누구도 강해지고, 유능해지고, 독립하고자 하는 팀의 노력에 도움을 주지 않았다. 그들은 그저 자신들의 삶의 문제에 깊이 빠져 아이들을 위한 일은 거의 해주지 못했다.

팀은 어린 시절의 많은 기억들을 잊어버리려 애쓴다는 사실을 인식하고 있음에도 불구하고, 자신의 기억이 얼마나 흐릿한지에 대해 놀라워했다. 그의 기억은 화면이 흔들리고 잡음으로 가득찬 오래된 흑백 영화를 보는 것같이 어렴풋했다. 다른 것들은 잘 기억할 수 있었지만, 부모님이 어떻게 생겼는지조차 거의 기억할 수 없었던 것으로 보아 공허하고, 우울하고, 의미 없는 외로움과 방황과 같은 느낌은 남았지만, 집에서의 생활을 기억하고 싶지 않은 것일지도 모른다고 했다.

엄마의 폭력적인 자살은 팀에게 큰 충격이었고, 인터뷰 중 나에게도 충격으로 다가왔다. 20년 전의 일을 털어놓으면서 보여준 그의 극적인 심리 변화는 어머니와의 관계에서 해결되지 못한 게 얼마나 컸는지를 보여준다. 사랑, 분노, 죄책감과 절망 모두가 양가 감정과 혼돈에 얽혀 있는 듯했다.

팀은 자신에게 반복되는 문제를 탐색하고 어느 정도 알고 있었다. 그는 자신과 자신의 여정에 관심을 갖고 있었으며, 지지와 격려를 제공할 사람을 찾으면서 스스로를 돕기 위한 프로그램이나 다양한 방법을 시도했었다.

팀의 이야기에서 우리는 무엇을 배울 수 있는가?

팀의 이야기는 비록 스스로 인식하지 못할 때라도, 어른이 되어서까지 오랫동안 사람들을 묶어놓는 죄책감의 힘을 보여준다. 누군가 자신을 볼봐주기를 바라는 소망을 외면한 채 엄마를 잘 지내게 해야 하고, 행복하게 만들어야 하며, 식사를 가져다 주기 위해 팀의 형제들이 어떤 짐을 졌었는지 잘 알 수 있었다.

도움이 필요한 부모님을 도울 수 없었다는 죄책감은 다양한 방식으로 나타난다. 여기서 팀은 자신의 꿈을 일구어갈 수 없으면서도 도움이 필요한 여자 친구를 계속 돌보는 일에, 덫에 갇힌 듯한 양가 감정을 느끼면서 자신의 삶을 꼼짝 없이 얽매어 놓았다. 이러한 죄책감이 쌓이면, 사람들은 그러한 책임감에 갇히고 싶지 않아 하면서도 비슷한 관계의 덫에 빠진 자신을 발견하곤 한다.

팀과 같은 가족 상황에 있는 아이들에게는 부모의 문제가 자신들의 잘못도 책임도 아니며, 자신들이 고칠 수 없다는 사실을 단호하고 반복적으로 이야기해줄 필요가 있다. 팀과 그의 형제들은 사실상 비난과 죄책감이 가득한 상황에 방치되었다. 아이들을 대신해 물리적 방법으로 직접 개입할 수는 없었다 하더라도, 엄마의 불행이 당연히 아이들 자신의 잘못이 아니라는 사실을 지적해준 사람조차 아무도 없었다. 어른이 된 지금은 이러한 얘기를 들을 수 있었지만, 어릴 적 쌓아놓은 믿음은 단단하게 뿌리박혀 오랫동안 그의 정신 세계의 일부를 이뤄왔다.

우리는 그에게서 어른으로 잘 성장할 수 있게 하는 여러가지 대처 방식을 봤지만, 몇 가지는 그러지 못했다. 팀은 많은 창의성과 상상력을 가지고 있었지만, 마술과 같은 상상으로 모든 것이 나아질 것이라고 바라는 단순한 마법적 사고 방식은 그에게 별 도움이 되지 못했다. 하지만 팀은 밝고 창의적인 사람이기에 죄책감에서 조금 더 벗어날 수만 있다면, 자신의 힘과 능력을 더 즐길 수 있을 것이다.

자살, 그리고 살아남은 자의 고통

입에 총을 물고 자살한 어머니의 모습과 벽에 튄 피를 본 팀의 경험은 상당한 충격과 고통일 수밖에 없었다. 자살자의 가족이 겪는 고통과 상처 중 하나는 자살한 가족의 모습을 발견할 때 받는 트라우마이다. 한국은 목맴 자살이 가장 많은데, 자살한 가족을 발견한 유가족은 그 끔찍한 장면을 잊지 못하고 오랫동안 괴로워한다. 팀의 경우, 어릴 적 어머니가 자신의 불행이 아이들이 자신을 사랑하지 않아서라고 비난했던 경험이 어머니의 자살에 대한 죄책감뿐만 아니라 자신의 건강하지 못했던 애정 관계나 우울증에도 상당한 영향을 미쳤던 것으로 보인다.

알려진 통계에 따르면, 한국에서는 2019년 현재 연간 약 1만3천여 명이 자살로 사망한다. 한 명의 자살자당 그 영향을 받는 5~10명의 유족을 계산해보면 자살 유가족은 10만여 명에 이를 것으로 추측된다. 이들 자살자의 유족은 사각지대에 놓인 자살 고위험군으로 그런 경험을 겪지 못한 사람들에 비해 자살 시도 경험이 7.6배에 이른다. 가족이 자살할 경우 가족들은 현실을 받아들이지 못하고(부정), 큰 슬픔에 빠져 아무 일도 할 수 없거나(우울), 자살자를 원망하고(분노), 그 원인을 자신의 탓으로 돌리며 괴로워한다(죄책감). 특히 아동에 있어서, 그러한 경험은 매우 놀랍고 혼란스러운 사건이어서 대개의 부모들은 아이들을 보호해야 한다는 생각에 그러한 사실을 숨긴다. 하지만 그러한 경험에 노출되었을 때 오히려 애도 반응에 참여시킴으로써 솔직한 대화를 통해 죽음에 대해 느끼는 감정을 확인해야 한다.

죽음에 대한 어른의 반응이 아이들에게 큰 영향을 미치는 것으로 알려져 있다. 한국의 경우 2011년도에 '자살예방법'이 만들어지고 2012년에 중앙자살예방센터가 설립되어 자살을 보도하는 '언론 보도 지침'이 만들어지고, 자살 유가족을 지원하는 정책이 수립되는 등 자살 예방 관련 노력에 정책의 중심을 이동하고 있다.

저의 첫 기억이요?
어머니가 내 목을
조르려고 했던 거죠.

랜들은 60대 초반의 기혼남으로 북동부 지역에 살고 있으며, 지난 몇 년간 도시계획 전문가로 일하고 있다. 랜들은 자신의 복잡하고도 긴 경험을 아주 관대하게 들려주었다. 그의 평범하지 않은 어린 시절은 어머니에게 받은 성적 학대를 포함 여러 차례의 성적 학대로 얼룩져 있다. 그의 어머니는 매우 성공한 사람이었지만, 많은 문제를 가지고 있었고 자기애가 강한 사람이었다. 랜들은 어린 시절에 여러 부분으로 분절화되었는데, 성인이 되어 예전에는 다중인격장애라고 불리었던, 해리성 정체감 장애(DID)로 진단되었다. 그의 직업적인 성공과 행복하고 오랜 결혼 생활에 기반한 그의 회복과 통합의 여정은 나에게 놀라움을 안겨주었다.

제임스 앙소르 〈거울과 해골〉 1890년

* 해리성 정체감 장애(DID: Dissociatve Identity Disorder): 다중인격장애라고도 하며, 예전에
  는 빙의라고도 하였다. 이 병명은 1980년부터 공식적으로 사용되어 왔지만 100여 년 전부
  터 의학계에 알려져 왔다. 가장 간단한 형태는 이중인격이고, 평균 5~10개의 인격을 가지
  는 것으로 알려져 있다. 다중인격은 실제로 한 사람 안에 여러 개의 인격이 있는 것이 아니
  라 한 사람의 내부에서 오랫동안 형성된 정신 상태의 일부분들이 일시적으로 그 사람의 전
  체를 조종하는 것이다. 의학계는 이에 따라 1994년 다중인격장애라는 병명을 해리성정체장
  애로 변경하였다. 이 질환자의 90%는 여성이고, 대개 학대와 같은 소아기 외상 경험과 연
  관되어 있으며 신체적, 성적 학대가 가장 흔한 원인이다. 성격 간의 이동은 때로는 매우 급
  작스럽고 드라마틱하게 이루어진다. 환자들은 일반적으로 각각의 인격에서 경험한 일들을
  기억하지 못한다.

섬뜩한 느낌이 드는 그림이다. 벨기에 표현주의 화가 제임스 앙소르(James Ensor, 1860~
1949)는 소름끼치고 엽기적인 장면을 주로 그렸다. 앙소르는 인간의 모습을 해골과 유령,
가면 등 그로테스크한 이미지로 구현했다. '사람'을 뜻하는 영어 'person'은 가면을 뜻하는
'persona'에서 유래했다. 사람은 누구나 '가면의 생'을 살아간다. 살아가는 데 있어 가면은 불
가피한 선택이다. 그러나 한 사람이 가진 너무 많은 가면은 자신조차 스스로를 알아볼 수 없
게 만든다. 스스로 가면을 선택한 것이 아닌, 가면에 의해 강제된 삶도 있다. _ 편집자

1차 인터뷰

🔴 인터뷰 출발점으로 당신 자신과 가족에 대해 이야기해주시겠습니까?

저는 두 아이 중 막내로 형은 저보다 여섯 살 많습니다. 부모님의 일 때문에 몇 년간은 애리조나의 '호피 나바호 보호구역'에서 자랐어요. 아버지는 애리조나에서 사회사업가들의 감독관으로 근무했습니다. 어머니는 그곳에 사는 동안 의사이자 병원 경영자로 일했고요.

우리는 보호구역의 정부 관사에서 살았지만, 저는 운좋게도 그 몇 년 동안 인디언 보모들과 지낼 수 있었죠. 호피족의 문화는 아이들을 엄청난 사랑으로 보살피는데, 저는 이 여자분들이 저에게 주었던 온기와 사랑, 관심을 아직도 기억합니다. 그들은 하루 10시간에서 11시간을 저와 함께 있었고, 제가 정서적으로 생존할 수 있는 '씨앗(seed corn)'을 심어주었던 것 같습니다.

우리는 애리조나를 떠난 후 여러 번의 이사를 거쳐 결국 여섯 살부터 제가 집을 떠난 열일곱 살까지 살았던 다코타 남부에 이르렀습니다. 어머니가 직업을 가지고 있었지만, '굳이 그 일을 할 필요는 없었다'는 사실과 어머니의 직업이 교사나 간호사, 비서가 아니어서 우리 가족이 당시 전형적인 미국 가정의 유형과는 동떨어져 있다는 사실을 저는 매우 어린 나이에 알게 되었죠.

🧑 **친척들에 대해서는 어떻게 알고 계셨나요?**

아버지는 중서부의 부유한 농가 출신으로 또래 중에서는 수재로 크게 성공한 사람이었습니다. 저도 고등 학위를 땄으니 또래에서는 수재였죠. 아버지의 위로 저를 성적으로 학대하기 전까지는 점잖고 좋은 사람으로 보였던 큰아버지가 계셨죠. 또한 미심쩍을 정도로 잘사는 '회장 비서'인 여동생(고모)이 있었는데, 오랜 불륜 끝에 결국 자신의 상사와 결혼에 성공했죠. 아버지는 젊은 시절 명망 있고 존경받는 아동 보호 연구자였던 외할아버지와 함께 일하면서 어머니와 만나게 되었습니다.

어머니는 외할아버지 덕분에 어느 정도 경제적 혜택 속에서 자랐죠. 하지만, 성장기의 정서적 삶이나, 무엇이 어머니를 저렇게 파괴적 인격으로 만들었는지에 대해서는 별로 알지 못합니다. 외가에는 제가 좋아했던 외삼촌이 계셨는데, 어머니의 동생으로 너그럽고 느긋한 분이셨죠.

양가 조부모님댁을 찾는 일은 의무적인 일로 생각했을 뿐, 애정이나 다정한 느낌은 특별히 없었습니다.

🧑 어머니에게 무언가 문제가 있다는 사실을 처음 알게 된 것은 언제인가요?

아마 제가 세 살쯤이었을 거예요. 놀이용 펜으로 너무 소음을 냈던가 그랬는데, 어머니가 내 목을 잡아 조르기 시작했습니다. 어머니가 두 손으로 내 목을 잡고 흔들며 쳐다보던 분노에 찬 얼굴을 기억합니다. 그 후 정신을 차려보니 바닥에 멍하니 널부러져 있더군요. 저는 혼자 바닥에 앉아 있었고, 어머니는 화가 나 부엌에서 냄비와 팬을 쿵쾅, 두드리고 있었습니다.

두 번째 순간도 있었죠. 다섯 살쯤이었는데, 저에게는 미네소타 근교 출신으로 대학원에 다니며 농장에서 일했던 남자 베이비시터가 있었습니다. 그의 '돌봄'은 결국 성적 학대로 변질되었는데, '접촉'에서 시작해 좀 더 생생한 학대로 옮겨 갔습니다. 많은 두려움 끝에 저는 어머니에게 다섯 살 아이의 언어로 이상한 일이 벌어지고 있는 사실을 털어놓았습니다.

어머니는 제 말을 듣더니 버럭 화를 내더군요. 제가 이야기를 꾸며서 하고 있다며 다 네 잘못이라고 비명을 질렀습니다. 그 나이에도 사실 어머니의 반응이 논리적으로 상충된다는 사실을 이해했죠. 어머니는 제 뺨을 때리더니 말하다 말고 나가버렸고, 저는 망연자실 바닥에 주저 앉아 제가 얼마나 불운한 아이인지 생각했죠.

그 후 그 남자의 성적 학대는 우리가 이사할 때까지 그해 내내 지속되었고, 결국은 몇 차례에 걸친 형과 사촌이 저에게 저지른 윤간을 포함해 성적 학대는 갈수록 심해졌습니다.

🧑‍🦰 어린 시절에 어머니에 의한 신체적 학대를 누구에게 이야기한 적이 있나요?

전혀 없습니다. 호피족 가정부 외에는 아무에게도 말할 사람이 없었습니다. 세 살 때 이미 확실하게 혼자라고 느꼈으니까요.

🧑‍🦰 어린아이에게는 정말 충격적이었을 사건들이었군요. 어머니가 다른 이상한 행동이나 이야기하는 걸 본 적이 있나요?

어머니는 저뿐만 아니라 말하는 상대방을 절대 쳐다보는 법이 없습니다. 그러면서 늘 학문적 성취나 우리 집안이 얼마나 우월한지 등에 대해 끊임없이 이야기했습니다. 모든 일과 모든 사람에 대해 할 말이 있었죠. 대화를 나누는 게 아니라 오로지 설교할 뿐이었습니다. 어머니의 기분은 전혀 예측 불가능했고, 시시각각 급변했습니다.

🧑‍🦰 다른 가족은 어머니를 어떻게 대했습니까? 아버지는 어떻게 어머니를 대했습나요?

아버지는 어머니에게 질렸던 것 같습니다. 아버지는 집에

😶 저의 첫 기억이요? 어머니가 내 목을 조르려고 했던 거죠.

선 아무 말도 하지 않았던 것 같아요. 책을 읽고 나면, 늘 엠버 글래스에 얼음을 넣고 버본을 마시며 뉴스를 보곤 했습니다. 어머니가 학교나 마을에서 일어나는 여러 일들을 떠벌리는 저녁 대화에 아버지는 참여하지 않았죠. 참여하는 경우에는 매우 정확하고 통찰력 있지만, 신랄하고 냉소적인 발언을 거침없이 쏟아냈어요. 그렇게 자기 발언의 영향력을 확인하고 나면 다시 침묵했습니다.

형은 어머니에게 끌리면서도 무서워하는 것 같았죠. 어머니는 형에게 지나친 애정을 베풀었어요.

🔘 외삼촌과 친한 관계라고 말씀하셨는데, 어린 시절 같이 시간을 보냈었습니까?

열한 살인가 되었을 때, 형과 저는 외삼촌의 집에서 여름을 보내며 수영을 배우는 등 즐거운 시간을 함께했습니다. 외삼촌은 따뜻하고 마음이 통하는 사람이었는데, 형과 저에게 뭔가 색다른 경험을 주려고 했었던 것 같습니다. 외삼촌댁에는 웃음과 재미가 있었고, 제임스 삼촌은 제게 일방적인 얘기가 아니라 함께 대화를 나누었죠. 아이들에게는 웃고 활기차게 떠드는 것이 허용되었고요.

🔘 어린 시절의 일상적 하루 일과는 어땠습니까?

저 혼자 아침을 해결하고 나면, 부모님이 부엌에 나타나 어머니를 위해 아버지가 만들어준 계란 요리에 대해 늘 같은 말다툼을 벌이곤 했죠. 그러면 저는 빠져나와 학교로 향했고요.

걸어서 학교에 가서 피아노와 첼로를 연주했어요. 음악 수업과 지역 오케스트라는 제가 방과 후 집 밖에서 누렸던 즐거움이었죠. 고등학생 시절 토론팀에 참가했었는데, 준비를 위해 주말에 교외로 나가야 했던 경험이 정말 좋았습니다.

다른 아이들의 가족과 다르다는 사실을 언제 깨달았죠?

저는 나중에도 별로 비교하거나 그러지는 않았었는데, 다른 가족이 서로 대화하고 걱정해주며 함께하는 즐거운 모습을 보며 깨달았습니다. 오랫동안 우리는 주로 어머니가 의사라는 이유로 다른 가족과는 다른 우월한 존재라고 생각했던 것 같습니다. 우리 가족이 지역 사람들보다 낫고, 그들은 우리의 '지적 상대'가 되지 못한다는 얘기를 끊임없이 들었으니까요. 하지만, 저에게 그 사람들은 그저 시골에 살고 있을 뿐, 바보처럼 보이지는 않았습니다.

그렇지만, 아이로서의 저의 역할은 아무도 집에 초대하지 않고, 문제를 일으키지 않으며 다른 아이들과 함께 운동을 하거나 돌아다니며 부모님을 당황케 할 만한 어떤 일도 일으키지 않는 것이었습니다.

어머니에게는 또한 주중에 엄격한 식사 규칙이 있었는데, 일요일 저녁은 팝콘, 콜라, 아이스크림 같은, 보통의 사람들이 일상적 간식으로 여기는 음식을 먹을 수 있는 유일한 시간이었습니다.

🧑 그런 상황하에서 어떻게 지냈나요?

숙제가 없을 때는 대부분의 시간을 책을 읽으며 보내거나 방에서 블록을 가지고 놀았습니다. 공간과 구조에 집중하여 집과 건물, 작은 마을을 지었는데, '도시 계획'이나 '건축'이란 말을 여덟 살 때부터 알았습니다. 그렇게 저는 대개 혼자 놀았습니다.

스포츠는 소란스럽고 지저분하며, 골치 아픈 것으로 여겼습니다. 청바지는 여가가 아니라 집안 잡일을 할 때나 입었습니다. 학교 운동부에 가입하거나 참여하는 일은 아예 불가능했고요.

🧑 잠시라도 가족과 떨어져 쉴 만한 이웃이나 다른 가족이 주위에 있었습니까?

마을 사람들에 대한 우리 가족의 우월감 때문에 부모님은 그렇게 사교적이지 않았습니다. 그래서 이웃이나 마을에서 친하게 지내는 사람이 거의 없었죠.

우정이라는 관점에 대한 지금의 저의 이해에 비춰보면

어머니에겐 진짜 친구가 없었습니다. 일주일에 한 번 어머니와 커피를 드시러 오는 이웃이 있었는데, 종종 그들이 주고받는 이야기를 들었습니다. 대화가 끝나고 나면 어머니는 대화의 우울함과 우리가 속한 공동체의 지적 한계에 대한 불평을 늘어놓곤 하셨어요. 저는 프루스트에 관한 대화가 아닌, 우정과 커피를 기대했을 이웃 여성분에게 죄송한 마음이 들었습니다.

🧑‍🦰 **아버지의 과묵함과 음주에 대해 말씀하셨는데, 그런 상황이 거론되거나, 논쟁의 원인이 되지는 않았나요?**

제가 조금 나이가 들었을 때, 두 분 다 알코올 중독자라는 사실은 명백했습니다. 그들은 다른 사람에겐 말할 것도 없고 피차간에도 그 사실을 서로 숨겼습니다. 아버지는 버번을 마셨고, 어머니는 '잠들기 위해' 와인을 마셨죠. 알코올 중독이라는 개념을 알기 한참 전부터, 저는 무언가 '다르다'는 느낌을 가졌습니다. 한 분은 아버지가 따른 첫 잔의 앰버 글래스 이후를 심각하게 묻지 않았고, 한 분은 어머니의 저녁 식사 후의 일상에 대해 묻지 않았습니다. 그들은 책을 읽느라 바빴고, 조용히 마시고 또 마셨습니다. 어머니는 프랑스 와인 단지를 그녀의 침실 옷장 안에 교묘하게 숨겼습니다. 저는 여덟 살인가 무렵에 그것을 발견했습니다 ('지하실 음식 저장고가 아닌 침실 옷장에 와인이 있는 경우는 무슨 경우인가요?'하고 차마 공개적으로는 물어보지 못했습니다). 그리고 아버지는 손에서 술잔을 놓은 적이 거의 없었어요.

그러한 모습은 두 분이 왜 그토록 혼자 있는 것을 즐겼는지 돌이켜 이해할 수 있도록 해주었죠. 사교적 관계는 아둔하고 골프와 수영은 시간 낭비라고 깔보았기에, 그들은 지역 컨트리클럽에 참여하는 일도 없었어요. 두 분 다 예정에 없던 일상적인 사교적 접촉을 두려워하는 것 같았습니다.

🔵 부모님에 대해 잘 묘사해주셨네요. 그 기간에 당신이 가졌던 느낌은 어땠나요? 이런 식의 삶의 방식에 대해 당신은 어떻게 대처하셨죠?

제 어린 시절의 대부분을 어머니에게 반감을 사지 않는 데, 집안에서, 학교에서, 놀이터에서 어떤 식으로든 부정적인 주목이나 관심을 받지 않는 데에 신경 써야 했습니다. 오로지 위험 회피 행동에 집중하면서 '튀지 않게', '절제하여', '물어봐야 대답하는' 태도로 살았습니다. 집 안팎에서 사람들과 이야기를 나누는 일은 생각조차 할 수 없었죠. 어디에 살건 부모님은 지역 사회의 존경받는 전문가들이었고, 어머니의 '앤 박사'로의 처신은 공포스러울 만큼 위협적이었습니다.

🔴 화가 났을 때는 어떻게 대처했나요?

저는 해리되어 분열되고 갈라졌습니다. 저는 그때까지는 몇 안 되는 다른 '인격들'을 가지고 있었습니다. 저의 진단명은 공식 용어로 '해리성 정체성 장애'이죠.

그것은 대개 성적 학대를 포함한 여러 종류의 학대를 배경으로 나타났습니다. 돌이켜보면, 저에게는 아주 차분하고 나서지 않으며 부드럽게 이야기하는 '꼬마 리키'라는 인격이 있습니다.

이 인격은 '전면에 드러나는' 인격으로, 부모님에게 자신의 모든 의도와 목적이 드러난 아이입니다. 지금에 와서 이해하기로는 '리키'는 어머니가 저의 목을 졸랐던 사건 후 매사에 조심하지 않으면 안전을 보장받지 못할 수도 있다는 사실을 깨달으면서 나타난 인격이라는 사실입니다. 놀거나 소음을 내는 것으로도 죽임을 당할 수 있다는 사실을 아는 인격이죠.

'지하'에 숨고, 집에서의 탈출을 계획하는 '제이크'라는 다른 인격이 있습니다. 열 살에서 열한 살 즈음에 이 인격은 가장 효과적이고 논란의 여지가 적은 탈출을 공격적으로 계획했는데, 그것은 집에서 아주 멀리 떨어진 대학으로 진학하는 것이었습니다. 그 어린 나이에 저는 대학 카달로그를 뒤적이며 어디로 갈지 계획했었죠. 또래들과 떨어져 고립되어 있었기에, 그러한 생각이 얼마나 일반적이지 않은 것인지 깨닫지 못했죠.

'루더로'라고 한참 뒤에 명명한 다른 인격은 신랄하게 비꼬는 놀라운 능력이 있었습니다. 제가 이 마음 상태일 때면 어머니는 저를 피했고, 부모님이 듣지 않는 곳에 형이 함께 있기라도 했다면, 결국 형을 울리고 말았죠. 그 무렵부터 형은 저에 대한 성적 학대를 멈췄는데, 그런 식의 저의 보복 능력이 형을 멈추게 한 것 같습니다.

저에게 심각하게 분노하는 부분이 있다는 사실을 알고 있습니다. 제가 숨기고 있는 인격이죠. 만약 제가 고통이나 두려움, 분노를 내보이는 순간은 그야말로 적에게 폭탄을 내어주는 꼴이죠.

🔲 **몇 가지 다른 인격을 가지고 있다는 사실을 설명할 수 있기까지의 상황은 어떻게 이해했나요?**

제가 그렇게 인식하기 전까지의 삶은 늘 탈출과 회피, 도피를 의식하며 남에게 해를 끼치지 않는 조용한 소년의 삶이었습니다.

몇 년이 지나서야 기억할 수 있었던 몇 가지 끔찍했던 사건들이 있었습니다. 그때는 간직할 곳이 없었으므로 가능한 한 빨리 그냥 '망각' 했다고 생각합니다. 그 하나의 사건이 제가 일곱 살, 형이 열세 살 때의 일이었는데, 오하이오를 방문하여 형과 사촌과 함께 '경찰과 도둑' 놀이를 했을 때입니다. 결과적으로 저는 범인으로 수갑이 채워진 다음 성폭행을 당했습니다. 반격하는 저에게 그들은 무지막지하게 공격했습니다(몇 년 후 의사가 제게 언제 갈비뼈가 부러졌었는지 물었었는데, 제 머릿속에 그 장면이 떠오르더군요. 그때까지 저는 갈비뼈가 부러졌었는지도, 그런 사실이 수십 년 지난 후에 밝혀질 수 있는지도 몰랐죠).

같은 시기에 큰아버지가 제가 쓰고 있던 침실(소름끼치게도 아버지가 어릴 적에 썼던 그 침실)에 들어와 항문 성교를 했습니다. 어머니가 무슨 낌새를 챘는지, 제가 입을 열기를 기다리며 농가 응접실에서 긴 오후를 보내더군요. 하지만 저는 육체적, 정서적 고통에도 불구하고, 어머니를 더 이상 전혀 신뢰하지 않았고, 그렇게 어머니에게 담을 쌓았습니다.

그 사람이 아버지의 형이었지요?

네, 어찌됐든 제겐 불편한 사람입니다. 제게 일어난 일이 어쩌면 아버지의 어릴 적에도 일어났을지 모른다고 나중에 생각하게 되었죠. 저와 형의 관계처럼, 큰아버지와 아버지의 나이 차이도 많았으니까요.

🅰 어린 나이에 어머니가 걱정을 표하는 데도 어머니에게 마음의 문을 닫아버렸군요.

당연합니다. 어머니를 결코 신뢰할 수 없었기 때문이에요. 베이비시터가 제게 한 일이 뭔가 잘못되었다고 어머니께 이야기했지만 오히려 저에게 비명을 질렀던 사건이 불과 이 년 전 일이었으니까요.

🅰 어린아이가 혼자 감당해야 했던 엄청 큰 사건이네요. 그 트라우마를 의식 밖에 두기 위해 분리된 다른 인격들을 가지게 되었다고 생각하는 것인가요?

대학 때, 회상을 통해 기억을 끄집어내기 시작했는데, 대화 중에 누군가의 입에서 '남성 강간'이란 말이 나오기라도 하면 매우 격렬하게 반응했습니다. 하지만 그건 나중의 일이었죠. 이때는 무의식적으로 그 사실을 기억하고 감당할 수 없다는 것을 알았기 때문에 가능한 한 빨리 제 의식에서 그것들을 제거했다고 말씀드릴 수 있겠네요. 그때는 그것을 다룰 방법이 없었습니다.

🅰 집에서 어떤 일이 벌어지고 있었는지, 기억나는 다른 일이 있나요?

저는 어머니와 어머니의 기분 상태와 잠재된 분노에 질려 있었습니다. 대중에게 어머니는 '앤 박사'로 널리 알려져 있었고, 학력과 대단한 말솜씨를 모두 갖추고 있었습니다.

저에 대한 어머니의 완고하고 비판적인 접근 태도에 한 가지 예외가 있었죠. 어머니는 제가 기억이 있을 만한 어린 나이부터 여덟 살 무렵까지 저에게 관장을 해주셨어요. 그때 어머니의 기분은 평소와 다르게 느껴졌어요. 목소리는 따스했고, 보살핌을 느낄 수 있었습니다. 제가 여덟 살 무렵에 갑자기 그만두기로 결정하셨는데, 물론 전혀 그 일에 대해서는 이야기하지 않았습니다.

🧑 어머니에게 있던 어떤 문제나 어머니의 행동이나 기분상의 문제들에 대해 설명해준 사람이 있었나요? "어머니가 스트레스를 받았다"거나 "극도로 긴장해 있다"라고 말이에요.

아뇨. 제 가족은 마치 섬과 같았죠. 무언가 잘못되었다는 것을 알아챈 학교 선생님이 몇 분 계셨습니다. 저를 좋아하고, 흥미로운 도전을 함께했던 선생님들이 몇 분 계셨습니다만, 아무런 말도 해주지 않았습니다.

🧑 친구들은 있었어요? 집에 놀러오게도 했었나요? 그랬다면, 친구들은 어머니에 대해 어떻게 생각하던가요?

초등학교 때, 이웃 아이와 친구가 되어 그 집에 놀러갔었습니다. 그 친구의 아버지는 출장을 자주 다녔고, 그의 어머니는 집을 지키고 음식을 만들며 우리와 같이 열심히 수다를 떨었죠. 그 집에는 웃음이 꽃피었습니다. 하지만 그 친구의 어머니는 제 어머니 얘기를 꺼내는 법이 없었어요.

🔊 집에서 힘든 시간을 보내는 어떤 아이들은 일종의 '입양(adopt)'과 같
이 다른 가족을 받아들이거나, 아니면 다른 가정에 '입양'되어 많은 시
간을 함께 보내기도 합니다. 이 옆집 가족이 그런 경우였을까요?
아니요. 그러한 일은 어머니에겐 받아들일 수 없는 일이었
을 겁니다. 가끔 놀러가는 것이야 어머니를 화나게 하지 않
겠지만, 그 이상이라면 그랬을 거예요.

🔊 학교는 어땠죠?
학교는 집에서 빠져나갈 수 있는 탈출구였고 위안처였습니
다. 보기 드물게 똑똑했던 제 큰형 또한 반항적이고 매우
적대적으로 말하는 사람이었죠. 그래서 부모님은 저도 비
슷할 거라 생각하는 모양이었습니다. 제가 좋은 성적을 받
고, 문제를 일으키지 않는 데 집중하면서, 부모님은 우리
형제가 얼마나 다른지 알게 되었죠. 그리고 제가 음악이나
토론에 참여하게 되면서, 저에게 학교는 훨씬 더 좋은 곳이
되었습니다.

🔊 청소년기 들어 기억나는 일이 있습니까?
사춘기에 접어들었을 때, 어머니는 제가 잠을 자거나 혹은
자고 있다고 생각하면, 제 방에 들어와 제 몸과 다리에서

시작해 은밀한 부위까지 애무했습니다. 물론 저는 또렷하게 깨어 있었고, 이러한 일을 일상으로 받아들이면서 자는 척하는 걸 배웠습니다.

🧑 **이러한 기이한 침입에 어떻게 반응했습니까?**

심적으로 저는 '유체 이탈'하여, 술 냄새를 풍기며 제 침대에 다가와 저를 느끼는 어머니를 보며(물론 냄새도 맡았고요), 그 행위를 조망하기 위해 침실 한 구석으로 공중 부양했죠. 어머니는 때때로 저의 은밀한 부위를 만졌고, 저는 어머니를 맥빠지게 하려고 (신체적 수준을 포함한)어떤 수준에서도 성적으로 흥분하지 않게 제 자신을 해리하는 방법을 익혔죠. 이러한 한밤중의 성적 학대는 형이나 사촌, 베이비시터에 의한 학대처럼 폭력적이진 않았지만, 돌이켜 보면 저에겐 가장 섬뜩한 경험이었습니다.

한편 어머니는 아버지가 일 때문에 집을 떠나 있을 때는 "나가서 저녁 먹자"고 고집했습니다. 어머니는 동네에서 가장 화려한 장소로 자신을 에스코트해줄 것을 요구했습니다. 우리는 '입장'을 했고 저녁을 같이 먹었습니다. 소름 끼치는 일이었고, 지금 생각하면 일종의 정서적 근친상간 아니었나 하는 생각이 듭니다.

섬광같이 떠오르는 또 하나의 기억은 부모님이 형과 제 침실의 방문을 모두 떼내고, 싸구려 접이식 비닐 문으로 바꾸는 바람에 제대로 닫거나 잠글 수도 없어 우리 둘 다 사생활을 전혀 보장받을 수 없었던 거예요.

🎧 얘길 들어보니 당신과 형, 둘 다 잠재적으로 매우 취약한 상황에 처해 있었군요. 그런 상황을 감지했나요, 아니면 나중에 두 분이 맞춰본 건가요?

나중에 맞춰봤죠. 그 당시 저와 형이 함께할 수 있는 일은 거의 없었습니다. 우리는 완전히 반대였거든요. 형은 반항적이었고, 저는 문제를 일으키지 않으면서 좋은 성적을 얻기 위해 '리키'를 학교에 보내 '자취를 감추는' 데 제 에너지를 다 쏟아부었거든요. 제 형은 지금 모든 권위에 적대감을 드러낸 채 결국 남부 다코타에 처박혀 살고 있습니다.

🎧 십대에는 어머니와의 관계가 어땠나요?

저의 해리된 인격 중 가장 일상적인 '리키'는 조용하고 자신을 드러내 보이지 않았습니다. 그런데 두드러진 한 가지 사건이 있었어요. 부모님의 결정으로 캠핑을 가야 했는데, 저는 야외 활동 대신에 6주간의 토론 캠프에 갈 수 있게 해달라고 간신히 설득했습니다. 사실 부모님께도 좋은 선택이었고, 제게는 자유를 만끽하기 위한 시험대였죠.

열여섯 살에 혼자 기차를 타서 시카고에 도착했는데, 많은 아이들이 부모님이 태워다 주는 모습을 보며, '부모님이 저런 일도 해줘?' 하며 어리둥절했습니다.

🙍 그 과정에서 놀랄 일들이 더 많이 있었을 듯하네요.

토론 캠프 참가자 중 여자아이가 하나 있었는데, 부모님이 전화로 헬리콥터 조종사였던 그녀의 오빠가 베트남에서 실종되었다는 소식을 전했던 일이 있었습니다. 울고불고하며 부모님과 꽤 긴 통화를 하더군요. 저는 그녀가 보인 감정과 그 감정을 부모님과 나눌 수 있다는 사실에 적잖이 놀랐습니다. 부러웠던 것이겠죠. 그런 보살핌, 걱정, 이해, 감정 표현 등은 제가 이해하던 감정과는 매우 달랐습니다.

6주 과정 중 2주차에 극명하게 대조를 이룬 순간이 있었어요. 아버지가 53세의 나이에 심장마비를 일으켰는데, 병원까지 이송하는 데 아주 오랜 시간이 걸렸죠. 아버지의 상태가 매우 안 좋았습니다. 어머니는 저에게 당일이나 그 다음 날도 아닌, 3일 후에야 전화를 걸어 응급 상황이었다고 알려주더군요. 저는 망연자실 어찌할 줄 몰랐고, 저의 가족과 방금 말씀드린 젊은 여성 가족과의 대비가 이보다 더 극명할 수 없다고 생각했지요.

짧은 통화에서 제가 토론 캠프에 계속 머무르는 것으로 우리는 합의를 보았죠. 아버지가 보고 싶고, 내 눈으로 직접 아버지가 살아 있다는 사실을 확인해야겠다는 감상에 매몰될 이유가 없기 때문이었죠. 캠프가 끝나 아버지를 만났을 때, 우리는 여느때와 같이 악수만 나누었을 뿐이에요.

저는 아버지의 건강과, 돌아가시면 어떻게 하나, 몹시 염려되었습니다. 아버지가 저에 대해 어느 정도 염려하고 계셨던 사실을 알고 있었습니다. 그래서 토론 캠프에서 집으로 돌아오자마자 그 전에는 결코 해본 적 없는 짓을 저질렀어요. 몰래 아버지의 재정 문서를 훑어, 아버지가 돌아가시면 어머니가 모든 재정을 완전히 장악하게 된다는 사실을 확인하게 된 거죠. 저는 그 당시, 어떤 대학을 선택하건 간에 어머니가 재정 지원을 끊어도 제 스스로 해결할 수 있게 만들어야 한다고 확신했습니다. 그래서 결국 제가 필요할 때 충분히 장학금을 받을 수 있었던 유일한 대학으로 진학을 결정하게 된 것이죠.

🔊 이렇게 얘기해도 되는지 모르지만, 어머니의 소유욕으로 보아 당신이 데이트를 할 정도의 나이가 되었을 때 무슨 일이 있었을 듯한데요?

어머니는 저의 데이트를 허락하지 않았어요. 게다가 저는 큰 키에 깡마른 괴짜였으니 그럴 기회도 별로 없었고요. 한 여자와 데이트를 했었는데, 어머니는 그녀의 의도를 미심쩍어 했고, 아버지는 쉴 새 없이 추파를 던졌습니다. 지적이며 사교적인 그 여자는 제 부모를 이상히 여겼고, 우리는 더 이상 집에서는 시간을 보내지 않기로 했습니다.

🧑 당신을 도와주었거나, 당신의 인생에 어떤 존재가 되었던 다른 어른이 있었나요?

저를 격려하거나 지지해주셨던 선생님들이 몇 분 계셨는데, 그분들은 어머니로부터 그렇게 위협받지는 않았습니다. 저에게 가족이라고 할 만한 사람이 별로 없다는 사실을 알아챈 듯한 저의 토론 코치는 최고였습니다. 그분은 우리 토론 팀 모두를 가족같이 여기셨는데, 그 시절 저의 유일한 미소를 볼 수 있었던 사진이 그때의 사진이죠.

🧑 부모님은 토론에서의 당신의 성취에 대해 어떤 반응을 보이셨나요? 토론을 보러 오거나 어떤 식으로든 지원이 있었나요?

저는 비난받지 않으려고 저의 성취를 어머니에게 숨겼어요. 또한 행사에 참석하지 못하게 하려고 부모님이 참석할 수 있는 행사가 어떤 것이 있는지 거짓으로 알려드렸죠. 어머니는 제 활동 내용에 깎아내릴 게 있는지 찾아내려 했을 겁니다. 그런데, 지원이라뇨? 천만에요.

어머니를 알고 있는 대부분의 사람들은 어머니와 그녀의 행동, 존재감, 학벌, 믿을 수 없이 날카로운 말에 질려 있었다고 생각합니다. 어떤 사람들은 저를 안타까워하면서도, 어쩌다 어머니의 노여움을 사게 될까봐 두려워 저를 멀리했던 것이 아닌가 생각합니다.

😶 저의 첫 기억이요? 어머니가 내 목을 조르려고 했던 거죠.

🧑 비밀을 털어놓거나 가깝게 느꼈던 친구들이 있었나요?

제가 좋아하고 저를 좋아하는 친구들이 몇몇 있었지만, 비밀을 털어놓을 만큼 친한 사람도, 가장 친한 친구도 없었습니다. 당연히 '시간 낭비'라고 한마디 들었을, 무리지어 돌아다니는 친구들도 없었죠.

🧑 다르게 반응하고 다르게 느끼는, 분열된 자아가 있다는 사실을 인식했었나요?

저는 학교에 가는 저의 인격이 다른 인격에 비해 조금은 '범생이'라는 걸 알고 있었지만, 그것은 결국 도주하는 데 필요한 수단이었죠. 어딘가 어두운 기억들이 있다는 사실은 알고 있었습니다.

수십 년 후 해리성 정체성 장애로 진단되었을 때, 저는 제가 해리 스펙트럼의 중간에 위치해 있다는 사실을 발견했습니다. 저는 이내 제 인격의 다른 면들을 알았지만, 어떤 인격에서 다른 인격으로의 전환을 조절할 수는 없었어요. 그냥 일어나는 것이었어요. 그게 전부였죠.

🧑 계획을 세워서 대학에 가게 되었을 때는 어땠어요? 편했습니까?

네! 그 일은 저의 생명선이자 꿈이었으며, 살아남기 위한 필수적인 행동이었습니다. 다이빙대에서 뛰어내리는 법은 알았지만, 물을 가르는 법은 수면에 '떨어질 때' 배울 수 있을 거라 생각했죠. 하지만 엉망진창인 가족 문제에 엮여 있다 빠져 나오니 술독에 빠지는 일 외의 진정한 대안은 없었죠. 형이 그랬던 것처럼 말이에요.

🧑 **일단 그렇게 거리를 둔 후에는 가족이 어떻게 보이던가요?**

그분들이 알코올 중독자였다는 사실을 깨달았고, 또한 그분들이 사우스 다코타를 선택한 후 평생을 얼마나 거기가 열등한지를 떠벌이는 데 허비하고 있다는 사실을 깨달았죠. 그들이 다른 사람들로부터 어떻게 자신을 보호하는지, 그리고 그들이 '지적 황무지'에서 살면서 어떻게 우월한 가상 세계를 만들었는지 보이기 시작했습니다.

🧑 **휴가나 다른 일 등으로 집에 돌아갔을 때, 어떤 변화가 있었나요?**

어머니가 안 좋을 때 아버지는 술로 회피해야 했지만, 어머니에게 더 많은 문제가 생기면서, 오히려 아버지는 술을 덜 마시기 시작했어요. 어머니가 돌아가신 후에야 그 무렵부터 알츠하이머 치매가 아주 일찍 시작되었다는 사실을 알게 되었습니다. 겉으로 보기엔 아무런 애정도 없었는데, 왜 두 분이 같이 살았는지 모르겠습니다.

🧑 **대학 시절로 돌아가보죠. 대학에 정착하고 나서는 어땠습니까?**

대학에서의 첫 며칠 동안, 저는 낡아빠진 가구와 책들이 잔

🙂 저의 첫 기억이요? 어머니가 내 목을 조르려고 했던 거죠.

뜩 쌓여 있는 음울한 기숙사 방을 보며 혼잣말했었죠.

"여기가 내 집이다."

이제 열일곱 살이니 그게 어디건 내가 있는 곳이 바로 내 집이었습니다. 좋건 싫건 내 집은 부모님이 아닌 저와 함께 있었습니다. 이러한 저의 내심이 부모님께 "부모님댁을 찾아뵙겠다"는 말로 표출되곤 했는데, 이 말이 어머니의 심기를 건드려 그녀를 미치게 만들었죠.

"여긴 네 집이기도 하다!"

어머니의 말씀 후에 저는 입을 닫고 있었죠. '내 집은 부모님이 계신 곳이 아니라, 내가 있는 곳이다'는 생각은 믿을 수 없을 만큼 강력했습니다.

이제 어느 정도는 안전하다고 생각했습니다. 여기서는 아무도 저를 윤간하지 않을 것이며, 그 누구도 술을 마시고 제 침대에 들어와 저를 더듬으려 하지 않을 것이며, 그리고 교수님들 중 가장 가혹한 비평가조차 어머니가 쏟아내는 경멸의 언어에는 결코 비할 수 없을 거라 생각했습니다. 사실 선생님들은 대부분 저에 대한 칭찬을 아끼지 않았습니다. 그게 저에겐 오히려 이상한 일이었죠.

비로소 숨을 내쉴 수 있었습니다. 제 인생 처음으로 매일 24시간의 경계가 필요 없었습니다. 좀처럼 놓을 수 없는, 때로는 이해조차 힘든 아찔한 안도감이었죠. 제 마음이 비난으로부터 자유롭게 풀려난 놀랍디 놀라운 경험이었습니다. 좋아하는 것에 집중하고, 그 외의 것은 미뤄두었기 때문에 저의 성적은 처음으로 A에서 D까지 다양하게 걸쳐 있었습니다.

🙍 **대학 시절의 사교 활동은 어땠어요?**

친구를 사귀기 시작했죠. 여자 친구도 몇 명 있었어요. 물론 해리 증상 때문에 완전히 거기에 몰두하지는 못했습니다. 하지만, 부모님과 함께 살 때보다는 훨씬 자유로웠습니다.

🙍 **그 당시 당신에게는 여러 인격이 있고 그중 일부만이 진정한 자아라는 사실을 이해했습니까?**

그게 표출되었던 유일한 방법은 제 예술 활동을 통해서였습니다. 저는 캔버스가 있는 교실에서 이루어지는 진정한 예술과 저의 잠재의식을 표현하는 능력을 발견했습니다. 아주 큰 여자 누드를 그린 적이 있었는데, 그림 속 주인공은 아주 큰 포식자와 같았습니다. 놀랍지 않은가요! 의식적으로 그린 게 아니었습니다. 그리고는 자화상을 그렸죠. 그 자화상은 얼굴과 상체의 한 쪽은 빛 속에 있고, 다른 쪽은 칠흑 같은 어둠 속에 있는 수척한 남자 같았습니다. 저조차 그 당시 무의식적으로 제 자신을 해리된 존재로 그렸다는 사실을 전혀 몰랐습니다. 밝은 부분은 공개되어 있고, 어두운 부분은 거의 안 보이지만 여전히 존재하는 저를 그렸던

😀 저의 첫 기억이요? 어머니가 내 목을 조르려고 했던 거죠.

것이죠. 결국 제 대답은 그 사실을 알고 있었지만 의식하지 않았다는 겁니다. 그러나 그것들은 여러 방식으로 드러났습니다.

🔷 **대학 시절 감정적으로는 어땠습니까? 심리적인 면들을 철저히 비밀에 부치기는 꽤 쉽지 않은 일일 텐데요.**

자유와 독립에 대한 저의 느낌은 신선한 한줌의 숨결이었다가, 후에는 산들바람으로, 나중에는 바람으로 바뀌었습니다. 하지만 당신 말이 맞습니다. 제가 어떻게 다뤄야 할지 몰랐던 일들이 일어나기 시작했죠. 개똥철학을 늘어놓던 1학년 강의 시간이었는데, 촉발되었던 건지 혹은 저절로 그런 건지는 모르지만, 저는 일어나서 걸었어요. 자신의 행위를 느끼거나 판단하지도 못한 채 말이에요.

완전한 기억상실증 상태로 여섯 시간을 걸으면서, 제가 누구인지 어디에 있는지도 잊었습니다. 그렇게 몇 시간을 걸었는데 결국 제가 대학 캠퍼스에 있으며, 그러므로 틀림없이 학생일 것이라고 생각했습니다. 아마도 익숙한 건물을 찾았겠죠. 우연히 제 강의실 건물을 찾았고, 제도판에 표기된 내 이름을 보았을 때, 갑자기 내면에 거대한 회오리바람이 일듯 기억이 되돌아왔습니다.

완전히 의식을 잃었던 시간은 여섯 시간에서 여덟 시간 정도 되었습니다. 정말 무서웠습니다. 제가 받고 있는 트라우마 치료 중 올해 말에 있었던 EMDR[1] 세션에서 마침내 기억했는데, 그 기억을 유발했던 계기는 남성에 의한 성폭행 사례였습니다(EMDR은 특수한 트라우마 치료법인데, 랜들이 여기서 기술한 방식처럼 종종 오래된 기억이 떠오를 수 있다).

🔲 이런 기억들이 다른 방법으로 나타났나요? 그러한 일들이 학교 생활에 방해가 되었나요? 그러한 상황들이 심신을 매우 쇠약하게 만들 수도 있거든요.

저는 바닥에서 자는 것을 선호해 침대에서의 잠자리를 피했습니다. 침대에 책과 옷들을 엉망으로 쌓아두고 일 년이 지난 후 깨달았는데, 저의 일부에게 침대는 성폭행과 연관되어 있다는 사실을 깨닫고, 침대에서 자지 않는다면 추행을 피할 수 있다고 생각했던 거죠. 그야말로 보헤미안처럼 지냈습니다.

제가 처음 '몸의 기억'을 떠올린 것은 대학교 2학년 때였습니다. 잠에서 깨었는데 무릎 아래로 일시 마비가 오더군요. 나중에 깨달았는데, 그게 어머니의 성적 학대에 대한

1 EMDR: Eye movement desensitization and reprocessing, 안구 운동 민감 소실 및 재처리 요법 1990년경에 미국 심리학자인 Shapiro에 의해 개발된 치료법으로 스트레스를 유발하는 이미지를 떠올리면서 안구 운동 등 양측의 감각 자극을 한다. 외상 후 스트레스 장애(PTSD)에 그 효과가 입증되었다.

🙂 저의 첫 기억이요? 어머니가 내 목을 조르려고 했던 거죠.   293

몸의 기억이었다는 것이 분명했습니다. 당시에는 그게 무엇인지 아무도 몰랐기 때문에, 대학의 누군가가 심리 치료를 권유하기 전까지 신경과의사를 찾아 정말 많은 검사들을 받았습니다. 집단 치료를 받는데, 비록 학대의 기억이 수면 위로 올라오지는 않았지만, 감정적인 것들을 말할 수 있다는 사실과 심리 치료가 도움이 될 수도 있다는 사실을 깨닫게 되어 좋았습니다.

저는 우리 가족이 정서적으로 얼마나 달랐는지 이해하기 시작했습니다. 다른 아이들에겐 감정, 눈물, 웃음, 농담, 놀림이 깃들어 있는 가족이 있는데 저에겐 짧은 악수를 끝으로 헤어지는 부모가 있습니다. 어떤 사람들에게는 '감정'이라고 얘기하는 이상한 것들이 있다는 사실을 이해하기 시작했고, 그것을 알고 깨닫는 게 안전하다는 사실을 이해하기 시작했죠. 그리고 거기에는 저를 꾸짖는 사람도 없었습니다. 다른 아이들은 멀리 떨어진 가족과 전화로 긴 대화를 하는 반면, 저는 부모님 모두 술에 취해 있지 않을 시간인 토요일 아침에 조심스럽게 전화를 해야 했죠.

🔵 졸업이 가까워져 대학을 떠나야 할 무렵에 무슨 일이 있었습니까? 당신 자신의 계획이나, 아니면 부모님이 당신을 위해 세워준 계획이 있었나요?

부모님께서는 제 졸업식에 오셨지만, 제가 고작 몇 개의 우등상과 상장을 받았을 뿐, 파이 베타 카파(Phi Beta Kappa)[2]에 들지 못했기 때문에 어머니는 저를 경멸했죠. 몇 년 후 대부분의 부모님이라면 자랑스러워했을 학문적 성취로 두 번째 학위를 취득했을 때, 저는 그분들을 초대하지 않았습니다. 의미 없어 보였을 뿐 아니라 그분들이 오는 것을 원하지도 않았기 때문이죠.

2차 인터뷰

🧑 대학 이후, 스스로의 삶을 시작하면서 감정적으로나 기능적으로 어떻게 보냈는지요?

저는 학교에서는 좋은 성적을 거두었고 유명한 도시 계획 회사에서 인턴을 했습니다. 곧바로 좋은 직업과 동료, 그리고 독립적인 삶을 얻게 되었죠. 거기서부터 저는 여러 번 이사를 했고, 군대 생활도 얼마간 했지만, 현저한 우울증과 심각한 음주 문제를 가지고 있었습니다.

🧑 그 시기 가족과의 관계는 어떻게 했나요?

계속해서 가능한 한 멀리 살면서 부모님께는 한 달에 한 번

---

2   미국의 가장 오래된 엘리트 클럽으로 대학이 추천한 우등생들로 구성된 친목 단체이다.

전화를 드렸죠. 한번은 부모님께서 뉴욕으로 찾아오셨는데, 저를 보고 놀라워하셨고 심지어 아버지는 제가 보인 자신감과 편안함에 감동까지 하더군요. 아버지는 제게 교육이나 직업 등을 매우 잘 선택했다고 분명히 말씀하셨죠. 드물게 인정받았던 순간이었습니다.

🎙 감정적으로는 어떻게 지내셨나요?

'리키'는 여전히 자신의 일을 가진 열심히 일하는 청년이었습니다. 제 해리는 그런 면에서는 잘 작동했습니다. 하지만 게이 목욕탕을 찾아 다른 남자들과 섹스하고 싶다는 주체 못 할 충동이 일었습니다.

　그것은 제가 책임져야 하는 일이었고, 당연히 성적 학대의 일부를 재연하는 것이었지만, 전적으로 제 스스로 부추긴 일이었습니다. 그런 뒤 저는 집으로 돌아가 적어도 한 시간은 샤워하고, 다음 날은 열두 시간을 일하곤 했습니다. 저는 또한 똑똑한 젊은 전문가로 보일 수 있는 보다 인정받을 수 있는 활동에도 나섰죠. 저의 일부인 게이는 다른 인격들과 소통하지 않았습니다. 물론 저는 제가 게이인지 아니면 게이임에 틀림없을 거라고 스스로 추정하는 건지 궁금했습니다.

🧑 이 시기에 치료를 받았었거나 치료가 필요할 수도 있다고 생각했었나요?

저는 정신 분석이 '최고'의 치료라는 결론을 내리고, 수년간 일주일에 몇 번씩이나 그렇게 했습니다. 나중에 저는 침묵과 인간적 접촉이 없는 이러한 치료가 저와 같은 트라우마가 있는 사람들에게는 최악의 치료법이라는 사실을 깨달았습니다. 하지만 그 당시로서는 최선의 선택이었습니다. 제게 필요했던 치료법이 당시에는 가능하지 않았던 것 같아요.

🧑 그때 당신의 가족에게는 어떤 일이 있었습니까?

아버지는 심장마비가 더 심했고, 마지막 무렵에 아버지가 입원해 있는 2주 동안 우리는 함께 보냈어요. 아버지는 전에 얼마 동안 술을 끊은 적이 있었는데, 그 당시 우리는 정말 좋은 관계를 맺고 있었습니다. 아버지는 자신의 음주가 제게 끼친 영향에 대해 사과를 하셨죠. 그 사과는 씁쓸하면서도 달콤했습니다. 술 뒤에 숨은 아버지가 아니라 제가 자랄 때 그 아버지였으면 좋았을 텐데. 아버지가 또 한 번의 심장마비로 돌아가셨을 때까지 우리의 관계는 그랬습니다.

한편, 형과 저는 점점 이상해져가는 어머니를 어떻게 대해야 할지 궁리하고 있었습니다. 형과 형수, 조카들은 어머니와 같은 건물로 이사를 했고, '미친 여의사'에 대한 이야기를 듣기 시작했죠. 어머니는 언제라도 폭발할 수 있는 시한폭탄과도 같았습니다. 한번은 라이트도 켜지 않고 굽은 산길을 밤에 운전해 내려오기도 하였습니다. 아뿔싸, 역주행으로 말이죠! 어머니는 사람들에게 섹스하러 오라고 부탁했습니다. 우리는 적어도 감정이라도 받아보기 위해 어머니를 병원에 데리고 가야 한다고 결정했습니다.

저는 비행기로 출발했고, 어머니는 두 아들이 무슨 짓을 꾸미는지 점점 의심하기 시작했습니다. 어머니는 싸구려 와인을 마시기 시작하더니 잇따라 보드카를 마시고는 우리가 자신의 돈과 소유물을 훔치러 왔다는 말을 중얼거리기 시작했죠. 어느날인가는 아침에 일어나자마자 시내로 차를 몰고 가 유언장에서 저희 이름을 빼기 위해 변호사를 만나겠다고 선언하였습니다.

우리가 몰래 두 대의 차를 못 쓰게 만들었기 때문에, 어머니는 화를 내며 마을까지의 몇 마일 길을 걸어 가겠다고 하더군요. 어머니가 저를 높은 산길에서 골짜기로 떠밀려고 하는 동안에도 저는 어머니와 함께 걸었습니다.

솔직히 저도 어머니를 뒤로 밀어버리고 싶은 마음이 꽤나 있었어요. 이미 신고를 해두었으므로 저는 보안관이 어느 시점에는 도착할 것이란 사실을 알고 있었죠. 결국 보안관이 도착하여 어머니를 보안관의 차에 태울 수 있었습니다. 병원에 들어가는데 직원들이 직업상 모두 어머니를 알고 있었기에 어색했습니다.

그러는 동안, 형과 저는 집으로 돌아가 집안을 샅샅이 뒤졌습니다. 그리곤 경악했죠. 사방에 쟁여둔 술 상자가 발견되는 거였어죠. 더 충격적인 것은 한 뭉치의 자가 처방 약물이었습니다. 약 상자와 찻주전자에는 병들이 잔뜩 있었고, 변기 뚜껑 아래와 선반 속에 테이프로 붙여 숨겨두었고, 벽난로 환기구 뒤에 숨겨 놓았고, 이불장 속 시트와 타월 사이에도 끼워져 있었어요. 냉동실과 냉장실에서도 몇 개를 찾았습니다. 정말 모든 곳에 약이었습니다. 형과 저는 다음날 가장 큰 쓰레기 봉투를 가지고 돌아왔습니다. 각성제, 진정제 말고도 또 뭐가 있을지 아무도 모를 일이었습니다.

어머니는 바이러스성 뇌 질환을 앓고 있으며 오래 살지 못할 것이라는 진단이 돌아왔습니다. 그들은 저희가 어머니의 법적 후견인이 되는 과정을 도와주었습니다. 더 이상 어머니를 잡으러 온 '악마 아들'로 보이지 않아도 된다는 사실에 안도했습니다.

모두들 어머니가 오래 살지 못할 것이라 예상했지만, 좋은 요양시설로 옮겨 거기서 19년을 더 살았죠. 얼마 뒤, 저는 어머니의 진단에 의문이 생겨 몇 가지 연구를 하였습니다. 저는 어머니가 알츠하이머를 앓았을 수도 있겠다는 의심이 들었는데, 어머니 사후 부검 결과, 여러 해 동안 알츠하이머를 앓아왔다는 사실이 확인되었죠. 상황이 분명히 이해되기 시작했습니다. 제가 대학에 있었던 그 무렵이 아마 알츠하이머 초기였을 수 있었다는 사실을 그제야 깨달은 거죠. 저는 어머니의 비서가 옆에서 극도로 세심하게 시중을 들었던 일과 '앤 박사'가 해야 할 일, 서명하거나 어딘가에 참석해야 하는 모든 일들을 챙겨주었던 사실을 기억해냈습니다. 그러니 어머니가 병원 업무를 잘 수행할 수 있었던 일은 설명이 됐지만, 그와 동시에 어머니는 혼자 점점 비이성적이고 이상해져 갔던 것이었죠.

🧑 어머니가 진단받고 요양시설에 있었던 그 모든 기간 어머니에 대한 느낌은 어땠나요?

이제 제가 우위에 서 있고, 원한다면 복수도 할 수 있다는 생각이 들더군요. 비록 그렇게 스치는 생각에도 불구하고 실제로 끌리는 건 아니었지만 말입니다. 아이러니하게도, 어머니가 저를 돌보았던 것보다 제가 어머니를 더 잘 돌보았습니다.

🧑 그런 일들을 겪으면서 형과의 관계는 어떠했나요?

비록 조금이었지만, 우리는 천천히 함께할 기반을 찾아갔습니다. 그로부터 얼마 후 저는 형이 부인과 자식들을 남기고 자살했다는 소식을 들었습니다. 저는 그런 형의 행동과 자신의 책임을 외면한 현실에 엄청 화가 났습니다. 그리고 연대감에서, 저 또한 어느 정도 형과 같이 해야 한다고 느껐습니다. 저는 과거로 향하는 창문을 저와 공유했던 한 사람이 자기 스스로를 포기했다는 사실에 엄청 화가 났습니다. 그리고 (가해자로서) '숨어 지내왔었던' 형이 자신을 승리자로 만들어버린 데 대해 화가 난 것이었죠. 저는 절대 그렇게 하지 않기로 결심했습니다.

🧑 **어머니가 요양시설에 들어가 살고, 형이 자살한 이후 당신은 어땠나요?**

직장으로 돌아와 하던 일을 다시 집어들었죠. 당분간 게이로 살아볼까도 했었는데, 그건 아닌 것 같았어요. 결국 저는 저와 비슷해 보이는 여자를 만나, 거리를 두고 오랜 기간 아주 천천히 서로 알아갔습니다. 그녀를 신뢰하기 시작했는데, 그건 매우 이상한 느낌이었습니다. 그녀는 저에 대한 모든 것을 알았고, 저 역시 그녀에 대해 그랬죠. 그녀는 자신의 문제를 안고 있으면서도 제 문제 역시 받아들였습니다. 비록 제가 성적 학대에 대한 기억들을 죄다 묻어버렸지만, 그녀는 제가 그 일에 대해 줄곧 부정하면서도 자주 그 일에 대한 꿈을 꾸고 언급한다는 사실을 제게 말해주었습니다.

결혼한 이후에도 우리는 밝혀져야 할 문제들이 더 있다는 것을 알았죠. 그녀는 제가 술을 너무 마신다는 사실을 부드럽게 지적했고, 저는 끊기로 결심하였습니다. 저는 제

부모님이 했던 일을 반복하고 싶지 않았고, 제 의붓아들에게 또 다른 알콜중독자 아버지가 되고 싶지도 않았습니다. 하지만, 술이 없을 때는 그 기억들이 되살아나기 시작했어요. 결국 해리된 아이 상태로 침대에서 태아 자세를 하고 웅크리고 있는 나를 발견한 후, 치료사가 필요하다는 사실을 깨닫게 되었죠.

🔴 그 시점에는 자신에게 무슨 일이 벌어지고 있는지 확신을 못 했을 텐데, 어떻게 같이 치료할 수 있는 치료사를 찾을 수 있었을까요?

저는 그 전 치료사와 작업을 그만두었고, 마침내 트라우마 커뮤니티에서 아주 연배가 있는 한 여성을 알게 되었어요. 그녀는 제가 기억하고 고군분투하던 그러한 종류의 일에 대해 잘 알고 있었습니다. 그동안 제가 미쳐가고 있다고 느꼈었는데, 사실 여러 가지 면에서 서서히 제정신을 되찾고 있었습니다. 나중에 저와 아내 사이에 짧은 슬로건이 만들어졌죠.

"미치기는 쉽다. 어려운 것은 제정신으로 돌아오는 일이다."

주당 80시간을 일하고, 운동을 하지 않으며, 안전한 공간이 없고, 술 마시는 일로 '망각' 상태를 지탱하고 있었습니다. 그래서 기억을 되찾는 일을 시작하기 전에 우선 일을 줄여야 했고, 아내와 함께할 수 있는 안전한 장소를 찾아야 했고, 제 자신을 어느 정도 돌봐야 했습니다.

🔲 어떻게 당신 인격 안에 여러 '사람들'을 발견했고, 어떻게 그들과 함께
작업을 했나요?

우선, 저의 심리치료사와 저는 서서히 정말로 여러 인격이
존재한다는 사실을 이해하기 시작했습니다. 우리는 차트를
만들어 모든 인격에 이름을 짓고 정체성을 규명하기 위해
노력했고, 매일 모든 부분을 점검하려 했습니다. 엄청난 양
의 일기를 쓰면서 어떻게 이쪽 인격에서 저쪽 인격으로 이
행하는지, 그리고 그들이 어떤 감정을 가지고 있는지를 더
욱 의식하려고 노력했습니다. 각각의 인격은 다른 인격과
는 분리된 각각의 감정을 가지고 있었습니다. 제 치료에서
뿐만 아니라 제 자신 속에, 제 삶 속에 안전한 장소를 계속
만드는 일이 반드시 필요했습니다.

🔲 이 개인 치료사와 주로 작업하였습니까?

그녀는 항상 저의 주 치료사였고, 우리는 EMDR[3]과 그 밖
의 방법을 사용하였습니다. 저는 또한 정서적 학대와 성적
학대에 대한 이해를 가지고 있는 사람들과 함께 작업을 했

---

3 Eye movement desensitization and reprocessing의 약자로, 안구 운동 민감 소실 및 재처리 요
법이라고 하며, 1987년 Francine Shapiro가 개발한 트라우마 치료법의 한 가지이다.

습니다. 저는 45명의 다른 남자들과 피정을 하고 있었는데, 지도자는 우리 중 얼마나 많은 사람이 여자에게 성적 학대를 당했는지 물었어요. 스무 명이 넘는 사람들이 손을 들더군요. 엄청났습니다. 저는 수년간 이런 집중적인 '주말 전사 워크숍'[4]에서 그룹 치료를 받았습니다.

저는 또한 다른 두 사람과 운동도 열심히 했습니다. 그 일로 인해 저는 마침내 수년 동안 제가 실제의 제 몸으로 살고 있다는 걸 느꼈습니다. 50년이 넘도록 느껴보지 못했던 일이었는데 말이죠.

제 자신의 경험을 검증하고 더 큰 그림을 이해할 수 있도록 도와준 일이 한 가지 있었죠. 형의 자살 후, 조카딸들이 모두가 침묵 속에 잠들어 있는 밤중에, 누군가 자신들의 방에 들어와 다리와 성기를 만지는 이상한 꿈과 장면을 이야기하기 시작했습니다. 형이 그들에게 그렇게 해왔고 어머니가 우리 둘에게 했던 방식으로 학대해 왔다는 사실이 제겐 명확해보였습니다. 결국 우리에겐 모두 허술하게 열리는 침실 문이 있었던 것이죠. 조카딸들은 학대에 대해 형을 정면으로 비난하지는 않았지만, 저는 무슨 일이 일어났는지 확신할 수 있었습니다. 또한 그 일에 대한 죄책감이 형의 자살에 영향을 미쳤을 거라고 생각합니다.

---

4 주말에 격렬한 운동을 몰아서 하는 사람

또한 제 아내와 저는 '성적 학대로부터의 치유를 위한 12단계' 단체에도 참여하고 있습니다. 거기서 우리의 언어와 사고가 바뀌기 시작하였습니다. 우리는 우리 자신의 문제를 연구하여 다른 사람들에게 도움을 제공하는 일을 계속할 계획입니다.

🅰 **지금 당신은 이 여정 전체의 어디쯤에 있다고 생각하시나요?**

 얼마 전, 혼자 제 차로 운전을 하던 중에 제 여러 가지 인격들 중 몇 가지를 짚어보려 했는데, '그것'들을 느낄 수가 없더라구요. 저는 '나'에 대한 느낌을 더 가지고 있었고, 저의 일부들이 자발적으로 통합되었다는 사실을 깨달았어요. 너무 놀라 도로 옆에 차를 세웠죠. 거대하고 심오한 평온과 슬픔의 감정이 밀려오더군요. 저는 두 가지 상태로 앉아 있었습니다. 슬픔은 잦아들었고, 당시의 평온한 마음은 제가 돌아갈 수 있고, 또 그렇게 할 수 있는 시금석으로 남아 있어요.

 지난 번 제 치료사와 저는 저의 또 다른 주말 전사 워크숍 프로그램 참여를 상의하였는데, 어쩌면 그 대신에 사진 워크숍을 택해야 할 시간이라는 결론을 내렸습니다. 회복 과정이 마침내 서서히 끝나고 있고, 저는 건강하고 좋은 느낌으로 거의 통합되었습니다.

🎧 어떤 것이 당신에게 가장 도움이 되었나요?

지속적으로 안식처를 찾고, 자존감과 자기애, 그리고 자의식을 키우는 것이었어요. 아마도 호피족 가정부들로부터 제게 '전달'되었던 것 같아요. 겨우 몇 년 정도 그것들을 받았을 뿐이지만, 그들의 무조건적인 사랑과 보호는 가치를 따질 수 없을 만큼 소중한 것이었습니다.

저는 제 어린 시절의 포식자가 이기도록 내버려두지 않고, 치유하고자 노력했습니다. 제 생각엔 저의 일부분이 살아남기 위해 멀리 떠나야 한다는 사실을 깨달으면서 시작된 것 같아요. 제 인격 중 하나는 온전히 저의 탈출 계획에 집중되었습니다.

이 시점에서 저는 또한 용서까지는 아니지만, 부모님과 형이 살았던 복잡한 삶에 대한 연민을 가지고 있습니다. 그들은 건조한 감정의 사막에 있었고, 저는 지금 낙원에 살고 있으니까요.

랜들의 이야기에 대한 나의 고찰

랜들은 해리성 정체성 장애를 가진 사람이 건강하고 사랑이 충만한 결혼을 유지할 뿐만 아니라, 상당한 수준의 직업적 성취를 유지한 꽤 드문 경우였다. 그는 심각한 장애를 겪었지만,

해리성 정체성 장애 때문에 누군가 자신의 삶을 통제할 때, 어느 정도 일을 지속하며 지나칠 수 있었다. 해리성 정체성 장애는 어떤 의미에서는 또한 성인기의 그를 보호하였다. 랜들이 폭풍우도 견딜 수 있을 정도로 안정되었을 무렵, 그것은 방어기제로부터 분리되기 시작했다.

그의 회복 탄력성은 두 가지에서 온 것으로 보인다. 첫째, 호피족 보모로부터의 초기 모성 보호라는 '씨앗', 둘째, 가족을 떠나 성공하려는 욕구와 그가 가진 지적 능력이다. 그는 도망쳐야 하고, 건강하고 사회적으로 인정받는 방식으로 그 일을 계획할 수 있다는 사실을 일찌감치 깨달았다.

이 책에 소개된 다른 사람들과는 달리, 그는 열등감이나 죄책감, 혹은 자신이 받은 끔찍한 처우에 대한 책임감을 거의 가지고 있지 않아 보인다. 그의 초기 보모는 그에게 자신이 '좋은 아이'라는 느낌의 견고한 내적 자아를 가질 수 있게 했고, 그것은 어머니의 거부, 분노, 모욕과 학대에도 쓰러지지 않았다.

랜들은 무엇보다 치유를 위해 보다 많은 노력을 해왔고, 그 효과는 놀라웠다.

랜들의 이야기로부터 무엇을 배울 수 있는가?

올바른 치료사를 찾은 일은 그에게는 핵심적 성공 요인이었다.

그는 지지 집단과 주말 집중 워크숍뿐만 아니라 심리 치료, 운동, 그룹 치료를 성공적으로 병합했다. 대부분의 트라우마 전문가들은 심각한 트라우마에 처한 사람들에게 여러가지 치료 방법이 필요하다는 사실에 동의하고, 심리 치료, 운동, 명상이나 마음 수련, 그리고 그룹 치료를 권한다. 나는 거기에 더해 예술, 시, 글쓰기, 춤과 같이 자유롭고 창의적인 활동들을 통해 무언가를 표현할 수 있는 일이 필요하다는 사실을 추가하고 싶다.

랜들은 자신의 치료 과정 전체를 매우 잘 기술하고 자세히 묘사한다. 그리고 사실 그의 이야기는 그의 치료사의 트라우마와 회복에 관한 책들 중 하나에 실리기도 했는데, 이 책에 신기 위하여, 그의 회복 여정을 상당히 압축하였다. 나는 그가 자신의 이야기를 글로 쓰도록 격려했다.

옮긴이 후기_

더 이상 아프지 않은 부모를 만난다는 것

인간에게 질병은 피할 수 없는 삶의 모습이다. 정신질환도 예외가 아니다. 그건 일어나서는 안 되는 현실이 아니라 그것이 인간의 삶이고 인간 세상이다. 영화 〈세인트 오브 뉴욕〉*에서 조현병 환자인 주인공이 필름이 없는 빈 카메라로 주위 사람들을 찍는데, 대상들은 불우하고 가난하며, 개중에는 주인공을 속이는 사람들도 있다. 영화 마지막 장면, 주인공이 죽은 뒤 카메라에 찍힌 사람들의 모습은 모두 하나같이 건강하고 행복에 겨운 사랑 넘치는 모습이었다. 주인공이 마음에 담고자 했던 삶의 모습이었다. 어쩌면 현실 세계의 모습이라기보다는 천국에서의 모습을 그린 건 아니었을까.

'모든 눈물을 그 눈에서 씻기시매 다시 사망이 없고 애통하는 것이나 곡하는 것이나 아픈 것이 다시 있지 않을 것'이라는 성경 구절**처럼, 천국에서는 늙음도 병고도 죽음도 없다고 한다. 이창동 감독의 영화 〈오아시스〉. 지하철역에서 뇌성마비를 가진 문소리가 자신을 업고 고생하던 설경구를 위해 느닷없이 온전한 모습으로 일어나 '내가 만일'이란 노래를 부르는 장면이 오버랩된다.

저의 첫 기억이요? 어머니가 내 목을 조르려고 했던 거죠.

질병이 없는 그 곳에서 내가 만나온 수많은 중증 조현병 환자들이 아프지 않은 모습으로 멋진 정장을 차려 입고, 더 이상 어눌하지도 않은 말투로 내게 웃으며 다가와 당당하게 악수를 청하는 상상을 하곤 한다.

"이 선생, 수고 많았어요."

그리고 그 곳에서는 정신질환자의 자녀들도 더 이상 아프지 않고 너무나도 멋있는 자신의 부모를 만날 수 있을 것이다.

---

* The Saint of Fort Washington(1993), 팀 헌터 감독, 대니 글로버, 맷 딜런 주연의 영화. 한 때는 비교적 안락한 생활을 영위했으나 지금은 노숙자 신세인 제리(대니 글로버)는 매튜(맷 딜런)를 워싱턴 수용소에서 만난다. 조현병 환자인 매튜의 유일한 흥미는 필름이 없는 빈 카메라를 들고 세상의 모습과 자신의 고독한 존재를 은밀하게 기록해나가는 것이다. 자신의 공포와 혼란을 애써 감추고 있는 주눅 든 매튜를 이해하면서 제리와 매튜는 끈끈한 정을 공유하기 시작한다.

** 요한계시록 21장 4절

아홉 번째 인터뷰_ 마이크

우리 가족이 무너질 때까지 아무도 도와주지 않았어요.

열 번째 인터뷰_ 데이비드

어머니의 전두엽절리술(lobotomy)이 내 삶을 구했어요.

열한 번째 인터뷰_ 마크

네가 집을 떠난다면, 누군가 너를 죽일 거야.

열두 번째 이야기_ 크리스토퍼

어머니를 구했어야 했다.

조현병   대부분의 사람들은 2019년 4월 진주 아파트 살인 사건과 같은 조현병 환자의 범죄 기사를 통해 조현병 환자에 대해 접하게 된다. 아직 정신 장애인에 대한 언론 보도 가이드라인이 국내에 마련되어 있지 않은 상황에서, 자극적인 보도로 인해 정신질환자들을 영구히 격리하라는 격한 여론도 생겼다. 조현병에 대한 사회적 낙인은 심해질 대로 심해져, 환자들은 사회적 시선에 불안해 하고, 가족들 역시 가족 중에 조현병 환자가 있다는 사실을 다른 자식들 혼사에 방해될까 더욱 쉬쉬하게 되었다. 정신질환자의 지역사회 재활시설과 정신병원에 대한 님비현상(NIMBY, Not In My Backyard)이 최악으로 치달았다. 경찰은 사회 방위 차원에서 강제 입원 권한을 요청하기도 하였고, 이에 반해 인권 단체에서는 치료받지 않을 자유에 대해 주장하였다. 당연히 이러한 사고는 예방되어야 하고, 시민과 사회는 보호되어야 한다. 그리고 그러한 책임은 국가에게 있다고 본다. 정신질환자의 인권 증진과 공공의 안전 문제는 대립되는 개념이 아니다. 대한민국 헌법 37조를 통해 '공공복리를 위하여 우리나라 국민은 누구나 필요한 경우에 기본권이 제한'될 수 있고, 정신질환의 증상으로 인하여 자타해 위험이 있을 시 입원 치료가 강제되는 것은 정신 장애인의 법적 평등권을 침해하는 것이 아니다. 오히려, 정신 장애인의 사회 통합을 위해 공공의 안전을 소홀히 해서는 안 된다고 생각한다.

하지만, 이러한 기사와 여론을 통해 알 수 있는 것은 많은 사람들이 정신질환이 치료될 수 있다는 사실과 이들이 누군가의 가족이라는 사실을 잘 알지 못한다는 것이다. 그리고 당사자나 가족들 역시 기사를 대하는 여느 사람들처럼 그 자신이 당사자나 가족이 될 것이라고 생각조차 못 해본 사람들이라는 사실을 말이다. 조현병은 학력과 사회적 계층, 인종과 무관하게 인구의 0.5~1%에서 발병하는 매우 흔한 병이다. 4인 가족 기준으로 스물 다섯 가구의 사람들 중 한 명이 환자이거나 가족이란 이야기이다. 예를 들자면 학교의 한 반에 한 두 명은 조현병 환자의 가족이나 당사자일 정도로 많은 사람들이 해당되는 주제이다. 당사자나 가족이 그렇게 되길 희망하지 않았던 것과 마찬가지로, 나와 가족 역시 조현병에 걸리거나 환자의 가족이 될 수 있다는 의미에서 조현병의 문제는 특정 집단이 아닌 우리 모두의 문제로 다루어져야 한다. _ 옮긴이

우리 가족이
무너질 때까지
아무도 도와주지 않았어요.

스물다섯 살인 마이크가 태어나기 전 아버지는 조현병으로 진단받았다. 마이크가 열두 살이 될 때까지 아버지와 할머니가 그를 돌봤고, 어머니가 가정 경제를 책임졌다. 마이크의 아버지는 그 무렵 증상이 악화되어 종종 정신증적 상태에 빠져 수차례 입원이 필요하였다. 마이크는 가족 내 침묵과 외부의 도움과 지지가 없었던 사실을 이야기한다. 일 년 전 어머니가 돌아가시면서 마이크는 스스로의 침묵을 깨고 지금은 정신질환에 대한 낙인을 해소하기 위한 인권 활동가로 열심히 활동하고 있다.

케테 콜비츠 〈자화상〉 1934년

콜비츠(Käthe Kollwitz, 1867~1945)는 20세기 초 독일의 비참한 사회 현실에 맞선 노동자와 가난한 자들의 삶을 자신의 예술로 생생하게 묘사했다. 제1차 세계대전에서는 아들을, 제2차 세계대전에서는 손자를 잃는 비극을 겪으며 반전 운동에도 앞장섰다. 최근의 연구에 따르면 콜비츠는 편두통을 동반하며 환각에 빠지는 '앨리스 증후군'이라는 신경성 장애가 있었던 것으로 보인다.

의학 용어로 정신병을 'psychosis'라고 하는데 프시케(Psyche)가 어원이다. 그리스 신화에서 에로스와 결혼한 프시케는 약속을 어긴 죄로 버림받은 후 큰 고통을 치르고서야 에로스와 재회한다. 정신병 phsycosis는 프시케의 극심한 고뇌에서 유래된 것이다.

psychosis는 Psyche+osis의 합성어로, 그리스어 osis는 상태를 뜻하는 접미사이다. 아들을 전쟁으로 잃은 콜비츠의 정신적 고통이 그녀의 자화상에 그대로 새겨진 느낌이다. 광란의 전쟁과 그녀의 상실감, 그 자체가 psychosis였을 것이다. _ 편집자

🧑 가족에 대해 말해줄 수 있나요?

저는 시카고에서 외동아들로 태어났습니다. 아버지는 저를 낳기 전 한 번 결혼해 낳은 딸이 있었지만, 저는 이복 누이와 함께 자라지 않았고 연락도 주고 받지 않았습니다. 아버지는 1981년에 조현병으로 진단받았고, 부모님은 1986년에 결혼해 1987년에 저를 낳았습니다.

🧑 아버지의 병에 대해 일찍 알았나요, 아니면 뒤늦게 알았나요?

저의 가장 첫 기억으로는 아버지가 일을 하지 않았기 때문에 우리 가족이 다른 가족과 다르다고 생각했습니다. 아버지는 병원에서 자살하려고 투신한 적이 있었는데 그 일로 조현병을 진단받고 나서는 일을 하지 못했습니다. 심각한 자살 시도로 인해 얻은 만성적 척추 손상이 늘 모든 상황을 짓눌렀습니다.

결과적으로 저는 세 살 무렵부터 우리 가족이 남들과 다르다는 느낌을 가졌습니다. 어린이집이나 유치원 다닐 때, 아버지는 저를 데려다주기도 하는 등 많은 시간을 함께했습니다. 우리는 양가 조부모님과도 가까이 지내서 그분들이 저를 잘 챙겨주셨는데, 학교에 가기 전에 저는 양가의 조부모님과 많은 시간을 같이 보내기도 했습니다. 저는 매우 일찍기 제 상황이 또래와 다르다는 것을 알았습니다.

🧑 **당신이 처한 현실에 대해 조언해주는 사람이 있었습니까? 아니면 그 것에 대해 물어본 적은 있었나요?**

아니요. 아무도 그것에 대해 이야기해주는 사람은 없었습니다. 사실, 내가 일곱 살 때 아버지가 자신에게 뇌 신경전달물질이 불균형한 정신질환이 있으며, 건물에서 뛰어내려 자살 시도를 했었다고 이야기한 적은 있었습니다. 나는 당시 아버지가 하셨던 이야기를 또렷이 기억하고 있습니다. 비록 정확히 이해할 수는 없었지만, 일곱 살이었던 나에겐 매우 충격적인 이야기였습니다. 그 당시 아버지가 왜 그 이야기를 나에게 갑자기 꺼냈는지는 알 수 없었지만, 아마도 그때가 털어놓기에 적절한 때라고 생각했던 것 같습니다. 나는 당시 어떻게 해야 될지도 몰라 '뭐, 괜찮아'라고 생각 했습니다.

🧑 **이 대화를 누구에게 이야기한 적이 있나요?**

아니요. 전혀 없습니다. 어머니가 돌아가시기 전까지 아버지의 병에 대해 누구에도 말한 적 없습니다. 어머니와 나는 아버지의 병에 대해 이야기하지 않았습니다. 내가 어머니를 화 나게 하거나, 어머니 또한 저를 화 나게 할 만한 이야기는 전혀 하지 않는 분위기였습니다. 그리고 어머니는 밖에서 일하는 시간이 많았기 때문에 많은 일들이 어머니가 안 계실 때 일어났습니다.

🧑 유년 시절에는 아버지가 돌봐주었나요? 초등학교에 들어간 후에는 어떤 일들이 있었나요? 아버지의 상태는 어떠했고, 그게 당신에게는 어떤 영향을 미쳤습니까?

내가 열세 살이 될 때까지 아버지의 상태는 꽤 좋은 편이었어요. 하지만, 내가 열두 살인가 열세 살인가 즈음에 할머니가 돌아가시면서 아버지의 상태가 점차 악화되기 시작했어요. 할머니가 돌아가시기 전, 아버지에게 뭔가 문제가 있다는 느낌은 있었지만 비교적 잘 덮고 있었습니다. 요즘 들어 알게 된 사실이지만 당시 아버지는 무욕증(lack of motivation) 같은 조현병 음성 증상이 주요하게 나타났던 것 같아요. 할머니가 돌아가시기 전까지는 망상이나 정신착란에 빠졌던 모습은 제 기억에 없었습니다.

🧑 그 전에 가족 내 분위기는 어땠습니까?

그 전에 아버지 기분은 훨씬 좋았었습니다. 가족 여행이나 휴가도 함께하고, 교회를 다니는 등 영적으로도 좋았었습니다. 내 야구 경기에도 찾아와주곤 했는데, 한번은 우리 야구팀을 코치해준 적도 있었습니다. 나는 아버지와 함께하는 것이 좋았고 서로 잘 지냈었습니다. 아버지도 나와 함께하는 것을 좋아했습니다. 아버지가 남들과 조금 다르고 일도 하지 않았지만, 우리의 관계는 좋았고 상황도 나쁠 일이 없었습니다.

🧑 할머니는 어떻게 돌아가셨습니까? 지병이 있었나요?

할머니는 뇌동맥류로 갑자기 돌아가셨습니다. 사실 양가 조부모님들은 제가 열두어 살 무렵 모두 돌아가셨습니다. 나는 그분들을 좋아했고 그분들도 나를 챙겨주셨습니다만, 너무 어려서 잘 기억나지는 않습니다.

대부분의 조현병 환자들이 병식이 없듯이 아버지는 할머니의 죽음이 자신에게 지대한 영향을 미쳤다는 사실을 모르는 것 같았습니다. 그 후 아버지의 증상은 악화되었고, 다음 해부터는 늘상 화를 내고 옷도 제대로 안 입고 집에 있는 날이 많아졌습니다.

🧑 친가나 외가 가족들이 아버지의 진단을 알았나요? 아버지가 일하지 않는다는 사실을 어떻게 설명하였고 사람들은 어떻게 알고 있었나요? 가까이 지냈으니 모르기는 쉽지 않았을 텐데요.

어머니가 돌아가시기 전, 외가 쪽에서는 아버지가 조현병을 앓고 있는지조차 몰랐습니다. 조현병은 다른 정신질환보다 낙인과 편견이 심하기 때문에 아무도 언급하지 않았습니다. 조울증이 많이 회자되고 받아들여지는 데 비해 조현병은 금지된 영역이었습니다. 분명히 사람들은 무슨 일이 벌어지건 외면하고 나와 어머니에게 미뤘습니다. 아버지가 직업이 없이 집에만 있는 것에 대해 사람들이 어떻게 생각했는지는 모르겠습니다.

부모님이 살아 계실 동안에는 비교적 잘 지냈었기 때문에 삼촌과 숙모들은 아무 문제 없을 거라고 생각했었겠죠.

나를 정말 화나게 만드는 것은 이런 엄청난 사건이 가족에게 생겼는데도 누구도 무엇 하나 하지 않았다는 사실입니다. 누구 하나 그에 대해 물었던 적도 없었습니다. 어머니가 다 알아서 하겠지 생각했겠죠. 비록 어머니가 놀라울 정도로 잘 헤쳐 나갔지만, 그건 한 사람이 헤쳐 나갈 수 있는 성격의 일은 아니었습니다. 어머니는 정신건강 전문가를 포함한 누구에게서도 도움을 받지 못했습니다. 아버지가 많은 치료와 투약을 받았음에도 불구하고 가족들 모임이나 가정 내에서 벌어지는 일에 대해 어떤 관심이나 조언도 전문가들로부터 받지 못하였습니다. 그렇게 어머니는 아무 도움도 받지 못했습니다.

🎙 할머니가 돌아가신 후 아버지는 어떻게 달라졌나요? 그것이 당신과 어머니에게 어떤 영향을 미쳤습니까?

할머니가 돌아가신 후, 아버지가 나를 죽이겠다고 위협하는 일이 많아졌습니다. 야구 방망이를 들고 내 방으로 와서는 TV에다 나를 밀치곤 했는데, 한번은 어머니와 나를 함께 밀치는 바람에 어머니도 알게 되었지만, 대부분은 나 혼자 아버지와 함께 시간을 보낼 때 이러한 일들이 생겼습니다. 아버지의 기분을 예측할 수 없었기 때문에 집으로 돌아오는 길은 늘 살얼음을 걷는 듯했습니다. 그 전과 달리 망상이나 환청에 빠져 있는 시간이 많았고, 이미 저승에 계신 할아버지 할머니와 대화를 하는 듯 중얼거리곤 했습니다. 할머니가 돌아가시기 전에는 아버지가 망상이나 환청에 빠져 있는 걸 본 기억이 없습니다.

또한 아버지는 자살 시도로 인한 척추 손상으로 자주 아파하고 움직이기 힘들어했습니다. 예를 들어, 밖에서 공놀이를 하다가도 얼마 있다 들어와 앉아 쉬어야 했습니다. 그래서 아버지와 내가 함께하던 유일한 놀이였던 공놀이마저 점점 할 수 없게 되었습니다.

🧑 다른 아이들이 아버지에 대해 알았나요? 친구가 집에 놀러오거나 친구 집에 놀러가기도 했나요?

어렸을 때는 친구들이 집에 놀러오기도 했지만, 십대에 들어서면서부터는 내가 원하질 않았습니다. 친구들이 찾아와 놀려고 했다면, 저는 아마도 아버지와 마주칠 일이 없는 골목을 찾아야 했을 겁니다. 다른 아이들이 제 아버지를 보거나 아버지의 병에 대해 아는 게 싫었습니다. 어렸을 때만 해도 아버지는 나를 버스 정류장에 데려다 주거나 저와 함께 동네를 돌아다니는 것을 좋아했지만, 할머니가 돌아가신 후에는 집 밖으로 거의 나가지 않았습니다.

🧑 어머니는 어떻게 지내셨고, 당신과의 관계는 어떠했습니까?

어머니와는 잘 지냈습니다. 어머니는 나의 가장 친한 친구이자 제가 아는 가장 강인한 사람입니다. 나는 어머니가 어떻게 지난 25년간 아버지와 같이 살았는지 모르겠습니다. 제 어릴 적 기억에 두 분은 여느 부부처럼 서로 애정을 가지고 있었지만, 세월이 지나면서 두 분은 서로 멀어진 것처럼 보였습니다. 사이가 나쁜 것은 아니었지만 그렇다고 예전처럼 가까워 보이지도 않았습니다. 어머니는 아버지의 상태가 질병 때문이란 사실을 잘 알고 계셨지만, 그래도 무척 힘들었을 거라고 생각합니다. 어머니는 때때로 아버지에게 사랑한다며 애정 표현을 하곤 했지만, 그 또한 매우 힘든 일이었을 겁니다.

🧑 아버지의 질환에 대해 이야기해준 사람이 오로지 아버지였다는 사실에 놀랐습니다. 그에 대해 얘기해준 사람은 아버지 외에 아무도 없었습니까?

어머니는 조현병이라는 용어는 사용한 적이 없었지만, 질환이라고 말하곤 했습니다. 어머니가 아버지의 병에 대해 얼마나 잘 알았는지 확신할 순 없었지만, 아버지가 환청을 겪는다는 사실을 어머니는 알고 있었습니다. 나중에 어머니는 아버지의 치료에 대해 자세히 알 수 있었습니다.

어떻게 보면 저 자신이 너무 많은 것을 알고 싶어하지 않았고, 아버지의 병에 대해서도 마찬가지였던 것 같아요. 하지만 침묵은 아무 도움이 되지 않았습니다. 어머니는 나나 아버지가 남들과 다르다고 여기는 게 싫어 아무 말도 하지 않으셨다고 생각합니다. 결과적으로 그런 생각은 그다지 도움이 되지 않았는데, 가족의 비밀로 삼아버린 데 대한 일종의 대가였던 것 같습니다.

🙍 **당신은 집 밖에서 본인에게 도움이 되는 활동을 했었습니까?**

네, 어릴 적에는 스포츠를 즐겼고, 십대에 들어 연극을 시작해 지금도 계속하고 있습니다. 하키와 야구를 했고, 열다섯 살 무렵부터 연극을 시작하였습니다. 이런 계기는 늘 아버지가 아니라 어머니가 마련해주었습니다.

🙍 **어머니가 직장에 계시는 동안 당신 혼자 아버지를 집에서 돌봤습니까?**

네, 학교가 끝나면 바로 집으로 돌아와 아버지의 상태를 확인하곤 했습니다. 대부분의 조현병 환자들이 담배를 많이 피우지만, 아버지의 경우는 매일 세 갑의 담배를 피웠습니다. 그래서 학교에서 돌아오면 아버지가 괜찮은지, 숨은 계속 쉬는지, 집에 불은 안 냈는지를 확인해야 했습니다. 이런 일들이 당시 나에게는 중요한 일이었습니다.

중학교 2학년 때, 아버지가 3,4일 정도 짧게 입원을 하게 된 적이 있었습니다. 혼잣말을 하며 화가 나 있는 아버지를 어머니가 정신병원에 데리고 갔습니다. 여름방학 기간이 어서 저는 하루 종일 집에 있었는데, 아버지가 환청을 듣고 소리 지를 때면 정말 무서웠습니다. 매일 집에 갈 때마다 문을 열고 들어가는 일이 공포였습니다. 아버지가 화를 낼 지 아닐지 알 수 없었습니다. 혼잣말을 할 때면 마치 옆에 누가 있는 것처럼 큰 소리로 대화했습니다.

🎧 아버지가 종종 위협하기도 했었다고 했지요? 무엇 때문에 그랬었나요?

내가 담배를 숨겼다며 화를 낸 적이 있었습니다. 담배를 안 내놓으면 죽여버리겠다고 하더군요. 아버지는 자기 자신 외에 다른 사람에게 실제로 해를 끼친 적은 없었습니다. 하지만 나와 어머니를 밀친 전력이 있었으니 또 무슨 일을 저지를지 몰랐습니다. 내가 담배를 찾기 시작하자 사태는 곧 진정되었고, 분노도 사그러들었습니다. 제가 어머니에게 전화를 걸었는데 무슨 말을 했었는지는 생각나지 않지만, 아마도 자세한 이야기는 하지 않았을 겁니다. 아버지가 담배를 찾으라고 화를 내서 찾는 중이라는 말만 했었을 거예요.

🧑 아들이 왜 전화했는지, 평소와 다른 상황이 벌어졌다고 어머니가 짐작하지 않았을까요? 집에 무슨 일이 생겼으니 전화했을 거라고요. 아주 어려서부터 어머니가 아버지 때문에 힘들어한다는 사실을 알고 있었기 때문에 어머니를 힘들게 하고 싶지는 않았습니다. 어머니에게 짐을 지워드리고 싶지 않았던 거죠. 내가 어머니를 보호하고 어머니가 나를 보호하는 일이 우리 가족의 보호 장치였습니다. 그러한 장치는 완벽하지는 않았지만, 우리 가족이 살아남는 방법이었습니다.

나는 이런 일들에 스스로 대처하는 법을 배워야만 했습니다. 아주 어려서부터 아버지를 어떻게 다뤄야 하는지 알아야만 했던 거죠. 이러한 일에 대해 이야기를 나눌 사람이 아무도 없었습니다. 무슨 일이 벌어지는지 이해해주고 함께 얘기를 나눌 만한 사람은 없었습니다. 나는 오랫동안 심한 불안에 떨어야 했었죠. 몹시도 불안하고 우울했지만 제대로 대처할 수 없었습니다. 그 무렵 나에겐 아버지에 대한 분노가 쌓였고, 아버지와 함께 있는 상황이 싫었습니다. 아버지가 내 곁을 떠나 제발 제 인생에서 사라져주길 바랐습니다.

🧑 아버지가 악화될 때 어머니께 말해야 된다고 느끼지 않았나요? 어떻게 그럴 수 있었지요?

내가 어머니께 무언가를 말씀드려서 아버지를 입원시킨 적은 없었습니다. 어머니는 상황이 안 좋아지면 무엇을 해야 할지 알아서 결정을 내렸습니다. 어머니가 퇴근해 집에 돌아오시면, 아버지는 저와 단 둘이 있을 때와는 다르게 행동했습니다. 어머니는 아버지를 얌전하게 만들었습니다. 어머니는 저처럼 아버지를 무서워하지 않았는데, 저는 어머니가 무언가를 무서워하는 모습을 한 번도 본 적 없습니다. 아버지가 난리를 치면 어머니는 바로 조치를 취했습니다.

🧑 이러한 상황에 대해 어머니와 대충이라도 이야기해본 적은 없었나요?

전혀 없었습니다. 나는 아버지가 병원에 오래 입원해 있기를 바랐고 두 분이 이혼하길 바랐습니다. 하지만 어머니는 무척이나 완고한 사람이라 무언가 한번 결심하면 여간해서는 바꾸는 성격이 아니었습니다. 어머니는 아버지를 사랑했고, 결혼 서약을 터무니없을 정도로 완고하게 받아들였습니다. 그 무엇도 어머니의 결심을 깰 수는 없었습니다.

🧑 아버지가 병원에서 돌아오면 상황은 어땠습니까?

퇴원할 때면 조금 나아지긴 했지만, 오래 가지는 못했고, 우리는 다시 안 좋아지리라는 사실을 알고 있었습니다. 아버지는 약을 먹어야 했는데, 어머니는 직장에 매여 있어서 늘 약을 챙겨줄 수는 없었습니다. 아버지가 약을 먹지 않는 바람에 악화된 적이 몇 번 있었는데, 나는 아버지 투약에는 관여하지 않았습니다.

아버지가 악화되었다는 것은 구체적으로 어떤 것인가요?

사고가 와해되어 자신의 생각이나 느낌을 제대로 표현하지 못하고 옷도 기괴하게 입었습니다. 괜찮을 땐 옷도 깔끔하게 잘 입었는데, 상태가 안 좋아지면 잘 씻지도 않고 옷도 제대로 못 입어 속옷 차림으로 돌아다니곤 했습니다. 허리 통증으로도 시달렸고요.

아버지 때문에 당황한 적이 있었나요?

네, 몇 번 있었습니다. 한번은 친구들과 하키를 하고 있는데, 아버지가 같이하자고 한 적이 있었습니다. 이상한 행동을 할까 봐 걱정도 되었지만, 그러자고 했죠. 그런데 잠시 후 아버지가 왜 자기와 함께하려 하지 않느냐며 내게 화내며 소리를 질러댔습니다. 내가 마지못해 그러자고 말했고, 자신을 피한다는 분위기를 눈치챈 것 같았습니다. 아버지는 집으로 돌아가고 친구들은 아무 말도 하지 않았습니다. 나는 아버지와 거리를 유지하려고 노력했습니다. 나중에 어른이 되어 그 친구들에게 물어보니, 친구들도 제 아버지에게 문제가 있다는 것은 느꼈지만, 그게 정확히 무엇인지는 몰랐다고 했습니다.

🧑 자주 어울리거나 가족끼리 알고 지내는 친구들이 있었나요? 친구의
가족들과 비교하면서 자신의 가족에 대해 알기도 하지요.

고등학교 때, 친구 가족과 휴가를 간 적이 몇 번 있었습니
다. 우리 가족과는 다른 친구 가족의 모습을 보면서 '아, 이
런 게 정상적인 가족의 모습이구나', 생각했었습니다. 나는
늘 정상적인 가족을 가져보길 원했어요. 십대 때에는 늘 아
버지를 원망했고 아버지에게 화가 나 있었으니까요. 다른
아이들이 가진 것을 저도 원했습니다.

당시 나는 우리 집이 부모 중 한 명이 모든 일을 처리해
야 하는 한 부모 가정과 비슷한 상황이라는 생각을 했었습
니다. 한 부모 가정에서 자란 친구들과 나는 공통점이 많았
습니다. 아버지는 어머니와 저에겐 몸은 있었지만 존재하
지 않는 사람이나 마찬가지였으니까요.

🧑 친구들과 따로 시간을 보내곤 했습니까?

학교에서는 친구들과 어울렸지만 그뿐이었습니다. 친구들
의 편견이나 낙인이 두려웠고, 고등학교 때는 누군가를 집
에 데려가는 것이 두려워 여자친구도 사귀지 않았습니다.
그건 쉬운 일이 아니었습니다. 아무도 조현병이 뭔지 모르
고, 또 아버지 상태가 어떨지도 몰랐으니까요. 여자친구도
사귀지 않았고, 집에 데려올 만큼 친한 친구도 일부러 만들
지 않았습니다. 난 늘 외톨이었습니다.

🧑 상황에 대처하는 다른 방법들이 있었습니까?

영화를 만드는 친구가 있었는데 함께해보면 어떻겠냐고 제 안해서 우연히 십대부터 연기를 시작하게 되었습니다. 꽤 즐거웠고 지금도 연기를 즐기고 있습니다. 아무도 내게 어떤 일이 벌어지는지 모르기 때문에 집 밖에 나갈 때면 늘 가면을 쓴 것 같이 느껴졌죠. 그래서 연기를 익숙하게 여겼는지도 모르겠습니다.

🧑 연기를 일찍 시작했군요?

아버지가 집에서 소리 지를 때마다 집 밖으로 나온 저는 자연스러운 표정으로 사람들을 대했기 때문에 아무도 저의 실제 상황을 몰랐습니다. 어머니가 돌아가실 무렵, 나는 내 자신이 집과 바깥 세상에서 전혀 다른 모습으로 변하는 수퍼히어로로 같다고 생각했습니다.

🧑 언제쯤부터 사람들에게 아버지에 대한 이야기를 시작했나요? 어머니가 돌아가시기 전에는 전혀 이야기하지 않았었나요?

사람들이 아버지에 대해 아는 것을 원치 않았습니다. 아버지도 사람들이 아는 것을 불편해 했습니다. 아버지가 "네 친구들이 내가 미쳤다고 알겠구나"라고 물었을 때 나는 아무도 모른다고 말씀드렸었습니다.

대학에 진학해 다른 사람들을 신뢰하기로 마음먹고 나서

부터 믿을 만한 사람들에게 아버지 이야기를 털어놓았습니다. 자살 시도 등의 자세한 이야기는 하지 않고, 다만 "아버지가 조현병을 앓고 계시다"는 정도로 말했습니다. 그 단어를 소리 내어 꺼내는 것조차 내게는 큰 도전이었습니다.

그때까지 어디서도 정보를 구할 수 없어서 인터넷으로 모든 정보를 몇 시간이고 찾아 읽었습니다. 누군가에게 실제로 이야기를 털어 놓았다는 사실에 저 스스로도 놀랐었죠.

🔲 그렇게 털어놓았을 때 친구들의 반응은 어땠나요?

말을 꺼내자마자 "그거 유전병 아냐?"라고 묻더군요. 나는 "맞아" 하고 대답했습니다. 무슨 말을 해야 할지도 모르겠더군요. 어쩌면 상대방이 경악하는, 훨씬 나쁜 상황을 예상했었던 건지도 모르지요.

🔲 집을 떠나 대학을 갈 때의 심경은 어땠습니까?

집을 떠난다는 사실에 복잡한 감정이 들었습니다. 아버지와 어머니에 대한 걱정도 있었지만, 혼돈스러운 집을 떠나고 싶었습니다. 어머니는 제게 내 삶을 살도록 격려해주셨습니다. 어머니에게 그동안의 일들을 이야기하지 않았기 때문에 앞으로 일어날 일에 대해서도 이야기하지 않았습니다. 어머니에게 짐을 지워드리고 싶지 않았기 때문인데, 다만 아버지가 어떤 행동을 보일지 걱정스러웠습니다.

대학에 가서 비로소 해방감을 느꼈고 즐겁게 지냈습니다. 집에서 멀지 않았기 때문에 자주는 아니지만 가끔은 집에 갈 수도 있었습니다. 나는 대학에서 새로운 인생을 찾았지만, 100퍼센트 솔직할 수는 없었고 일부분은 늘 감추었습니다.

그것이 사회 생활에 많은 영향을 끼쳤는데, 친구 한 명에게 털어놓을 때까지 어떤 얘기도 하지 않았습니다. 여전히 난 내 가족이나 배경에 대해 사람들이 아는 걸 원치 않았으므로 일종의 연기를 해야 한다고 생각했습니다.

집에서 혼자 외롭게 지내왔기 때문에 사람들의 삶에는 내가 모르는 것들이 많았고, 다른 사람에게는 익숙한 상황이 저에겐 매우 낯설게 느껴지기도 했습니다.

어린 시절의 나는 몹시 불안감에 휩싸여 있었고, 사회적으로 늘 남들과 다르다고 느꼈었습니다. 사람들이 내가 얼마나 이상한 삶을 살아왔는지 아는 걸 원치 않았기 때문에 결과적으로 나는 많은 기회를 놓쳤습니다. 혼자서 많은 시간을 보내야 했는데, 주로 책을 읽었을 뿐, 또래 친구들과 어울리는 시간은 많지 않았습니다.

🙍 **지금은 상황이 많이 달라졌다고 했는데, 무슨 일이 있었습니까?**

어머니가 돌아가시고 제 인생 모든 게 바뀌었습니다. 당시

나는 돈을 아끼기 위해 대학을 졸업하고 다시 집으로 들어와 있었습니다. 어느 날, 밖에서 돌아온 나는 부모님께 인사하고 피곤한 몸을 이끌고 제 방으로 들어갔습니다. 잠시 후 아랫층에서 아버지가 나를 불렀는데, 아버지가 평소처럼 이상한 말을 하는 것으로 여겨 별로 신경 쓰지 않았습니다. 쿵, 하는 소리를 들었는데도 신경 쓰지 않았습니다. 아버지가 평소에는 그렇게 부르지 않는데 갑자기 "마이클!" 하고 부르더니 "엄마가 바닥에 쓰러졌어"하고 소리쳤습니다. 아랫층으로 달려가보니, 그 당시에는 심장마비라는 사실을 몰랐지만, 어머니가 돌아가셨다는 것을 직감할 수 있었습니다. 나는 어머니를 옮기려 했습니다. 저는 극도로 예민해지고 화가 치솟더군요. 중증의 심장마비여서 응급구조사들이 신속하게 도착했지만 소용이 없었습니다. 아버지에게 "어머니가 돌아가셨다"고 하자 아버지가 "그런 말 하지 마라"고 하더군요. 당황한 나와 달리 아버지는 침착해 보였습니다.

🧑 **아버지와 당신에게 무척 큰 충격이었겠습니다.**

엄청난 충격이었습니다. 평소에 아픈 적 없었던 어머니가 그렇게 갑자기 돌아가셨다는 사실을 믿을 수 없었습니다. 충격을 받은 와중에도 다른 사람들이 찾아오자 나는 단도직입적으로 이야기를 꺼냈습니다. 삼촌에게 아버지는 혼자

살 수 없으며 나 혼자서도 돌볼 수 없다고 말했습니다. 자살이나 다른 행동을 할까 걱정된다고, 누가 옆에 있어줘야 한다고…. 다행히 삼촌이 조치를 취했고, 어머니 상중에도 요양시설을 찾아보려고 여러 군데 전화를 걸어주었습니다.

아버지는 어떻게 받아들였습니까?

아버지는 요양시설에서 지내는 것에 대해서는 반대하지 않았습니다. 사실 큰 실랑이가 있을 거라 예상했던 터라 내심 놀라기도 했죠. 아버지는 망상이 심해져서 "마이크, 누군가가 네 엄마를 죽이고, 나를 정신병원에 집어넣으려 한다"고 했지만, 비교적 요양시설에 잘 적응하며 지내고 있습니다.

어머니가 갑자기 돌아가시고, 아버지는 요양시설에 계신 상태인데, 당신은 스물 서넛의 나이로 어떻게 이런 일들을 헤쳐나갈 수 있었습니까?

삼촌이 집을 내놓거나 하는 현실적인 일들을 도와주셨습니다. 두 달 후 모든 것을 깨끗이 정리하여 팔아버리고, 우리 가족의 물건들은 내 아파트 창고에 보관하였습니다.

사람들이 잘 이해를 못 하는 부분인데, 어머니가 돌아가신 후, 나는 가족 모두를 잃은 것이나 다름없어서 모든 것이 변했습니다. 아버지가 부모의 역할을 못 했다는 말이 아니라 내 집, 가족, 어머니 이 모두를 한꺼번에 잃었다는 뜻입니다. 내겐 이제 돌아갈 집이 없었습니다.

사람들은 이 부분을 잘 이해하지 못하는 것 같습니다. 조현병에 대해 잘 모르는 사람들은 어떻게 내 나이의 사람이 이런 삶을 살아낼 수 있는지 이해하기 어려울 겁니다. 저도 설명하기 어렵구요.

🧑 마치 거대한 파도가 당신 가족을 덮친 것처럼, 그 일이 얼마나 특이한 일인지 다른 사람들에게 설명조차 힘든 일이었을지 상상이 갑니다. 아무도 완전히 이해할 수는 없을 것 같습니다.

어떻게 지내냐는 질문에 답하기에는 우리 가족은 이미 완전히 사라졌습니다. 제 기억에 어머니에게 어떻게 지내냐고 물어본 사람은 아무도 없었습니다. 삼촌이 잘 지내냐며 몇 번 물은 적이 있었지만, 그 말은 강해지라는 뜻으로 받아들여졌을 뿐, 별로 마음에 와닿지 않았습니다. 대충 짐작은 하지만 무슨 일이 벌어지고 있는지 모르는 것 같았습니다. 어머니는 도움 없이 스스로 헤쳐 나가는 것에 대해 자긍심이 있었습니다. 아버지의 친지들이 돕겠다 나섰지만 어머니가 거절했을지도 모릅니다. 하지만, 아버지의 친지들도 그렇게 도우려고 하지는 않았습니다.

정신질환의 낙인이란, 우리의 존재가 다른 사람들에겐 보이지 않는 투명인간 같다는 걸 의미합니다. 만약 아버지가 다른 병을 앓고 있었더라면, 사람들은 그 병에 대해 도와주었을 것이고 이야기도 나누었을 것입니다. 암이었다면, 사람들은 도움을 주었을 테고 적어도 받아들이기는 했을 겁니다.

그리고 이 말은 어머니가 그 모든 일을 혼자 짊어져야 했다는 뜻이기도 했습니다. 말 그대로, 어머니는 모든 것을 다 짊어져야 했습니다. 건강한 관계가 아니었던 것이죠. 어머니는 생계를 책임져야 했고, 모든 것을 챙겨야 했습니다.

어머니가 돌아가시고 나자, 내겐 더 이상 비밀로 간직해야 할 이유가 없어졌습니다. 게다가 나는 사람들이 우리 어머니가 어떤 사람이었는지 알아주기를 바랐습니다. 어머니는 나에게 영웅과도 같은 존재였습니다. 나는 지금 조현병 환자들과 함께하는 일을 하고 있기 때문에, 제 어머니와 함께할 수 있었다는 사실이 얼마나 큰 행운인지 잘 알고 있습니다. 우리 집의 경우 어머니는 가족을 부양하기 위해 모든 것을 다했지만, 대부분의 경우는 그렇지 못합니다. 그렇지 않았다면 무슨 일이 일어났을지 모릅니다.

🧑 당신 가족에 대해 사람들에게 어떻게 이야기합니까?

아버지가 요양시설에 계시다고 하면, 사람들은 몸이 아프신 줄 압니다. 나는 더 이상 비밀로 하지 않기 때문에 사람들에게 다 이야기합니다. 하지만 대부분의 사람들은 조현병이 무얼 의미하는지조차 모릅니다. 제 개인적 의견이지만 조울증은 창의성이나 예술성의 원천으로 비치기도 하기 때문에 심지어는 '있어 보이는' 병증이란 생각이 들 정도로 우울증과 조울증에 대한 인식은 많이 나아졌습니다. 하지만 조현병은 아무도 얘기하고 싶어하지 않는 더러운 비밀입니다.

나는 항상 조현병에 대해 얘기하고 다닙니다. 지난해 어머니가 돌아가신 후로 내가 인생에서 하고자 하는 일 중 하나이기 때문입니다. 나는 어머니의 죽음이 어느 정도는 아버지의 병에 대한 중압감과 침묵, 혼자서 해나가야 했던 일들 때문이라고 생각합니다. 어머니는 고작 쉰 아홉이었습니다.

어머니는 매우 긍정적인 분이셨고, 힘들어하는 내색을 거의 하지 않으셨습니다. 어쩌면 어머니도 나보다 더 아닌 것처럼 연기를 했을 수도 있었다고 생각합니다. 어머니는 상황을 어떻게 다루어야 하는지 아셨습니다. 아버지가 아픈 것은 어머니에게도 큰 충격이었겠지만, 나는 가끔 어머니가 상황이 어떻게 돌아가는지 정말 알고 계셨을까 궁금합니다. 경제적 부담은 매우 컸고, 어머니는 그걸 무덤까지 지고 가셨습니다.

🧑 자신의 미래에 대해 어떻게 보십니까? 아직은 일 년 정도밖에 안 되어서 이런 이야기를 하기엔 좀 이른가요?

나는 조현병이 유전되어 나 역시 아버지와 같이 삶이 끝나지 않을까 하는 불안과 두려움이 있습니다. 나는 아직 상황이 끝난 게 아니란 사실을 알고 있습니다. 아버지는 스물여섯 살에 진단을 받았고 나는 지금 스물다섯입니다. 나의 이복 누이도 아직까지는 괜찮다고 합니다. 내가 할 수 있는 일이 거의 없다는 사실 또한 알고 있습니다. 일이란 건 벌어져야 일인 것이죠. 서른 살이 되어서도 괜찮다면, 매우 행복할 것 같습니다!

아버지가 진단받기 전에 있었을 몇 가지 증상을 내가 안다면 좋겠지만, 친가 식구들은 그것에 대해 전혀 이야기해주지 않습니다.

🧑 개인적으로 미래에 본인의 모습을 어떻게 상상하고 있습니까?

결혼과 아이 같은 것이요? 잘 모르겠습니다. 자라면서 사회적 경험을 별로 해보지 못해서 이성 관계가 쉽지는 않습니다. 저도 이성 관계를 원하지만 두고 봐야지요. 하지만, 정신질환이나 심장질환 때문에 아이는 원치 않습니다. 그러기엔 감당해야 할 몫이 너무 클 것 같습니다. 그런 질환이 나에게 어떤 영향이 있을지도 모를 일이고, 아이들에게 질병이 전이된다는 상황은 생각조차 하기 싫은 일이니까요.

지금 시점에서는 사람들이 정신질환에 대해 이야기할 수 있도록 돕는 것이 내 삶의 목표입니다. 사람들이 정신질환에 대해 이야기할 수 있었다면 어머니가 조금 덜 힘들어하지 않았을까 생각됩니다. 이러한 것이 나에게는 아주 중요한 문제입니다.

지금 아버지와의 관계는 어떻습니까?

가끔 아버지를 찾아갈 때면, 마치 집으로 돌아가는 기분입니다. 저는 정신질환이 있는 분들과 일하고 있고, 어릴 적에 아버지와 같이 자랐기 때문에 그분들이 편안하게 느껴집니다. 익숙해진 것이죠.

투약이나 다른 것에 대해서도 사람들이 잘 챙겨주고 있어서, 아버지는 요새 잘 지내는 것 같습니다. 5분 이상 긴 대화도 할 수 있게 되어 서로 만족해 합니다. 아직도 아버지는 제가 뉴욕 팀의 하키 선수라는 망상에 빠져 있지만요.

지금 자신의 길에 대한 확신이 있어 보이는군요, 그렇지요?

네. 부모님을 위해 해야 할 일 중 남은 일은 조현병의 낙인을 줄이기 위해 노력하는 일입니다. 저는 책임감이 강하고 남을 도우려는 어머니의 성격도 물려받았지만, 어머니처럼 침묵하지는 않을 것입니다.

나는 내 가족에게 일어났던 일들이 달랐어야 했다고 생

각합니다. 나는 정신장애연대(NAMI, National Alliance on Mental Illness)에 참여하고 있고, 지원 활동과 치료 과정에도 참가하고 있습니다. 하지만 참여할 때마다 나는 어머니, 아버지가 여기 내 옆에 계셨어야 했다는 생각이 들고, 그런 생각이 들 때마다 여전히 화가 나기도 합니다.

🧑 젊은 나이에 많은 일들을 겪으셨습니다. 사람들에게 그런 이야기를 들려주려면 반응을 보이던가요?

사실 오히려 낯선 사람들이 친척들보다 더 반응해줍니다. 어쩌면 그런 현상들이 이해도 됩니다. 나는 내 나이 또래의 누구보다 많은 일들을 겪었는지도 모를 일이니까요.

마이크에 대한 나의 고찰

마이크는 자신의 이야기를 잘 표현했고, 지금 자신이 서 있는 자리에서 하고 있는 일을 잘해 나가고 있으며, 치료에 참여하여 많은 일을 해내고 있다. 어머니가 돌아가신 지 일 년이 되면서 성장의 기회를 잡은 것으로 보인다.

자신과 가족에 대한 침묵을 깨기로 한 결정은 아마도 그가 할 수 있는 최선의 선택이었고, 그에게 새로운 삶의 기반이 되어줄 것이다. 하지만 자신이 앞으로 몇 년 안에 조현병에 걸릴지 모르는 스물다섯 살 청년의 삶이 얼마나 벅찰지는 상상하기 힘들다. 정신질환과 낙인에 대한 그의 열정적인 노력은 이제 자신의 직업이 되었다. 원컨대, 나는 그가 자신의 창의력과 연기력을 유쾌한 시간을 갖는 데 사용할 수 있기를 바란다.

아버지의 병을 비밀에 부치고 외부의 도움 없이 아버지를 돌보면서, 그와 어머니는 매우 어려운 삶을 살았다. 거절당했거나 어머니 스스로 거절했을지도 모를 일이지만, 어머니가 조금 더 일찍 도움을 받을 수 있었다면 어떠했을까 하는 의문은 여전히 남는다. 친가의 도움은 충분하지 않았고, 마이크와 어머니는 몇 년을 구석에 숨어 웅크린 채 자신들 나름의 방식으로 대처해 나가야 했다.

마이크의 회복 탄력성은 두 가지 점에 기인하는 것으로 보인다. 첫 번째는 책임감 있는 어머니와의 좋은 관계, 두 번째는 12년간 유지되었던 아버지와의 좋은 관계이다. 그는 아버지에 대해 이야기하면서 어떤 죄책감을 토로하지도 않았고, 십대 시절 아버지에게 화가 났었고 아버지가 없었으면 좋았겠다고 말하는 데에도 자유로워보였다. 아버지의 병에 대한 이력을 알았기에 아버지의 병에 대한 책임감에서 자유로울 수 있었다.

마이크의 이야기는 어머니의 이야기를 모르고서는 완전히 이해할 수 없기에, 안타깝지만 수수께끼로 남을 수밖에 없다. 우리는 마이크의 어머니가 남편의 병이 악화되기 전후에 어떻게 느꼈을지, 그리고 친정에 남편의 병을 알려서 도움을 받을 수 없었을까 하는 점에 대해서는 알 수 없다. 다만, 가족의 위기나 중증 질환에 대한 회피나 개입 등의 반응은 여러 세대를 거쳐 생성되므로 어머니와 친정 가족이 그렇게 반응하게 만든 가족사가 분명히 있었을 것이다.

마이크의 이야기로부터 우리는 무엇을 배울 수 있을까?

마이크 자신은 침묵과 낙인의 힘을 알고 있으며, 그의 인터뷰는 침묵과 낙인의 힘에 대해 잘 모르는 사람들에게 이 두 가지의 중요성을 설명할 수 있는 가장 적합한 이야기일 것이다.

삶에서 매우 중요한 무언가에 대해 침묵한다는 것은 단순히 금기시된 주제가 나올 때 입을 다무는 것 이상의 문제이다. 그건 당신 삶의 경계를 규명하는 것일 수도 있다. 그리고 그 침묵이 부모의 정신질환에 대한 것일 때, 이러한 침묵은 매우 넓은 영역으로 빠르게 확산될 수 있다.

마이크의 침묵은 아버지의 증상이 악화된 마이크의 십대 때 문제가 되었다. 십대들은 학교와 같은 사회적 관계를 거치면서, 자기 가정의 비밀로 인해 경험해 보지 못했던 정상적인 가족에 대해 알 수도 있다. 십대들이 둘러앉아 자신들의 가족에 대해 이야기를 털어놓지 않더라도, 정상적인 가족과 비밀을 가진 가족의 차이점에 주목하여 자신의 부모 형제, 가족사를 인식하게 된다는 얘기이다. 이것은 한편으로 어떤 사회적 관계도 스트레스로 작용할 수 있다는 의미이기도 하다. 친구 집에 놀러가 잠을 자거나 차를 태워 마트에 가는 등의 일상적 상황에서의 대화도 감정을 건드릴 수 있다는 말이다. 그렇지 않다면, 비밀을 가지고 할 수 있는 최선의 방식은 집에 머물며 컴퓨터나 책을 읽으며 안전하게 놀거나, 몇 안 되는 친구와 자기 집이 아니라 친구 집에서 노는 것뿐이다.

침묵은 개인적인 삶이 한계에 다다를 때까지 퍼져 나가고, 결국은 무언가에 침묵한다는 그 자체가 생각만으로도 비밀의 경계를 건드릴 수 있다.

이것이 바로 정신질환의 낙인이 그렇게 큰 부담이 될 수밖에 없는 이유이다. 마이크와 같이 연대된 낙인(stigma by association)을 가진 경우, 비밀이 탄로날까봐 항상 의식하여 조롱이나 연민의 대상이 될 수 있고, 혹은 숨기고 있는 무엇인가를 불편하게 느끼는 사람들로부터 외면당할 수도 있다. 역설적으로 비밀이 탄로나 소외되는 상황에 맞닥뜨리는 것처럼 비밀을 간직하는 상황 역시 소외를 낳고, 문제의 해결책으로 시작된 침묵은 그 자체가 문제로 전환돼버린다.

마이크의 이야기로부터 우리가 알 수 있는 두 번째 문제는 환자 본인뿐 아니라, 가족에 대한 정신 건강 서비스가 얼마나 중요한가 하는 점이다. 가족 모임, 가족치료사나 사회복지사와의 상담 모두 마이크 가족에게 도움이 되었을 것이다. 정서적 지지와 더불어 재정적 상황에 대한 현실적인 관심도 어머니의 짐을 더는 데 도움이 되었을 것이다.

옮긴이 후기_

정신질환자를 부모로 둔
자녀들의 삶의 여정과 숙제들

부모 중 한 명이 조현병을 앓게 되면, 아프지 않은 한 사람에게 감당하기 힘든 삶의 무게가 지워진다. 감정적으로 고립된 채 외롭게 현실을 헤쳐 나아가는 부 또는 모를 보며, 아들은 그 한 명의 부 또는 모에게 절대적인 애착과 감정적 결속을 가지게 되는 경우가 많다. 마이크의 경우처럼, 아버지가 조현병을 가지고 있다는 사실을 소리 내어 말했다는 경험 자체가 본인에게 충격이었을 만큼, 부모의 정신질환에 대한 비밀과 낙인은 자존감과 자기 신뢰에 근본적인 영향을 주게 된다. 어려운 사업적 결정이나 학문적 능력이 아닌 정상적인 남자들이 퇴근 후 집에서 어떻게 행동하는지, 그러한 평범하고 사소한 일상들을 모른다는 사실을 들킬까 봐 염려하는 마음이 비밀로 자리 잡아 자아상에 영향을 끼치는 것이다. 정신질환이 침묵과 낙인 속에 비밀이 되지 않도록 사회적으로 언급되어야 하고, 정서적으로 그리고 실제적으로 지지되어야 하는 가장 절박한 이유이다. 미국의 약물남용 및 정신건강서비스국(SAMHSA, Substance abuse and mental health services administration)의 부국장 카나

에노모토는 대중 연설에서 자신의 형제들의 정신질환에 대해 이야기하면서, 자신은 자신의 가족이 정상적인 가족(normal family)이 아니라는 생각에 오랫동안 괴로워했노라 고백했었다. 하지만, 자신이 깨달은 것은 이렇게 정신질환을 앓고 있는 가족이 있고, 또 다른 아픔들이 있는 이러한 가족의 모습이 바로 일반적인 가족(normal family)의 모습이라는 사실이었다고 한다.

마이크의 이야기로부터 또 한 가지 알 수 있는 사실은 가족과 주변 인물들이 나이 들고 변화하고 소멸되어가면서 정신질환자의 자녀들이 겪는 어려움과 해결해야 할 문제도 변해간다는 것이다. 마이크의 경우 어린 시절 아버지의 조현병은 음성 증상 위주였고 비교적 심하지 않아 조부모와 어머니의 지지 속에 비교적 큰 어려움 없이 지냈다. 조부모의 사망 이후 아버지의 증상이 급격히 악화되고, 사춘기 시절 건강한 아버지 상을 내면화할 수 없는 상황에서 초기 성인기의 사회화 과정에 어려움을 겪었다. 마지막으로 어머니의 사망은 기존 가족 전체의 사망과도 같은 것으로, 마이크는 기존 가족 관계에서의 마이크가 아닌, 새로운 존재로서의 마이크의 삶의 목적과 여정을 만들어가게 되었다. 이처럼 부모의 정신질환은 자녀들에게 어릴 적의 한 시점에 국한된 트라우마로 존재한다기보다 일생에 걸쳐 발달 과업의 형태로 다양한 영향을 미친다. 가족 구성원들의 상황 또한 지속적으로 변화한다는 사실을 이해하는 것이 이

러한 가족과 자녀들이 처한 상황과 어려움을 이해하고 돕는 데
필요하리라 생각된다.

어머니의
전두엽절리술(lobotomy)*이
내 삶을 구했어요

데이비드는 얼마 전에 심리학 학위를 취득한 중년 남성이다. 그는 아일랜드계 가톨릭 노동자의 가정에서 다섯 아이 중 넷째로 태어났고 그의 부모는 50년 이상 결혼 생활을 유지하였다. 그가 어릴 적, 데이비드의 어머니는 상당 기간 정신증 증상을 보이고 난폭해서, 그와 형제들은 아동보육시설에서 몇 년간 지내기도 했었다. 그의 아버지는 중졸 학력의 노동자로 소박하고, 밤마다 아이들과 '엄마에게 신의 가호가 있기를 빌며 낫게 해주세요.'라고 기도 드릴 만큼 종교적으로 신실한 사람이었다. 데이비드가 겪은 또 하나의 어려움은 부모에게 자신이 동성애자라는 사실을 밝힌 후 가족들로부터 몇 년간 쫓겨나 있었던 경험이었다.

---

* 전두엽절리술(뇌엽절리술)은 뇌 수술의 일종으로, 전전두엽(prefrontal cortex)과 뇌의 내부 조직을 연결하는 신경 다발과 조직을 자르는 수술이다. 1936년에 처음 포르투갈의 신경학자 에가스 모니즈(Egas Moniz)에 의해 시행되었다. 1950년대에 정신질환에 대한 치료 약물이 개발되면서 사라졌고, 현재는 난치성 간질, 동통장애 등의 질환에서만 극히 제한적으로 사용되고 있다.

변월룡 〈바람〉 동판화, 1959년

변월룡(Pen Varlen, 邊月龍, 1916~1990)은 연해주에서 태어나 상트페테르부르크에서 활동한 러시아 화가다.

북한의 리얼리즘 미술에 지대한 영향을 주었으나 정치적 이유로 추방되어 다시 북한에 돌아갈 수 없었다. 러시아 최고의 레핀미술대학 교수를 역임할 만큼 예술가로서 성공적인 삶을 살았지만, 최근까지 남한에서는 이름조차 알려지지 않았다. 조국의 식민 상황과 이념 분쟁, 그리고 전쟁이라는 현대사의 질곡을 온몸으로 마주하며 연해주, 러시아, 유럽 그리고 평양에 이르기까지 평생 디아스포라(diaspora)의 삶을 살았다.

에칭 동판화 〈바람〉은 마음 의지할 곳 없었던 화가의 심경이 고스란히 담긴 작품이다.

보이지 않고 잡을 수도 없는 저 갈피 없는 바람, 정신질환을 앓는 부모의 방임과 누구에게도 드러내기 힘들었을 마음의 상처들은 자녀들에겐 천형과도 같은 것이었으리라. _ 편집자

1차 인터뷰

🎤 어머니에게 문제가 있다는 사실을 언제 처음 알았는지 기억합니까?

세 살 무렵, 가난 때문에 좁은 방에서 누이들과 자고 있는데 부엌에서 지르는 소리에 깼습니다. 부엌에 가보니 어머니가 아버지의 점심 도시락을 들고 아버지에게 "나는 병에 걸릴 거야! 나는 병이 들고 있어. 도움을 받지 못하면, 나는 병이 들고 말거야!"라고 소리 지르고 있었습니다. 중졸 학력의 아버지는 어머니가 무슨 말을 하는지 정확히 이해하지 못했을 겁니다. 어머니는 그 전부터 "나는 병에 걸릴 거야"라는 말을 많이 했습니다. 아버지는 아이들이 깰까 봐 어머니를 조용히 시키려 애썼습니다. 어머니가 내 누이를 유모차에 태워 나가려고 했었던 것도 아마 그때였을 겁니다. 나는 그때 어머니의 모습이 매우 무서웠던 것으로 기억합니다.

🎤 매우 무서웠겠습니다. 어머니에 대한 다른 기억이 있습니까?

우리 가족은 늘 저녁 식사를 함께했는데, 대개는 좋았었습니다. 그런데 한번은 어머니가 식탁을 쾅, 치더니 칼을 들고 형을 쫓아갔습니다. 형이 엄마에게 "엄마 미쳤어!"라고 소리치며 도망쳤습니다. 그리고 칼을 들고 내게 돌아섰을 때, 누이는 나를 보호하려고 감쌌습니다.

내가 다섯 살쯤 되었을 때, 한번은 바닥에 누워 공상을 하며 조그만 장난감을 가지고 놀고 있었는데, 어머니가 미쳐서 뒤에서 내 다리를 잡고 끌어당기기 시작했습니다. 그때 튀어나올 것 같았던 어머니의 두 눈을 아직도 기억하고 있습니다. 누이가 "걔는 아무 짓도 안 했어요"라고 소리치며 나를 어머니에게서 겨우 빼내었습니다.

🧑 당신과 다른 형제들을 보호하기 위해 어떤 조치가 있었습니까?

아버지는 어머니를 끌어안은 채 우리더러 도망치라고 소리치곤 했습니다. 누군가 어른이 그 자리에 있었다면, 아이들인 우리를 보호하고 다른 사람들을 쫓아가려는 어머니를 막아서려고 했을 겁니다. 그런 모든 일들은 순식간에 일어났습니다.

🧑 어머니에게 어떤 문제가 있었는지 뭐라도 들은 것이 있었습니까? 어떻게 당신에게 설명했나요?

나는 단지 엄마가 아프다고만 알았고, 가족 외에 몇몇 사람들도 그 사실을 알고 있었습니다. 선생님도 알고 계셨습니다. 아버지는 "너희 어머니는 아프다"고 말했는데, 나는 그게 무슨 뜻인지 알았고 아픈 사람은 회복될 수 있다는 사실도 알았습니다. 그래서 매일 밤 우리 가족은 기도를 드렸고, 아버지는 "하나님 저희를 축복하시고, 엄마를 낫게 해주세요"라고 기도했습니다. 아버지는 무척 단순한 사람이어서 단지 엄마가 아프다고만 알았고, 상황이 좋아질 수 있다는 희망을 나에게 심어주곤 했습니다.

🧑 단순한 표현이지만, 많은 의미가 담겨 있는 것 같습니다. 어머니는 아프지만 회복될 수 있고 어머니의 병을 인정하는 것이 괜찮다는 의미로도 전달되었겠습니다. 사람들로부터 다른 말을 들은 것은 없었습니까?

종종 아버지는 어머니에 대해 이웃에게 얘기하지 말라고 분명히 당부하였습니다. 외가에서 어머니의 병에 대해 아버지를 비난했던 탓도 이유였을 것입니다. 외가에서는 아버지가 아이를 다섯이나 낳게 혹사시켜 병이 생겼다고 생각했어요. 그렇기 때문에 어머니가 병원에 입원했을 때 아버지나 우리를 돕지 않았던 거죠.

🧑 그 시절에 가톨릭계 가족이 다섯 명의 아이를 낳는 게 흔한 일이라는 사실을 고려할 때, 그 말은 좀 이해하기 힘들군요. 어머니의 입원에 대해 기억하는 것이 있습니까? 어머니를 면회하였는지요, 그러기엔 너무 어려웠나요?

면회를 하기에 너무 어렸을 때는 차에서 기다렸습니다. 어머니가 창문으로 손을 흔들어주는 모습을 보면서 아버지와 누이가 돌아오기를 차에서 기다렸습니다. 아버지는 어머니가 아프다는 사실을 알게 될까 하는 염려보다는 우리가 너무 많은 것을 보게 될까 봐 우리를 보호하려 했습니다. 아버지는 "너희들은 아직 어리니, 보지 말거라" 혹은 "듣지 말거라"라고 말씀하시곤 했습니다. 그래서 나는 몇 년 뒤에야 병원이 어떻게 되어 있는지 볼 수 있었지만, 당시에 병원에 들어가지 않은 것을 감사히 생각하고 있습니다.

외가에서는 도움을 주지 않았었나요? 실제로 아버지 때문에 어머니가 아프게 된 것이라 생각했고, 그래서 아버지와 자녀들을 도와주려 하지 않았던 것인가요?

1940년대 후반, 어머니가 열여섯 살이 되었을 때 외할머니가 어머니를 정신과의사에게 데려갔었습니다. 무엇이 잘못되었는지는 정확히 몰랐지만, 정신과의사는 어머니가 결혼하면 좋아질 것이라 했다고 합니다. 어머니는 돈도 없는 무학의 노동자 계층인 외할머니가 정신과의사에게 데려갈 만큼 확실히 문제가 있었습니다. 외할머니는 정신과의사를 찾아갈 만한 그런 사람이 아니었습니다. 그러니 아버지에 대한 비난은 전혀 말도 안 되는 일이었습니다.

외가 식구들의 아버지에 대한 입장이 바뀌게 된 일이 있었나요?

내가 다섯 살 무렵, 외할머니가 찾아오셔서 식탁에 모두 함께한 일이 있었습니다. 나는 벽을 등지고 앉아 있었는데, 예전에 보았던 어머니의 얼굴을 볼 수 있었습니다. 허공을 몇 시간씩 응시하곤 했습니다. 어머니에겐 이미 두 번의 정신증적 재발과 공격적인 행동이 있었습니다. 어머니는 느닷없이 폭발해서는 아무거나 닥치는 대로 집어던졌습니다.

외할머니는 비명을 질렀고, 아버지는 어머니가 다치지 않도록 품에 안고 우리에게 나가 있으라고 소리쳤습니다. 나는 테이블 밑에 숨은 채 두려움에 떨고 있었는데, 외할머니가 나에게 테이블 밑에서 나오라고 소리치더니 내 다리를 잡아 끌었습니다. 나는 몸을 움직일 수가 없었고, "나가야 한다"고만 반복해 외쳤습니다. 결국 외할머니가 나를 데리고 집에서 나갔습니다.

외할머니가 어머니의 증상을 직접 본 후에야 어머니의 증상이 아버지 때문이 아니라 저절로 시작된 것이란 사실을 인정했습니다. 외할머니는 광란 발작이 어떻게 일어나는지 그 전에는 못 봤던 거예요. 그렇게 침묵하던 중에 느닷없이 밖으로 터져나올 수 있다는 사실을 말이예요.

외할머니는 우리를 외갓집에 데려다 음식을 먹였습니다. 어머니는 병원에 입원했고, 나는 우리에게 무슨 일이 생길지 몰랐습니다. 몇몇 사람들은 여전했지만, 외할머니는 더 이상 아버지를 비난하지 않았습니다. 하지만 외가 식구들로부터 큰 도움은 얻을 수 없었습니다.

🔵 어머니가 입원한 후로 어떤 일이 있었습니까?

내 여동생과 나는 학교에 가기에는 아직 어려서 아버지가 일하러 나가면 돌봐 줄 사람이 없었습니다. 그래서 우리는 어딘가에 보내져야 했었습니다. 삼촌이 가톨릭 사제로 어느 정도 영향력이 있어서 우리는 가톨릭 기관으로 들어갈 수 있었습니다. 주중에는 거기에 있다 아버지가 계신 주말에는 집으로 돌아왔습니다. 우리는 나이와 성별에 따라 분리되어 같은 기관에 있으면서도 서로 볼 수 없었습니다.

그로부터 2년 후 어머니가 첫 번째 전두엽절리술을 받았습니다. 나는 그 수술에 대한 설명을 듣고 무척 놀랐었습니다. 내가 일곱 살, 초등학교 1학년 때였는데, 선생님이 수업 시간에 하고 싶은 이야기가 있는 사람을 부르기에 일어서서 "오늘 어머니가 죽을지도 몰라요"라고 말했습니다. 선생님이 "데이비드, 그게 무슨 말이니?"라고 묻기에 나는 들은 대로 "오늘 어머니가 죽을지도 몰라요"라고 다시 말했습니다. 선생님은 뭐라 할 말을 찾지 못하는 듯했습니다. 칠판에 '데이비드의 어머니가 오늘 회복되기를 모두 기원합시다'라고 써주셨어요. 그 선생님은 매우 친절하셨습니다.

🔵 어떻게 전두엽절리술을 하기로 결정하였는지 알고 있나요?

어머니는 당시 거의 모든 치료를 다 받았었다는 사실을

나중에야 알게 되었습니다. 두 번의 자살 시도가 있었고, 1963년 그 해에는 별다른 선택의 여지가 없었습니다. 어떻게 뇌엽리절리술을 받기로 결정하였는지 아버지에게 물었던 적이 있었는데, 아버지는 의사가 어머니의 뇌압을 줄여줄 수 있을 거라 해서 결정했다고 했습니다.

🧑 아버지는 어머니가 좋아질 것이라 낙관했었다고 생각하나요? 별다른 방법 없이 그렇게 오랜 기간 병원에 있는 것이 어머니에게는 무척 힘든 시기였을 것 같습니다.

아버지는 자신이 혹시 더 잘할 수 있지 않을까에 대해서만 고민했었습니다. 아버지는 매우 신심이 깊었고, 여전히 낙관적이었을 겁니다. 하지만, 아버지가 어머니의 병과 치료법에 대해 정말로 이해하고 있었다고 말하기는 힘듭니다. 아버지는 별로 말이 없었고, 의사에게도 많은 질문을 하지 않았습니다.

🧑 첫 번째 뇌엽리절리술이라고 했는데, 그럼 나중에 추가로 시술을 받았습니까? 여러 번 받는 경우를 들어본 적이 없습니다.

관련된 내용을 많이 읽었습니다. 몇 퍼센트인지는 잊어버렸지만, 많은 사람들이 뇌 조직이 다시 자라서 한 번 이상의 뇌엽리절리술을 받는다고 합니다. 어머니는 내가 일곱 살에서 열두 살까지 세 번을 받았습니다. 첫 번째는 그다지 효과가 없어서 계속 병원에 있어야 했습니다.

🔵 **가톨릭 시설에서의 시간은 어땠습니까?**

나는 위축되어 있었습니다. 위축되어 몇 주 동안 아무 말도 하지 못했습니다. 그게 나의 대처 방식이었습니다. 내가 너무 오랫동안 말이 없으면, 사람들은 큰 누이를 데리고 와서 나와 이야기하게 했습니다. 큰 누이는 나에게 "사람들이 걱정하니, 말을 해야 한다"고 말했습니다. 결국, 이 방법은 큰 누이를 만나기 위한 나의 전략이 되었습니다. 누이는 나이 많은 아이들이 있는 곳에 있었고 내가 그럴 때마다 누이를 저에게 데려다 주었으니까요.

지하에 긴 홀이 있었는데, 거기로 내려가 어린이용 흔들의자에 앉아 있곤 하였습니다. 〈골짜기의 농부(The Farmer in the Dell)〉 같은 동요들이 있어서, 흔들의자에 앉아 몇 시간씩 듣곤 했죠. 그러던 어느 날 더 이상 음악이 흘러 나오질 않아 나는 적막 속에 앉아 있었습니다. 음악이 영원히 사라져 버렸다고 생각한 나는, 아이도 절망이라는 표현을 할 수 있다면 '절망'했었습니다.

그때 기관의 직원이었던 큰 키에 긴 갈색 머리를 한 여자가 나타나 아무 말도 하지 않는 나에게 무슨 일인지 계속 물었습니다. 결국 나는 "음악이 더 이상 나오지 않는다"고 말했습니다. 그녀는 나를 아마도 그녀의 사무실이었던 방

으로 데리고 갔는데, 이후 기억은 나질 않습니다만, 그녀는
매우 친절했습니다.

내가 혼자라고 느낄 때마다 누군가 같이해줄 사람이 나
타나 혼자가 아니라는 사실을 깨닫게 해주었습니다. 나는
그 순간들을 기억하고 있고, 이 기억도 그중 하나입니다.
나는 그런 순간들에 매우 감사드리고 있습니다. 지금 그녀
의 외모는 기억에서 흐릿해졌지만 머릿결 냄새는 기억할
수 있습니다. 어머니가 죽을지도 모르는 날이라고 말했을
때 위로해주셨던 선생님의 경우도 마찬가지이고요.

🙎 시설에 있을 때 사람들이 친절했거나 도와줬던 때가 더 있었습니까?

나는 전혀 종교적이지도 않고 거기에 오래 있지도 않았습
니다. 그리고 가톨릭 교회가 저지른 많은 잘못도 알고 있습
니다. 하지만 아무도 교회가 한 좋은 일에 대해서는 이야기
하지 않습니다. 수녀들과 그 시설의 많은 사람들이 나를 도
왔습니다.

거기 있을 때 나는 가끔 침대에 실수를 하기도 했었는데,
젖은 침대에서 마른 바닥으로 내려가 다시 잠을 청하기도
하였습니다. 청소하는 여자분이 들어와 나를 주방으로 데
려가 젖은 옷을 갈아입히고 색칠 공부 책을 주며, "와서 칠
해보렴"하고 말했습니다. 어떤 수녀님은 나에게 자신의 미
키마우스 시계를 내주기도 하였습니다. 그들은 매우 친절

했습니다.

🧑 당신은 몇 년 후 집에 완전히 돌아왔지요? 어머니는 그때 많이 좋아져 있었습니까?

빛나는 순간, 거기가 카멜롯[1]이었어요(There was a Camelot)! 어머니는 다른 사람이었습니다. 천성적으로 어머니는 온화하고 정이 많은 사람이었습니다. 나는 전두엽절리술의 긍정적 가치에 대한 진정한 사례를 확인할 수 있었습니다. 나는 솔직하게 어머니를 많이 사랑했다고, 전두엽절리술이 내 삶을 구원했다고 말할 수 있습니다.

🧑 그 후 어머니는 병원 밖에서 오랜 기간 지낼 수 있었습니까?

어머니는 재발해서 다시 몇 차례 입원했습니다. 하지만 병원 밖에서도 많이 지냈습니다. 나이가 들면서 우리는 어머니가 병원에 입원한 동안에도 집에 머무를 수 있었습니다. 큰 누이는 시설에서 그랬던 것처럼 나에게 어머니와 같았습니다. 그건 새로운 날이 다시 시작되는 것이나 다름없었습니다.

어머니는 일생을 우울하게 지냈지만 좋은 엄마가 되려고

---

1   Camelot(카멜롯)은 영국 전설에 아서(Arthur) 왕의 궁전이 있었다는 곳으로 '(행복이 넘치는) 목가적 장소나 시대, 매혹적인 시대나 분위기'를 비유한다. 미국 제35대 대통령 존 F. 케네디 시절에 많이 쓰인 말이다. 여기서는 "지극히 행복했다!"라는 의미로 쓰였다. 옮긴이

했고 어머니로서의 역할을 다하기 위해 노력했습니다. 내가 꽃을 따다 드리면 고마워하기도 하였습니다. 어머니에 대한 가장 좋은 기억 중 하나는 햇살을 맞으며 책을 읽고 있는 모습이었습니다. 나는 햇살 속에서 책을 읽는 어머니의 모습을 정말 멋지다고 생각했습니다.

그때야말로 진짜 어머니 같았습니다. 어머니는 미친 사람이 아닌 정상적인 웃음, 진짜 웃음을 보이기도 하고, 친절하고 사랑스러웠습니다. 내가 십대였을 때 예전 어머니의 모습에 대해 이야기를 하면 어머니는 종종 "네가 말하고 있는 사람이 누구인지 모르지만, 나는 그 사람이 아니란다"고 말하곤 하였습니다. 어머니는 정말 잘 헤쳐나갔고, 매일 아버지에게 사랑한다는 말을 들려주곤 했습니다. 어머니가 계속해오신 아주 간단한 일상들이 있었는데, 매우 잘해나갔습니다. 아버지를 돌보고, 빨래와 요리를 할 수 있었고, 예정된 일상에 맞춰 척척 해나갔습니다. 모든 것이 좋아보였습니다.

🔵 어머니가 돌아오셨을 때, 놀라지는 않았었나요? 당신이 다치거나 겁에 질렸을 때, 어머니는 찾아가기에 안전한 사람이었습니까? 어머니가 편하셨나요?

집에 계실 때 어머니는 괜찮았습니다. 내가 넘어져 다치기라도 했다면, 어머니는 바로 내게 달려왔을 거예요. 나는 어머니의 사랑스럽고 행복하던 모습을 기억하고 있습니다. 최근에 나는 전두엽절리술이 하늘이 준 선물이라는 사실을 깨달았습니다. 내게 어머니를 돌려주었습니다. 내 자신도 최근에야 그걸 깨달아 여러 번 이야기하게 되는군요.

🧑 **어머니가 집으로 돌아온 후 오랫동안 좋았던 시기에, 어머니와 아버지의 관계도 좋았습니까?**

아버지는 항상 일을 하셨고, 집에 와서는 10불에서 15불 정도의 벌어온 돈을 전부 식탁에 올려놓곤 했습니다. 가장 많이 벌었을때는 일 년에 21,000불을 벌기도 했습니다. 13,000불의 주택 대출을 갚는 데 40년 걸렸습니다. 무엇보다 어머니의 치료비를 댔어야 했으니까요. 어머니는 처음에는 좋은 병원, 개인병원을 찾았지만, 나중에는 주립병원을 다녔습니다. 치료비를 갚느라 몇 년이 걸렸죠. 아버지는 자신이 만들어가는 가정을 행복해 했고, 경제적 부담을 삶의 한 부분으로 받아들이는 것 같았습니다.

🧑 **누이가 보호자였다고 말했는데, 누이에게 그 일은 어떤 의미였다고 생각하십니까?**

내 입장에서는 어머니 역할을 해준 큰누나가 있어 다행이었습니다. 큰누나에게 본인도 아이였으면서 어떻게 동생들을 다 돌볼 수 있었냐고 물었었는데, "선택의 여지가 없었다. 동생들을 돌봐야 해서 고등학생 때 무도회도 가보지 못했다"고 하더군요.

나는 큰누나에게 "오늘날 내가 있는 건 다 누나 덕분이라고, 어떻게 그걸 해낼 수 있었냐?"고 물었습니다. 큰누나는 "아버지가 매일 집으로 돌아오셔서, 그것 때문에 버틸 수 있었다"고 했습니다. 아버지가 큰누나에게 희망을 준 것이죠. 하지만 누나는 짐을 짊어지고 희생을 감내해야 했습니다.

🎙 몇 년 동안이나 난폭하고 아팠는데도 어머니에 대한 부정적 감정은 없는 것 같은데, 그렇습니까?

나는 누구에게도 어머니에 대해 안 좋게 말한 적 없습니다. 아버지는 어머니에 대해 결코 원망한 적 없었고, 나이 드셔서 어머니의 질환으로 많이 힘들었었다는 말을 한 번 하기는 했었지만, 말을 마치자 마자 바로 용서를 구하였습니다. 아버지는 늘 어머니가 좋은 사람이었다고 우리에게 말했습니다.

2차 인터뷰

🎙 첫 번째 인터뷰 후 기분은 어땠습니까?

내가 꽤 회복 탄력성이 있는 사람이란 것을 알 수 있었습니다. 사람들이 그렇게 이야기해주었지만 나는 인정하지 않았죠. 하지만, 그것이 내가 영향을 받지 않았다는 의미는 아닙니다. 나는 그동안 나쁜 상황에서도 어떻게 좋았던 시절을 붙들고 살았는지 알게 되었습니다. 그것은 일종의 세상을 바라보는 나의 방식이었는데, 무언가가 항상 나와 함께했고 나를 어둠에서 빠져나올 수 있게 도와주었습니다.

어머니로부터 내가 받은 게 무엇이었는지 생각해보았습니다. 하지만 어머니의 지능도 물려받았습니다. 어머니에게 우울증도 물려받았는데, 형제들 중 저만 유일했습니다. 다행히 우울증에 맞는 약을 드디어 찾게 되어 지난 5, 6년간은 문제된 적이 없었습니다.

🎧 **십대 때에는 어땠습니까?**

그 무렵 우울증이 찾아와 매우 위축되고 힘든 시간을 보냈습니다. 그런 후에 성적 정체성이 드러나기 시작했습니다. 우울감과 고립감에 더욱 빠져들었고, 전국에서 가장 거친 고등학교 중 한 곳에 다니던 내게 그러한 상황은 전혀 도움이 되질 않았습니다. 우리는 그리 학군이 좋은 곳에 살지 못했습니다. 우리는 가난한 노동자 계층이었고, 굶지만 않았지 여유는 없었습니다. 아버지는 승진이나 출세하려 하지 않았고, 중졸 학력 때문에 어리숙해 보일까 두려워했던 것 같습니다. 아버지는 신앙심은 깊었지만 매우 수동적이

어서, 더 잘할 수 있었음에도 불구하고 결국 많은 돈을 벌지는 못했습니다.

🎙 **우울증에 대한 도움을 받았습니까? 그것을 문제로 인식했었나요?**

아니요. 우울증은 동성애자여서 생기는 감정이라 생각했습니다. 동성애자로 산다는 것은 늘 우울한 감정과 함께 살아간다는 것을 의미합니다. 현실이 그랬습니다. 나는 평생 이러한 현실을 겪었습니다. 어릴 적에 계단에 몸을 던질까, 모든 것을 포기하고 계단에 몸을 던져 끝내버릴까 생각도 했습니다.

🎙 **고등학교 시절은 어땠습니까?**

1960년, 70년대는 시민운동이 한창이어서 학교도 격렬한 상황에 놓여 있었죠. 거리는 폭력적이었고, 경보가 울리고 사람들은 소리 지르고 정말 혼란스러웠습니다. 그러한 상황은 내가 다룰 수 있는 일이 아니어서 틀어박혀 지내고 싶었죠.

고등학교 시절의 내 형은 문제아였습니다. 마약을 하고 문제를 일으켰습니다. 그리고 나는 사회적으로 위축되어 있어서 친구도 별로 없었습니다. 연극에 푹 빠져 극단에 소속되어 있었는데, 그게 나한테는 가장 좋았던 기억입니다.

🙋 고등학교 졸업 후는 어땠습니까?

부모님은 돈이 없어 내가 대학에 갈 수 있으리라 생각하지 못했지만, 장학금을 신청해 뉴욕의 작은 대학에 들어갈 수 있었습니다. 매우 작은 대학이었기 때문에 그곳에서 주목 받을 수 있었습니다. 교수님이 나에게 "대학을 졸업하면 무엇을 할 생각인가?"라고 물은 적이 있었는데, 나는 배우가 될 것이라고 대답했습니다(웃음). 그러자 교수님이 "다음 주에 하버드에 있을 프로그램에 나와 함께 가자"며 소통의 세계에 대해 알려줬습니다. 나는 사람들 앞에서 말하는 재주가 있었고 사람들 앞에서 편안함을 느꼈습니다. 이러한 재주가 어디서 생긴 것인지는 몰라도 거기에 빠져들었는데, 나에겐 최고의 일이었죠. 나는 그 분야에서 수년 동안 일했고 교수님에게 배운 모든 것을 활용하였습니다.

🙋 힘든 시기에 당신이 밖으로 나올 수 있게 도와주고 옆에 있어 준 다른 사람이 있었습니까?

여전히 그 교수님과 연락하며 지내고 있습니다. 제게는 진짜 아버지 같은 분입니다. 나의 자아를 끄집어내 무엇을 원하는지, 계획이 무엇인지 관심 가져주고, 좋은 것들을 나에게 많이 알려주었습니다. 수업 조교로 앞에 나서기도 했습니다. 매년 하는 일인데, 그해에는 제가 뽑혔던 것입니다. 그 분이야말로 진짜 저의 멘토입니다.

🧑 **대학을 졸업하고는 어땠습니까? 집에서 살았었지요? 아버지, 어머니와는 어땠습니까?**

집에서 살았습니다. 군대처럼 정형화된 환경이어서 모든 것은 특정된 장소에 놓여 있어야 했고 저녁 메뉴는 언제나 꼭 같았습니다. 그렇게 하는 게 어머니가 대처하기 좋았고, 효과적이었습니다.

하지만, 이십대 초반에 내가 동성애자라는 사실을 부모님에게 밝힌 후 모든 것이 변했습니다. 저에겐 여자 친구가 있었고 부모님도 그녀를 좋아했지만, 나는 내가 더 이상 그녀와 그렇게 지낼 수 없다는 사실을 알았습니다. 어느 날 밤 부모님께 털어놓았는데, 다음 날 아침 여섯 시에 아버지가 내 방으로 들어와 나를 깨우더니, "열쇠를 놓고 집을 나가라. 그리고 누구에게도 내 아들이라고 하지 마라. 나는 너 같은 자식을 낳은 적 없다"고 하더군요.

🧑 **매우 충격적으로 들렸겠습니다.**

무얼 가지고 나가야 할지 멍하니 서성이다 이런저런 물건들과 책을 챙기려 했지만 결국은 큰누나가 건네준 등만 가지고 집을 나왔습니다. 챙겨야 할 다른 물건들은 다 놔두고, 오직 램프 하나만 가지고 나왔던 것이죠. 무슨 생각이 었는지는 모르겠습니다. 밖에는 눈마저 내리는데. 집을 떠나려고 준비할 때 어머니가 와서 도대체 무슨 일이냐고 묻더군요. 나는 아버지가 집을 나가라고 했다고 말씀드렸습니다. 나의 말에 어머니는 아무 말도 못 했습니다. 무슨 말을 해야 할지 몰랐던 것이겠죠. 끔찍하고 불공평한 일이었습니다.

🙎 어디에서 무엇을 하였습니까?

당시 사랑하는 사람이 있어서 그의 집으로 갔지만, 갈 곳이 없다는 이유 때문에 그와의 관계가 유지되고 있다는 사실을 알았습니다. 나는 몇 주마다 집에 전화를 걸곤 했지만, 나인 걸 알면 전화를 끊어버렸습니다. 아무도 나와 이야기를 나누려하지 않았습니다. 집에 편지를 보내면, 매번 봉투에 '사망'이라고 표시된 채 반송되곤 했어요. 지난 17년간을 나와 이야기하지 않다가 마침내 수그러들었습니다. 때때로 전화를 걸었는데, 어느 날 어머니가 전화를 끊지 않는 거예요. 깜짝 놀랐죠. 근처로 간다고 했더니 어머니가 아버지께 물어봤는데 괜찮다고 하여 찾아갔습니다. 어머니는 나를 힘껏 안아주었지만 우리는 그 상황에 대해 아무 말도 하지 않았습니다.

🙎 무슨 일이 있었는지, 왜 변했는지에 대한 설명은 없었습니까?

그렇진 않았습니다. 몇 년 후 아버지와 몇 마디를 나누긴 했었지만, 그 당시는 아무 말도 없었습니다.

🤵 **그 몇 년 동안 무슨 일이 있었을까요?**

그 몇 년 동안에 대한 이야기는 또 다른 이야기인데요. 나는 여기 저기 옮겨다니며 여러 직업을 가졌는데, 대개는 학교 프로그램에 소속되어 있었습니다. 하지만 우울증이 언제나 큰 문제였습니다.

어머니가 돌아가셨을 때 형제들이 다시 만났는데, 나에게 장례식 추모사를 요청하였습니다. 말도 안 된다고 생각하면서도 나는 그렇게 했고, 그들은 좋았다고 했습니다. 그 이후로 다시 보기 시작하였습니다.

🤵 **어머니와 다시 연락이 이루어진 후 어머니는 좀 어떠셨습니까?**

전반적으로는 괜찮았습니다. 우리는 내가 쫓겨난 일에 대해서는 일절 이야기하지 않았습니다. 한 가지는 확실했습니다. 어머니는 꽤 잘 지냈었는데, 한 가지 궁금한 것이 있어 여쭤보기로 했습니다. "나를 키우던 때를 기억하세요?" 내 물음에 어머니는 잠시 생각하더니 조용히 기억하지 못한다고 하더군요. 내가 정말이냐고 되묻자, 어머니는 자신은 기억하지 못한다고, 자신이 좋은 어머니였는지 말해달라고 하였습니다.

나는 아주 좋은 어머니였다고 거짓으로 얘기해드렸습니다. 어머니가 정말이냐고 다시 물었고 나는 그렇다고 말했습니다.

전두엽절리술을 받은 후 좋은 어머니였던 것이 사실이었고, 좋은 어머니였다고 솔직히 얘기할 수 있었지만, 그 전 상황에 대해서는 거짓말을 한 셈이죠.

어머니는 칠십 중반이 되어 다시 악화되기 시작하였고, 마지막 몇 년은 전두엽절리술을 받은 많은 사람들이 그렇듯 상태가 매우 안 좋았습니다. 정신적인 문제 외에도 신체적 문제가 많아서 양로원에서 삶을 마쳤습니다. 다시 편집증과 망상이 악화되었는데, 그건 매우 슬픈 일이었습니다.

🔘 아버지와는 어땠습니까? 집에서 쫓아낸 일과 지난 17년 간의 삶에 대해 이야기를 나눈 적이 있습니까?

늙으신 아버지가 언젠가 내게 "나는 게이를 이해할 수 없다"고 하더군요. 나는 그저 "글쎄, 무슨 말을 해야 할지 모르겠습니다. 어떻게 하면 이해할 수 있을까요?"라고 할 수밖에요. 그로부터 며칠 후 아버지가 돌아가셨는데 직전에 아버지가 말했습니다. "데이비드, 나를 용서해주렴. 나 자신을 용서하지 못하는 일이 두 가지 있는데, 그중 하나가 너에게 한 일이란다."

나는 "누구나 실수는 하잖아요"라고 말해드렸습니다. 아버지는 독실한 가톨릭 신자였으며, 아버지에게 그 사실이 중요하다는 것을 나는 알고 있었습니다. 사실 아버지는 천국에 가려 했지만, 나는 천국의 존재를 믿지 않았고, 아버지가 내게 저지른 일도 용서하지 않았습니다. 아버지에게 진실을 이야기할 수도 있었지만, 아버지가 나에게 한 짓을 아버지에게 돌려줄 용기도 그럴 의지도 없었습니다. 아버지는 나에게 생명을 주셨고, 아버지가 아니었으면 나는 이 자리에 없었을 테니까요.

그래서 "아버지를 용서합니다"라고 거짓말을 했고, 마음은 한결 가벼워졌습니다. 정말이냐고 되물으며 아버지는 울먹였습니다. 나는 옳은 일을 했다고 생각하지만 거짓말을 했습니다. 내가 한 일에 대해 기쁘기도 하지만, 그것 때문에 아직도 힘들어하고 있습니다.

🎙 **돌이켜볼 때, 어머니의 병이 당신에게 어떻게 영향을 미쳤습니까?**

나는 매우 겁에 질린 아이었고, 안정을 찾기 전까지 한참이 걸렸습니다. 어머니가 전두엽절리술을 받은 후, 비로소 나의 내면에 온화함이 깃들면서 사람들을 받아들일 수 있었습니다. 감정적 영향이라고 하셨나요? 그러한 상황은 저로 하여금 사람들을 대하는 데 극도로 예민하게 만들었고, 늘 궁금증을 품게 만들었습니다. '사람들은 어떻게 소통할까? 사람들은 어떻게 자신을 만들어가는가?' 난 평생 그 답을 찾고자 했습니다. '무엇이 나를 나로 만들고 당신을 당신으로 만드는가' 말입니다.

🧑 그러한 상황으로부터 취할 수 있는 장점과 단점은 무엇이었다고 생각하세요.

어릴 적에 아무도 날 이끌어주지 않았기 때문에 내 삶은 엉망이었고, 나는 제때 치료와 도움을 받지 못했습니다. 오로지 생존 욕구에 따른 기본적인 일들을 우선 처리하는 데만도 빠듯했습니다. 나는 아무것도 못 한 채, 긴 시간을 허송세월했습니다. 학위를 따느라 많은 시간을 보냈지만, 그다지 성공적이지는 못했습니다.

현실을 타개할 올바른 방도를 찾고 그 일을 성공적으로 해나가는 데 오랜 세월이 걸렸지만, 이제 일도, 올바른 사고도 가능하게 되었으며, 늘 원했고 해내야 된다고 여겼던 일들을 실제로 하고 있습니다.

그래서 지금의 나는 정말 일을 잘하고 있고, 내게 중요한 것들이 무엇인지 분명하게 생각할 수 있습니다. 예전에는 할 수 없었던 추상적 사고도 할 수 있게 되었습니다.

원하는 곳을 향해 앞으로 나아가고 있다는 사실에 만족합니다. 그리고 나에게 재능이 있다는 사실도 확실히 알게 되었습니다. 다만, 힘든 시간을 빠져나오는 데 오래 걸렸을 뿐이었죠.

🎙 **우울증과 더불어 당신의 가정 환경이 당신의 삶에 어떤 영향을 끼쳤다고 보세요?**

나의 우울증은 늘 상대방에게 의존하게 만들었습니다. 좋은 교육을 받은 성공적인 남자들과 꽤 오래 지속된, 두 번의 깊은 관계를 유지했었는데, 우울증이 그 관계들을 망쳐버렸습니다. 내가 너무 의존적인 나머지 상대에게 위축되었고, 우울증은 그 모든 관계를 끝내버렸습니다. 아마도 우울증이 없었다면 관계를 더 유지할 수 있지 않았을까 생각합니다.

🎙 **상황을 어떻게 종합할 수 있을까요? 지금까지 어떤 길을 걸어왔고 지금은 어디쯤에 있는지, 당신은 어떻게 생각하세요?**

지난 몇 년 동안은 우울증이 없었던 것 같습니다. 나는 지금 새롭게 시작하고 있습니다. 내 아파트가 있고, 심적으로는 안정되었으며, 평생 처음 내 자신의 모습으로 있다고 느끼고 있습니다. 일도 다시 시작했습니다.

그래서 '이 얼마나 다행인가!' 하고 생각합니다. 아버지가 알콜중독자가 아니고 내게 희망을 주는 말을 할 수 있었던 순박한 사람이었다는 사실이 얼마나 다행인가 생각하죠. 적합한 우울증 처방을 찾고 그 처방이 효과를 봐서 내 삶이 바뀐 게 얼마나 행운인가 생각합니다. 다소 이상하게 들릴 수도 있지만, 난 그렇게 생각합니다.

데이비드에 대한 나의 고찰

어머니의 중증 정신질환 외에도 몇 가지 중요한 사건들은 데이비드의 삶을 더욱 복잡하게 만들었다. 그의 삶은 분절과 단절의 연속이었지만, 그럼에도 그는 여전히 낙관적이다.

큰누나는 어머니의 역할을 대신했고, 초기에 좋은 보살핌을 주었던 것 같다. 어머니의 행동에 대한 비난이나 죄책감을 갖지 않았다는 사실은 매우 중요해 보였다. 오랫동안 병원에 있던 어머니가 집에 돌아왔을 때 행복을 느껴 특유의 쾌활한 말투로 "거기가 카멜롯이었다!"라고 말하기도 했다.

가족들 사이에서 어머니의 병을 비밀로 하지 않았고, 학교 선생님들도 어머니가 아프다는 것을 알았다는 사실은 주목할 점이다. 하지만, 정확한 정보가 부족한 데서 오는 어려움도 있었다. 외가에서 조금만 도와주었더라면, 아이들은 시설에 가지 않았을 수도 있었다. 데이비드의 외할머니는 딸이 결혼하면 좋아질 것이라는 정신과의사의 말과 달리 딸의 증상이 지속되자, 헌신적으로 딸을 돌보고 사랑하던 사위를 비난했다. 1940년대의 대부분의 여성들이 지닌 심리적 문제는 결혼해 남편과 아이를 가지면 '치료'될 수 있다는 것이 당시의 믿음이었다.

어머니가 비교적 좋았을 때의 새로운 가족 생활이, 우울하고 고독감에 싸인 성 정체성의 어려움을 겪던 사춘기 데이비드에게 어떤 영향을 미쳤는지는 알기 어렵다. 어머니의 병이 데이비드에게 남긴 후유증을 이해하는 데 있어, 부모에게 동성연애자임을 밝혀 쫓겨난 사건은 그 이해를 한층 복잡하게 만들었다. 17년이라는 긴 기간 동안 겪었던 가족들의 외면은 그에게 엄청난 충격이었을 것이다.

그의 회복은 태어나서 처음으로 독립적이라고 스스로 느끼게 해준, 효과적인 우울증 처방을 찾은 상황과 깊은 관련이 있어 보인다. 그리고 그의 타고난 기질은 이제 우울증을 극복했다는 인식을 더 강하게 해주었을 것이다. 그는 요즘 자신이 "얼마나 행운아인가!"라고 말하고 다니는 낙관적이고, 밝고, 활력 넘치는 사람이다.

데이비드의 이야기에서 무엇을 배울 수 있을까?

타고난 기질의 중요성에 대해서는 간과할 수 없다. 어릴 적 상처, 고립, 방임, 그리고 가족으로부터의 외면을 경험한 이 남자는 더 불행해질 수도 있었다. 수년간 그를 괴롭힌 우울증은 더한 비극적 요소들을 가지고 있었다.

음악이 끊겼을 때 긴 갈색 머리의 멋진 여인들이 그를 위로했었던 것처럼, 그의 삶을 관통하는 회복 탄력성을 찾을 수 있었다. 만약, 누군가 그와 같은 삶을 살았다면 10명 중 9명은 자신이 받았던 도움을 기억하기는커녕 괴로움과 절망에 압도당했을 것이다. 회복 탄력성의 한 가지 측면은 안 좋은 순간들에도 불구하고 좋았던 순간을 찾아 기억하는 것이다. 데이비드의 이야기에서 친절과 돌봄의 순간들은 다른 사건에 비하면 원양 여객선 옆에 떠 예인하는 작은 예인선처럼 너무도 작은 사건들이었다. 회복의 순간을 붙잡는 아이들의 능력을 이해하려면, 우리는 적응력, 호기심, 차분함, 지능, 유머, 낙관성과 같은 타고난 기질을 같이 고려해야 한다.

마지막으로, 데이비드가 지닌 회복 탄력성의 결정적 요인은 큰누나와의 강한 결속력에 있다. 부모가 그러한 역할을 해주지 못할 때, 이렇게 의미 있는 한 사람과의 결속은 역기능적인 가족의 상처를 완화시켜줄 수 있는 큰 힘이다. 또한, 자식들이 어머니를 더 잘 지내게 해주어야 한다는 기대와 그러지 못했다는 비난이 없었다는 사실 역시 도움이 되었다.

옮긴이 후기_

의학 기술의 발전과 정신질환

어머니가 조현병을 앓는 경우, 아버지가 병을 앓는 경우에 비해 자녀가 가지는 혼란감과 어려움이 훨씬 큰 것으로 알려져 있다. 그만큼 양육에서 어머니가 차지하는 비중이 아버지보다 크다는 사실을 반증하는 것이리라. 데이비드의 경우 애정 관계를 상당히 극적으로 표현하고 자신에 대한 상반된 인식을 번갈아 표현하는 모습을 볼 수 있는데, 이러한 정서적 불안정과 혼란감은 어머니와의 관계에서 안정적 애착 형성의 어려움에 의한 영향일 수 있다. 아버지가 조현병을 가진 경우 그 아들이 사회화 과정에서 어려움을 겪는 일에 비해, 어머니가 조현병을 가진 경우 그 아들에게 애착 관계에서의 어려움이 주로 나타날 수 있다는 사실을 조심스레 예측해볼 수 있다.

　데이비드의 이야기에서 생각해볼 또 하나의 문제는, 의학 기술과 정신질환과의 관계이다. 데이비드 어머니는 전두엽절리술(lobotomy)을 받았다. 전두엽절리술은 1953년 프랑스의 장 드레 박사에 의해 약물 치료제가 발견되기 전까지 주로 행해지던 시술로, 수용소에서 극도의 흥분 상태로 자해하는 환자들에게 시행되었다. 현재는 난치성 간질이나 동통장애에서만 매우 국한적으로 사용되며, 정신질환자에 대한 의학적 치료의 비인권적 역사의 대표적인 사례로 비난받기도 한다.

한편, '의학의 발전'이라는 말 자체가 과거 의학의 한계를 말하는 것일 수 있다. 데이비드 흄(1771~1776)은 과학의 귀납법적 한계에 대해 언급했는데, 어제까지 해가 동쪽에서 떴다 하더라도 오늘 동쪽에서 해가 뜨지 않을 가능성을 배제할 수 없다는 것이다. 하지만, 경험적 지식에 대해 절대적이 아니라는 이유로 현실적인 범위에서 신뢰하지 않는다면, 우리는 아무것도 할 수 없다.

현재까지 우리가 알고 있는 최선의 의학 기술의 혜택을 동시대의 환자에게 주는 것이 우리의 한계이자 의무이지 않을까 한다. 만약, 조현병에 대한 예방적 유전자 치료가 가능하게 되면 환청 등의 증상을 줄이기 위한 현재의 약물 치료는 역사 속으로 사라지게 될 수도 있다. 2016년 하버드의 맥캐롤(McCarroll) 박사가 〈네이처〉지에 발표한 보고에 의하면, 6번 염색체의 C4 단백질 관련 특정 유전자에 대한 유전자 치료로 근본적인 치료 가능성도 제시되고 있다. 현재의 제한적인 약물 치료로라도 환자를 돕기 위해 이렇게 저렇게 애쓰다 보면, 그 효과에 놀라울 때도 있고 한계에 지칠 때도 있다. "어머니의 전두엽절리술이 제 삶을 구했다"고 말하는 데이비드의 말은 의술이 영원불변의 진리가 될 수 없다 하더라도 우리에게 던지는 위로가 아닐까 한다.

네가 집을 떠난다면,
누군가
너를 죽일 거야.

마크는 이전에 치료를 받았었던 아내가 인터뷰를 권유해 찾아왔다. 그는 냉소적이었으며 전문가들에게 가족 이야기를 한 번도 털어놓은 적이 없었지만, 부인은 그의 과거가 성인이 된 뒤에도 그에게 문제를 일으키고 있다고 생각했다. 그는 군 복무를 하고 있고, 그와 부인은 몇 년 내로 가족을 꾸리길 원하고 있었다. 마크의 어머니는 모든 일에 극도로 걱정이 많은 사람이었고, 마크는 어머니의 불안과 아버지의 방임이 그의 성장 과정에 끼친 영향에 대해 털어놓았다.

에드바르 뭉크 〈절규〉 1895년

1852년 뭉크(Edvard Munch, 1863~1944)는 다섯 살에 결핵을 앓던 어머니의 죽음을 겪었고, 열네 살에 가장 사랑하는 누이를 어머니와 같은 병으로 떠나 보냈다. 막내 여동생은 어린 시절에 정신분열증 진단을 받았다. 의사였던 아버지가 보살피던 환자들의 죽음을 종종 목도해야 했던 뭉크의 삶과 예술은 공포와 불안, 그리고 고독 그 자체였다. 〈절규〉를 그릴 당시 뭉크는 자신을 엄습한 불안을 일기에 기록했다.

"해질 무렵 나는 친구 둘과 함께 길을 걷고 있었다. 갑자기 하늘이 핏빛의 붉은색으로 변했다. 그때 나는 자연의 비명 소리를 들었다."

그림 속 주인공은 뭉크 자신이다. 몇 번의 사랑에 실패하고 평생 독신으로 지냈던 뭉크를 괴롭힌 지독한 불안이 표현주의 미술의 최고 걸작 〈절규〉를 탄생시켰다. _ 편집자

1차 인터뷰

🎧 당신의 성장기와 당신의 어머니가 남달랐다고 생각했던 점에 대해 말해줄 수 있나요?

이웃의 아이들은 할 수 있는 일이 나에게는 허락되지 않았습니다. 그래서 나는 내가 다른 아이들과 다르다고 생각했습니다. 야구를 하거나 공원에 나가 놀거나 하는 일들 말입니다. 그런 일들은 내게 허락되지 않았습니다. 내가 동네 상점이나 농구장까지 걸어가는 것을 어머니는 허락하지 않았습니다. 우리는 보스톤 근교의 방 두 개짜리 아파트에서 자랐는데, 나는 친구들과 나가 놀고 싶었습니다.

아파트 건물에는 한 줄로 된 계단이 있었는데, 나는 고작 첫 번째 칸까지만 올라가도록 허락되었습니다. 어머니는 "첫 번째 칸 이상 올라가면 안 된다. 위험해. 누군가 기다리다 너를 공격해서 죽일 수도 있어" 하고 말했습니다. 늘 걱정이 지나쳤습니다. 어머니께서 창으로 내다볼 수 있는 조그마한 사방이 막힌 곳이 있었는데, 남동생과 나는 거기에서만 놀 수 있었습니다.

🧑 남동생이 있다고 하셨는데, 동생에게도 그렇게 걱정과 불안을 내비쳤나요?

남동생과 저, 이렇게 둘만 있었는데, 나는 동생보다 조금 더 주장이 센 편이었습니다. 나는 책임성이 있는 착한 아이였기 때문에 왜 내가 그러한 일을 하면 안 되는 건지 정말로 이해할 수 없었습니다. 내가 이끌면 동생은 따랐겠지만, 무엇이든 동생이 먼저 주장하지는 않았을 겁니다.

🧑 어릴 적에는 어머니의 행동이 맞다고 생각했었나요? 그게 자연스러운 반응일 수도 있으니까요.

잘 기억이 나지 않습니다. 그저 구속이 싫었습니다. 우리는 다니던 초등학교에서 매우 가까운 거리에 살았고 어머니가 걸어서 데려다 주었습니다. 아동 유괴나 교통사고, 마약상이 있을 수도 있다며 우리끼리 걸어가게 놔두지 않았습니다. 다들 평범한 이웃들이 사는, 전혀 위험하지 않은 동네였습니다. 다른 아이들은 학교까지 걸어가고 밖에서 잘들 놀았습니다.

나는 허락되는 것이 별로 없었기에 친구도 많지 않았습니다. 어머니는 내가 이발소에 가는 것조차 두려워해서, 다른 아이들 머리는 짧았지만 내 머리는 늘 덥수룩했습니다. 정말 이해할 수 없었습니다.

🙎 **어머니의 구속에 대한 아버지의 반응은 어떠했습니까? 아버지는 어머니에게 동의했나요, 아니면 당신 대신 개입한 적이 있었나요?**

아버지는 어머니의 결정에 참견하거나 관여하지 않았습니다. 제 생각에는 아버지가 늘 돈에 대한 걱정을 했다는 것도 이유 중 하나일 거라 생각합니다. 어머니가 야구나 농구하는 것을 원하지 않았기에 아버지의 입장에서는 유니폼이나 장비를 사는 데 돈 쓸 필요가 없을 테니까 말입니다. 나는 정말 하키와 미식 축구가 하고 싶었고, 운동에 꽤 소질이 있었기 때문에 했었더라면 잘 해냈을 겁니다. 하지만, 어머니는 "안 된다. 누군가 너에게 공을 던져 허리가 부러질 거야"라고 말씀하셨고, 아버지는 아무것도 사줄 필요 없어서 좋았을 것입니다. 아버지가 어머니의 의견에 동의했다는 생각은 하지 않습니다. 그냥 그게 아버지에게 편했던 겁니다.

🙎 **아버지와의 관계는 어땠어요? 아버지가 어머니의 우려에 대해 무언가 이야기한 적은 없었나요?**

아버지와 제가 좋은 관계였던 적은 한 번도 없었던 것 같습니다. 아버지는 항상 혼자이길 원했습니다. 남동생과 내가 토요일 아침에 일어나보면, 아버지는 벌써 일어나 혼자 해변에 나간 뒤였습니다. 아버지는 음식을 옆에 두고도 나누어주지 않았을 정도로 극도로 이기적이었습니다.

TV로 스포츠를 볼 때조차도 같이 보자고 한 적은 한 번
도 없었습니다. 우리는 그렇게 아버지를 혼자 둬야 했습니
다. 한두 번 아버지 옆에 앉으려 시도했었지만, 아버지는 별
로 반기지 않았습니다. 아마도 제가 자기의 감자칩을 먹는
걸 원치 않았던 이유가 가장 컸을 거예요.

아버지는 돈에 엄청 깐깐했고, 부모님은 그것 때문에 늘
싸웠습니다. 돈을 쓴다고 소리 지르고 윽박지르는 모습이
아버지에 대한 기억 중 하나입니다.

**어머니의 구속이 지나쳐 좌절스럽기도 했겠지만, 어머니와 좋았을 때
도 있지 않나요?**

네, 예컨대 제가 어렸을 적 어머니가 잠시 일을 할 때가 있
었는데, 어머니 수중에 돈이 조금 생겼습니다. 그렇게 어머
니가 경제력이 있었을 때, 금요일 밤에 피자집에 가기도 하
는 등 매우 즐겁게 지냈습니다. 넉넉지는 않지만, 상황이
조금 나았습니다.

어머니에 대한 당신의 느낌은 어땠어요?

나는 항상 어머니와 내가 친하다고 생각했습니다. 어머니
는 종종 내가 늘 이해를 잘 못한다고 말하곤 했습니다. 내
가 커가는 동안에 어머니는 아무 남자에게나 이상하게 빠
져들곤 했는데, 저에게 그 남자가 얼마나 귀여운지, 다른

남자들보다 얼마나 더 귀여운지 얘기하곤 했습니다. 어머니가 선을 넘었던 적은 없습니다. 가끔 하도 이상하게 느껴져서 "엄마, 왜 나에게 그런 얘길 하는 거예요?" 하고 물었던 적이 있었습니다. 어머니는 그런 이야기를 때로는 아버지 앞에서도 하곤 했습니다. 하지만 이런 일들로 인해 나도 역시 어머니에 대해서 잘 알지 못한다고 생각하는 계기가 되었습니다. 한번은 어머니가 밥 딜런이 뉴욕에 와서 공연을 했는데 오프닝 공연에서 자신이 기타를 쳤다고 이야기하는 거예요. 나는 그 얘길 믿었었는데, 나중에야 그것이 모두 어머니가 지어낸 이야기라는 것을 알게 되었습니다.

어머니는 아주 어려서 할머니를 여의고 할아버지는 재혼했다고 말했습니다. 하지만, 외가 친척 중 내가 만났던 사람은 종종 찾아오시던 작은외할머니 한 분뿐이었습니다. 우리는 작은할머니를 아주 좋아했습니다. 작은할머니는 사탕 바구니와 선물들을 들고 오셨었는데, 매우 재미있는 분이셨습니다. 비록 두 분이 서로 자주 다투긴 했지만, 작은할머니가 어머니 역할을 대신해줬다고 생각합니다.

어머니에게 형제나 자매가 있었는지는 정확히 들은 바가 없습니다. 몇 번 물어본 적이 있었는데 그때마다 답이 달랐으니까요. 기본적으로 "오, 죄다 아주 끔찍한 사람들이었지"라고 말하곤 했습니다. 시카고에서 노숙자로 2년 정도 산 적이 있었다고도 했지만, 사실인지 아닌지는 모를 일이에요. 시카고의 히피였다고 말하기도 해서, 한번은 제가 컴퓨터에서 어머니의 연행 기록을 찾았다고 농담하자 흥분한 일도 있었습니다.

사실대로 말씀드리자면, 저는 어머니나 그녀의 성장 과정 같은 것에 대해 정말 아는 게 없습니다.

🧑 **외가 쪽으로는 당신이 알고 지내던 가족이 없었던 것이 확실하군요. 친가 쪽은 어땠습니까?**

아버지에겐 형제들이 있었는데, 모두 알콜 중독자였던 것 같았고 별로 내왕도 없었습니다. 다행히, 아버지께선 술을 입에 대지 않으셨는데, 그건 좋았습니다.

🧑 **어린 시절의 당신에 대한 기억이 있으면 얘기해주세요.**

글쎄요, 나는 어릴 적부터 군대에 가고 싶어했습니다. 군복 입은 사람을 본 일이 있었는데, 내가 무엇을 해야 하는지 어느 정도 알게 되었습니다. 그래서 어머니에게 말씀드렸는데, 어머니는 별로 탐탁지 않게 생각했습니다. 어머니께서는 그때 군복 입은 사람이 사실은 유니폼을 착용한 버스 운전사라며 저를 속이려고 했습니다. 제게 버스 운전사가 되고 싶냐며 계속 강조하더군요. 어려서는 어머니의 말씀 때문에 그렇게 믿었었는데, 나중에 당연히 다르다는 사실을 알았습니다.

제 생각에 가장 좌절스러운 것은 제가 정말 착한 아이였다는 사실입니다. 저는 부모님이 걱정할 만한 일은 아무것도 하지 않았습니다. 어머니의 걱정 때문에 졸업여행도 가지 못했습니다.

어머니의 걱정스런 얼굴이나 우는 모습을 봤다면, 제 기분이 안 좋고 죄책감에 빠지기도 했을 테니까요. 하지만, 나이 들면서 내가 잘못한 건 아무것도 없다는 생각이 들었습니다. 나는 문제를 일으킨 적이 없습니다. 하지만, 늘 어머니가 집에 앉아 걱정하거나 울고 있는 모습을 상상하곤 했는데, 그건 참 힘든 일이었습니다.

죄책감 외에 화나는 일은 없었나요?

제가 화를 냈던 기억은 없습니다. 오로지 어머니의 기분을 좋게 할 만한 것이 없어 좌절했을 뿐이었습니다.

어머니를 이상하다고 생각했던 다른 일은 없었나요?

우리 가족은 외출한 적이 거의 없었습니다. 제가 고등학생이었을 때, 한번은 호박을 따러 농장에 간 적이 있었습니다. 누군가 농장에 있는 천막 한쪽을 들어올렸는데, 거기에 농약이 든 드럼통이 있었습니다. 그 일 이후, 부모님은 유기농 음식을 구하는 데 미쳐서 자연식과 유기농 식단에 관한 책을 수백 권 구해 책장마다 비타민과 유기농 음식에 대

한 책으로 가득 꽂혀 있었습니다. 인터넷으로 비타민을 주
문하기 시작했고, 비타민 통들로 집이 가득 찰 정도였습니
다. 몇 년을 그렇게 생활했습니다.

고교 시절은 어땠습니까?

친구가 많지 않았는데, 집에 데려오고 싶은 친구가 있었습
니다. 그래서 저는 혼자 천장부터 바닥까지 집안 전체를 닦
아야 했습니다. 심지어 그 이전에 다른 집에 살았던 초등학
생 시절부터 저는 그렇게 했습니다. 어릴 적에 살았던 집은
꽤 정신이 없었지만, 최악은 아니었습니다. 고등학교에 들
어갈 무렵, 모든 방이 더럽고 엉망인 집으로 이사했습니다.

예전 집보다 공간은 많아서 이것저것 다 쓸어담았습니
다. 나는 아랫 동네의 친구집에 놀러가곤 했었는데, 우리집
이 그 집 같길 바랐습니다. 그래서 친구가 놀러왔을 때 당
황하지 않도록 우리 집도 그렇게 보일 수 있길 바랐습니다.
부모님께서는 늘 담배를 피우셨기 때문에 제 옷에도 냄새
가 배어, 학교에 가면 친구들이 담배 냄새 난다고 했습니
다. 나는 문에 방석을 덧대어, 담배 연기가 내 방으로 들어
오지 않도록 해야 했습니다. 그때부터 나는 집을 떠나야겠
다고 생각했습니다.

정말 친한 한두 명의 친구만 집에 놀러오게 했는데, 그때
마다 청소를 해야 했던 일에 대해서는 친구들에게 말하지

않았습니다. 나는 부모님이 어떤 계획 때문에 방금까지 무슨 일을 하는 바람에 집이 엉망진창이 된 것으로 연기를 해야 했습니다. 진공 청소기로 구석구석 청소하고, 나무 바닥도 손보고, 정리하고, 식탁을 닦기도 하는 등 집안일을 모두 했습니다.

하지만, 아무리 힘들여 집안 청소를 해도, 집은 그다지 나아 보이지는 않았습니다. 가구들은 낡고 여기저기 긁힌 정말 오래된 잡동사니였지만, 아마도 부모님은 영원히 사용하려 했을 겁니다. 정말 당황스러운 상황이었습니다.

아랫 동네에 사는 가장 친한 친구가 가끔 놀러오곤 했는데, 그녀의 부모님도 우리 부모님처럼 기이한 분들이라 편했습니다. 저의 부모님과 그녀의 부모님은 서로 만난 적 없었지만, 우리는 부모님들의 기이한 점들을 서로 이야기할 수 있었고, 그런 것들에 신경 쓸 필요가 없었기 때문에 더 가깝게 지낼 수 있었던 것이죠.

당신의 그런 행동에 대해 부모님은 어떻게 반응하던가요?

부모님은 가끔씩 돕는 시늉이나 하고서는 정말 보기 좋다고 말씀하기도 했습니다. 아버지는 "방이 보기 좋구나, 잘했다"며 말하기도 했지만, 그런 상태는 채 하루가 안 갔습니다. 나는 집안을 쓸었는데, 마치 야외처럼 집 안에 먼지가 겹겹이 쌓여 땅바닥을 쓰는 것 같았습니다. 지금 내 집을 청소하는 일은 그때에 비하면 정말 아무것도 아닙니다.

🧑 **예컨대 학교에 찾아오거나 하는 등의 일로 어머니가 사람들이 있는 데서 당신을 당황하게 한 적이 있었나요?**

어머니는 옷을 대충 걸쳐 입고 다녔고, 브래지어 같은 것은 착용하지 않았습니다. 하지만, 어머니와 아버지가 어떤 이유로든 학교에 와야 했다면, 조금은 차려 입고 왔었기 때문에 제가 당황할 일은 없었습니다.

🧑 **이러한 것들이 중고등학교 시절의 당신에게 정서적으로 어떤 영향을 미쳤다고 생각하나요?**

나는 어떻게 하면 어머니를 화나게 하지 않을까를 생각하는 데 주로 신경 썼습니다. 지금 돌이켜 보면, 다른 사람들은 어린 시절에 얼마나 많은 기회들을 가졌을까 하는 생각도 들지만, 그때 나는 그저 그런대로 했고, 또 그럴 수밖에 없었습니다. 나로선 더 나은 방법을 알 수 없었습니다.

🧑 **이야기를 하면서 더 기억나는 것들이 있습니까?**

한 가지 정말 기이했던 일이 있었습니다. 어느 날 밤 집에 와보니, 그 무렵부터 이상해지기 시작한 아버지가 은박지로 만든 안테나를 꽂은 모자를 쓰고, 속에 아무것도 입지 않은 채 비닐 옷만 달랑 걸치고 앉아 있었습니다. 아버지는 나를 보더니 일어서서 지하실로 달려가 버렸습니다. 우리는 그 일에 대해 서로 전혀 이야기하지 않았습니다.

아랫동네 살던 내 친구 사라가 우리 집에 놀러왔다 그런 아버지의 모습을 한 번 본 적 있습니다. 제가 어머니에게 "왜 아버지가 거실에서 다 벗고 비닐 옷만 걸치고 계신 거냐"고 물었더니, 어머니는 오히려 "네가 무슨 말을 하는지 모르겠다"고 했습니다. 아버지는 출근하지 않는 날이면 하루 종일 없어졌다가 장신구들을 주렁주렁 달고 집에 돌아오곤 했습니다. 그랬기 때문에 아버지와의 대화를 별로 신뢰하지 않았습니다. 아버지는 항상 자신이 얼마나 아픈지, 그래서 곧 죽을지도 모른다고 말하고 다녔습니다. 하지만, 나는 아버지의 기이한 식단과 그 모든 비타민들이 오히려 정말 궁금했었습니다.

🔊 선생님이나 코치 등 당신을 격려하거나 멘토링해주는 사람이 있었나요?

별로 없었습니다. 하지만, 제가 정말 좋아하는 미술 선생님이 계셨는데, 졸업할 때 학생 모두에게 보낸 단체 편지를 받았습니다. 아직도 그 편지를 코팅해서 간직하고 있습니다. 편지에는 '네가 상상하는 바로 그 삶을 살라'고 써 있었습니다. 저는 미술반이어서 그 선생님에게 미술 수업을 들었습니다. 서로 이름을 불러줄 정도로 친했지만, 누구에게

나 그랬던 것이지 저에게만 특별했던 것은 아니었습니다. 존경하는 누군가로부터 그와 같은 말을 듣길 진심으로 원하지 않았었나 생각합니다.

대학에 진학하여 집을 떠나는 것이 제가 바라는 전부였지만, 허락되지 않았습니다. 그래서 집 근처의 대학을 2년간 집에서 통학했습니다. 내 친구는 다른 대학에 다녔는데, 그곳을 찾았던 적이 있었습니다. 그 대학 캠퍼스가 정말 좋았고, 분위기가 좋았고, 집을 떠나서 학교 생활을 할 수 있다는 게 부러웠습니다. '이런 곳이 또 있을까?' 생각했습니다. 도서관, 캠퍼스 안에 흐르던 개울, 자기 방, 학생식당의 샐러드 바까지…. 바라던 모든 것이 거기에 있었습니다.

하지만, 집안은 끔찍했습니다. 어머니는 완전히 이상해져서 소리를 질렀습니다. 정말 힘들었지만, 제가 원했던 일을 하고자 했습니다. 결국 그 대학으로 편입하여 나머지 2년 반을 다녔습니다. 돈이 더 들지는 않았습니다. 오히려 실망스러웠던 한 가지는 너무 늦게 편입하는 바람에 운동부에 가입하지 못했고, 그래서 친구들을 사귀는 데 늦어졌다는 사실뿐이었죠.

🧑 상당한 결심이 필요했겠군요. 동생은 어떻게 지냈습니까?

당시 동생은 집에 있었습니다. 그리고 지금까지 결혼은 안 했지만, 여자친구와의 사이에 아기가 있습니다. 작년에 동생은 집을 나가 여자친구와 동거를 시작했습니다. 동생과 나는 잘 지냈지만, 서로 달랐습니다. 동생은 뭔가 해보겠다는 의욕이 그리 강하지는 않았습니다.

🔴 **당신이 다른 대학에 편입해 집을 떠났을 때, 가족들에겐 어떤 변화가 있었나요?**

어머니께서는 매우 상심하셨는데, 제 행동이 어머니를 불안케 하고 안 좋게 만들 수도 있다는 생각에 상당히 죄책감이 들었습니다. 그러면서도 매일 어머니와 통화하면 괜찮을 것이라 생각했습니다. 어머니는 매일 제게 전화를 했고, 만사를 두려워하는 어머니에게 익숙해지면서 매일매일의 통화도 견딜만 했습니다. 짜증스러운 적도 있었지만, 그런대로 괜찮았습니다. 어머니를 원망하지는 않았습니다.

2차 인터뷰

🔴 **지난 번 이야기를 나눈 후 2주가 지났군요. 그 후 어떤 생각이 들거나 변화가 있었습니까?**

아마도 우리가 나눈 이야기들과 명백하게 관련되어 보이는 무언가를 깨달았습니다. 나는 여행 경험이 별로 많지 않아서 여러 곳을 다니지 못했었는데, 왜 그랬는지 궁금해졌습니다. 그 이유는 바로 비행기가 추락할지도 모른다는 저의 걱정 때문이었습니다. 지난 번 이야기 나눈 후로 나는 내가 가진 걱정이 바로 어머니가 했던 "비행기를 타면 사고가 날 거야"라는 걱정에 닿아 있다는 사실을 깨달았습니다.

다음날 바로 아내에게 이야기하면서 "이제 확실히 깨달았어!"라며 웃었습니다. 항상 차로 이동해야 하는 바람에 먼 여행을 떠나지 못했다는 사실을 비로소 깨달은 것이죠.

몇 주 후 휴가를 내 아내에게 "어디든 가자"고 했습니다. 그랬더니 아내가 "좋아요, 근데 어디로 갈까요?" 묻더군요. 나는 언젠가는 한번 가고 싶었던 그랜드 캐년에 가기로 하고 예약했습니다. 우리는 2주 후 떠날 예정입니다. 일주일 정도 머물며 여러 곳을 둘러볼 계획입니다. 돌아온 후에는 후버댐 여행도 계획하고 있습니다. 그러고 나서 아이슬란드를 비롯한 유럽의 여러 나라들도 가보고 싶습니다.

매우 인상적이군요! 그런 명백한 연관은 때로는 가장 인식하기 어려운 연결고리일 수 있습니다. 비록 그러한 연결고리들이 당신을 다소 불안하게 만들 수도 있지만, 그런 불안을 밀어내고 자신이 늘 원했던 일을 한다는 데 깊은 인상을 받았습니다.

그러한 일이 제게 있어서는 가장 편안한 일은 아닐 테지만, 시도할 겁니다.

🎤 지난번 이야기의 마지막 지점인 대학 졸업 무렵으로 돌아갑시다. 그 후 어떤 일이 있었습니까?

어머니는 제가 집으로 돌아오길 원했습니다. 하지만 나는 숙소에서 한 시간 거리에 있는 일자리를 구해 계속 그렇게 생활했습니다. 생각할 필요도 없었습니다. 그 후 군대에 입대했는데, 그 결정이야말로 정말 멋진 일이었습니다. 어머니는 결국 그런 상황들을 받아들였습니다.

🎤 아내는 당신 가족들과 어떻게 지냅니까? 어머니에 대해 아내에게 설명해야 했었나요?

아내는 어머니와 대화도 나누며 정말 잘 지내고 있습니다. 사실 어머니는 집 밖으로 나와 내 결혼식에 참석하셨습니다. 아마도 그게 어머니가 집 밖으로 나온 마지막 외출이었을 겁니다. 어머니는 주로 아이폰으로 저와 이야기를 나누는데 아내와 어머니는 전화나 이메일로 자주 연락합니다. 덕분에 나에 대한 어머니의 관심을 피할 수 있어서 저도 좋습니다.

🎤 지금 극복 중에 있는 여행 공포증 외에도 또 어떻게 가족의 영향을 받았다고 생각하십니까?

생각해봤는데, 저는 최근 직장에서의 승진 기회를 거부했습니다. 승진을 받아들이면 해당 군사 훈련 후, 배정받은 새 근무지로 이사를 가야 했습니다. 하지만 어디로 배정받을지는 미리 알려 주지 않기 때문에 너무 불안했습니다. 먼 거리를 여행하거나 비행기를 타야 하는 상황이면 어쩌지? 만일 내가 그러한 상황을 좋아하지 않으면 어쩌지? 승진 기회를 얻기 위해 궂은일도 마다하지 않는 저였지만, 그렇게 할 수는 없었습니다. 이러한 점도 제가 가족의 영향 때문이 아닐까 생각됩니다.

저는 최근에야 제가 원하는 것을 살 수 있다는 사실을 깨달았습니다. 새 스니커즈를 원하면 가서 살 수도 있습니다. 아내와 나는 맞벌이에 저축도 많이 했습니다. 저는 아버지 같이 되는 게 싫었고, 제가 아버지처럼 말하면 "그렇게 하지 말라"고 말해달라고 아내에게 부탁했습니다. 아버지처럼 이기적인 사람이 되고 싶지 않았습니다.

🧑 지금은 부모님에 대해 어떻게 느끼십니까? 부모님은 잘 지내고 계시나요?

어머니에 대한 나의 감정은 시간이 흘러도 별로 변한 것이 없습니다. 하지만 아버지에 대한 감정은 그렇지 않습니다. 아버지와 좋은 관계를 가졌던 적이 없다고 생각합니다. 아버지가 우리와 함께하지 않고 늘 혼자 살아왔었다는 사실을 떠올리고 싶지도 않았습니다. 아버지와는 그렇게 가까이 지낸 적이 없었습니다. 아버지는 우리에게 무엇이든 해줄 기회가 있었지만 그렇게 하지 않았습니다. 우리를 충분하게 돌봤다고 볼 수 없습니다.

나는 어머니의 건강을 걱정합니다. 어머니는 언제는 류마티스 관절염이 있다고 했다가 또 언제는 섬유근육통이 있다고 말씀합니다. 잘 모르겠습니다. 지난 몇 년간 열 개도 넘는 병을 이야기했던 것 같습니다. 하지만, 지난 몇 년간 어머니는 건강에 별로 좋지 않은 현재의 집을 벗어난 적이 없습니다. 부모님은 비타민과 건강 관련 서적들을 끌어모으고 있어서, 집에 가보면 온통 비타민 병들로 차 있을 것입니다. 게다가 전혀 이해되지 않겠지만 두 분은 아직도 담배를 피우십니다.

아버지와 어머니는 예전보다 서로 잘 지내고 있습니다. 아버지는 아직도 자신이 곧 죽는다고 생각하고 계십니다. 어머니와 통화할 때마다 뒤에서 아버지가 "내가 죽는다고 말해줘"라고 소리치면 어머니께서 "조용히 하세요. 당신 안 죽어요"라고 하는 말을 들을 수 있습니다. 하지만 두 분은 예전보다 더 친해진 것 같고 이젠 더 이상 말다툼도 하지 않습니다.

🎙 **아이를 가져 가정을 꾸리는 일에 대해 생각한 적이 있나요? 유전될까 하는 걱정은 없나요?**

네, 우리는 아이를 원합니다. 유전에 대해서는 크게 걱정하지는 않지만, 아직 해야 할 일이 있다고 여겨져 당분간은 늦추려고 합니다. 자유롭게 여행하고, 해보고 싶은 모든 일을 하고 싶습니다. 아이를 갖게 되면, 아이들을 돌보며 함께 지내야 하기 때문이죠. 감자칩도 같이 나눠 먹으면서요!

마크에 대한 나의 고찰

마크의 이야기는 복합적이다. 원인은 알 수 없지만, 어머니의 장애는 명백하다. 비록 인터뷰할 때까지도 깨닫지 못했지만, 어머니가 가진 극도의 두려움과 불안은 마크로 하여금 세상을 자유롭게 돌아다니지 못하게 만들고 두려움을 느끼게 하는 상당히 부정적 영향을 끼쳤다. 집을 떠나는 일에 대한 어머니의 두려움과 점점 심해졌던 것으로 보이는 비타민 수집벽과 같은 어머니의 또 다른 증상들 역시 문제를 일으켰다.

어머니의 신체적 제약이 어머니 자신에게 어떤 영향을 미쳤는지는 말하기 어렵지만, 마크가 언급했던 어머니의 병들은 활동과 기능에 심각한 영향을 주었을 수도 있다. 신체와 정신은 어떤 의미에서는 동전의 양면과 같아 구분이 쉽지 않은 탓이다. 집 밖의 위험을 두려워하였기 때문에 신체적 문제는 집안에 머무는 핑계를 더 타당하게 만들었을 것이다. 신체적 제약이 있었다면, 집 밖으로 나가는 일에 대한 불안은 시간이 흐르면서 점차 심해질 것이다.

어머니 가족에 대한 배경이나 개인사도 미스테리하다. 자신의 형제자매가 몇인지, 부모에게 무슨 일이 있었는지 자녀에게 이야기하지 않는 경우는 분명 일반적 환경은 아니다. 의심의 여지 없이 이러한 일들이 그녀의 상태를 일부 밝혀줄 수 있겠지만, 마크는 지금 알고 있는 것보다 더 알 수는 없었을 것이다. 아버지 쪽도 가족 간 교류가 거의 없었다. 이 가족은 다른 가족과 대부분의 사회적 접촉으로부터 고립되어 자신들만의 세상에 있었던 것으로 보인다.

조금 긍정적으로 말하자면, 마크의 어머니는 많은 면에서 상냥하고 좋은, 사랑을 주는 존재였고, 마크에게 견고한 기반이 되어주었던 듯하다. 마크는 심지어 어머니의 요구와 걱정을 외면할 때조차 어머니를 사랑했고 도와주고 싶어했으며, 좋은 관계를 유지하고 싶어했다. 대부분의 부정적 감정은 아들을 외면하고 가족 내에서 혼자만의 삶을 살았던 아버지를 향하고 있었다. 마크는 어머니의 극단적인 생각, 고립, 불안보다 아버지의 자기 중심성과 외면에 훨씬 더 많이 분노하고 있었다. 어머니는 두려움에 압도당했지만, 아버지는 선택의 여지가 더 있었음에도 이기적 선택을 했다고 보았다. 아버지의 이상한 행동은 마크에게도 불편했지만, 아버지의 그런 행동들에 대한 어머니의 동조가 마크를 더욱 혼란에 빠뜨렸다.

마크는 미술 선생님과 대학 시절 찾아갔던 친구가 주었던 자유의 기회를 제대로 잡았다. 자신의 한계를 극복하고자 하는 그의 각오는 그랜드 캐년으로 향하는 비행기 표를 곧바로 살 때도 다시 드러났다. 단지 자신의 이야기를 털어놓는 것만으로도 좋은 방향으로 나아가기에 충분하다는 나의 신념이 더 깊어졌다.

마크로부터 우리는 어떤 것을 배울 수 있는가?

마크의 이야기는 관계가 만들어주는 친밀감과 유익함이 다른 유해한 측면을 완화시켜준다는 이론을 뒷받침해준다. 그의 어머니는 사랑을 주고, 옆에 있어 주었지만 그 과정에 외부의 도움이 있었다면 훨씬 좋았을 것이다.

우리는 마크에게서 회복 탄력성을 많이 볼 수 있었다. 특히 사춘기에는 그의 부모를 바꾸려고 애쓰기보다 오히려 단순히 자기 할 일을 했을 뿐이었다. 나는 역기능적인 부모로부터 아이들을 떼어놓는 일이 어쩌면 아이들이 부모를 변화시키고, 돕고, 구조하려고 시도하면서 부모에게 매여 있는 상황보다 더 나은 대처 방법일지도 모른다고 생각한다. 마크는 어머니를 돕고자 하면서도, 자신의 길이 어머니를 걱정하게 만드는 잘못된 길이 아니라는 현실적 판단력을 유지하고 있었다. 자신의 길을 따르면서도, 그 과정에서 어머니를 외면하지도 않았다. 한편,

어머니도 그런 아들을 비난하거나 처벌하지 않았다.

마크는 종종 사람들이 경험하는 생존자의 죄책감을 가지고 있지 않은 듯 보였고, 어머니를 구원하거나 더 편하게 해드릴 수는 없더라도 자신의 삶을 추구할 자격이 있다고 생각했다. 그는 자신의 행동이 종종 어머니에게 걱정을 끼쳐드렸다는 죄책감과 후회뿐 아니라, 어머니에 대한 애정을 동시에 표현했다. 그는 자신의 긍정적 감정을 더 의식하고 있었기 때문에 자신의 인생이 어머니의 삶보다 더 만족스럽다는 데 대해 죄책감을 느끼지 않아 보였다. 자신의 부모에 대한 긍정적 감정과 부정적 감정 모두를 받아들일 수 있을 때, 사람들은 자기 파괴적인 무의식적 죄책감으로부터 벗어날 수 있다.

피해망상으로 만들어진 불안한 세계

부모의 세상에 대한 불신과 불안은 자녀로 하여금 세상은 위험하고 믿을 수 없는 곳이라는 끝없는 믿음을 형성하게 만들어, 자녀의 불안 장애를 유발한다. 부모가 오염에 대한 강박증을 가진 경우, 세계관과 대처 방식에 대한 학습으로 자녀 역시 불안감을 느끼며 성장하여 같은 어려움을 가지게 된다. 이러한 경우의 극적인 경우가 부모의 망상을 정상적인 자녀가 공유하게 되는 장애인 공유정신증(folie à duex)*이다. 예를 들어 세상이 이미 핵전쟁으로 몰락했다는 망상으로 땅속에서 지내는 정신질환자와 같이 지내는 자녀가 정신질환이 없음에도 그러한 망상을 같이 믿게 되는 경우이다. 이러한 극단적인 경우가 아니라도 부모가 집안의 재산을 노리는 사기꾼들이 호시탐탐 기회를 노리고 있다는 피해망상을 가지고 있는 경우라면, 자녀의 경우 무의식적으로 이러한 믿음을 공유하여 평생 세상에 대한 불신을 가지게 된다.

부모를 통해 형성된 세상 전체를 덮어온 이러한 불안을 극복하는 마크의 이야기는 매우 감동적이다. 그것이 아무리 사소한 것일지라도 세상 전체에 맞서는 용기가 필요할 정도로 매우 용기 있고 가치 있는 행동이다.

마이클 키튼 주연의 영화 〈마이 라이프〉**에서 신장암으로 시한부 인생을 마감하는 중년의 남자 주인공이 평생의 소원인 롤러코스터에서 손을 들고 타는 경험을 맛보기 위해, 하강하는 롤러코스터에서 두려움을 극복하고 눈을 감은 채 손을 드는 장면과, 그 장면을 지켜보며 기쁨의 눈물을 흘리던 아내의 모습은 삶에 대한 용기의 가장 본질적인 모습을 보여준다. 내가 믿고 있는 세상 전체에 대한 도전이라는 측면에서 그러한 행위는 세상 전체를 바꾸는 혁명과도 같은 것이다. 이러한 두려움을 극복하는 과정은 마치 바닥 없이 깊다고 믿어온 공포스러운 검은 물 속에 발을 딛고 서니 무릎밖에 안 찬다는 사실을 깨닫는 일과도 같은 기쁨과 평온과 진정한 승리의 순간일 수도 있다.

---

* 감응성 망상장애(Induced Delusional Disorder) 중 하나로, 대개 부부나 부모 자식처럼 정서적으로 지나치게 밀착된 두 사람이 오랫동안 다른 사람들로부터 언어, 문화, 지리적으로 격리되어 있는 상태에서 정신병을 가진 주도적인 사람의 망상이 정신병이 없는 의존적인 사람에게 전이되는 것으로, 대개 그 사람을 분리하면 없어진다.

** My Life(1993). 브루스 조엘 루빈 감독, 마이클 키튼, 니콜 키드먼 주연의 영화. 밥 존스는 미시간 주 디트로이트의 고물상 아버지의 아들로 태어나 항상 아버지와 식구들을 창피하게 생각하다 성공을 위해 집에서 도망쳐 나온다. LA로 진출하여 큰 성공을 거두었으나 아내의 임신 후 시한부 인생을 선고받는다. 밥은 태어날 아기에게 자신의 모습과 또 아기에게 가르쳐주고 싶은 인생에 필요한 것들을 기회 닿을 때마다 비디오에 담아놓는다. 아직 태어나지는 않았지만 아기에게 벌써부터 한없는 사랑을 갖고 있던 밥은 하나님에게 아기가 태어날 때까지만이라도 살게 해달라며 간절히 애원한다.

열두 번째
이야기
크리스토퍼

어머니를
구했어야 했다.

마지막 장은 40대 중반에 자살로 생을 마감한 내 오빠의
이야기이다. 자살 몇 해 전 오빠는 유년 시절부터 대학 시
절까지의 자신의 이야기를 글로 남겼다. 이 글은 오빠의
죽음에 대해 많은 것을 시사한다. 나는 2년 전에야 이 글
의 존재를 처음 알았다. 오빠가 남긴 글, 그의 삶을 옮겼
다.

조르주 쇠라 〈자화상〉 1883년

사점묘법으로 널리 알려진 신인상주의 화가 조르주 쇠라(Georges-Pierre Seurat, 1859~1891)
의 유화 작품들은 화려하고 화사하다. 그러나 화사한 그림에 등장하는 인물들 중엔 늘 사회
적으로 소외받고 배제당한 인물들이 포함되어 있었다. 당시 비평가들은 쇠라의 과학적이고
새로운 색채 기법도 받아들이기 어려웠지만, 그림에 숨어 있는 그 인물들 때문에 쇠라의 작
품을 비난하기도 했다. 쇠라의 드로잉 작품들은 화려한 유화와는 분위기가 사뭇 다르다.

32년의 짧은 삶이었지만 늘 고민하고 탐구했던 화가의 사색과 우수가 많은 드로잉 작품에
스며 있다. 이 그림에서 평생을 고립과 불안 속에서 잠 못 이루는 밤을 보냈을 마지막 이야
기의 주인공 크리스토퍼의 모습이 연상된다. _ 편집자

내 인생 40여 년 동안 자서전을 써달라는 요청이 없었다는 사실은 이상한 일이다. 나는 상당한 수준의 두려움과 불안과 공포를 느끼며 이 일을 시작하고 있다. 이 비이성적인 두려움 중 일부는 나의 실패에 대해 알아버린 나의 정신과 주치의가 나를 버릴지도 모른다는 걱정 때문이다. 다른 두려움은 글로 나의 과거를 꼼꼼히 살피며, 어떤 일들은 할 수 있었음에도 그러지 못했다는 사실을 깨닫게 되면서 오히려 내가 내 자신을 더욱 받아들이지 못하게 될지도 모른다는 사실이다.

비록 내 인생이 여러 면에서 실패라고 생각하고 있지만, 나의 이력서가 있는 폴더에 이 글을 쓰고 있으므로 하버드 의대에서 정신과 전공의 과정을 마쳤고, 주립병원 근무 후 개인 의원을 운영하면서 파트타임으로 하버드에서 가르치며 스텝으로 남아 달라는 요청을 몇 년 후 받았다는 과정들을 인식하지 않을 수 없다. 다른 성취들도 비슷하게 만족스러워 보였다. 이러한 사실과 삶에 대한 내 느낌을 조화롭게 통합시키기는 매우 어려웠다. 지금껏 아무것도 이루지 못한 느낌이다.

낯선 사람이 보기에 내 인생은 성공적으로 보일 수도 있다. 남자라면 누구나 바랄 사랑과 이해를 주는 놀랍고 특별한 여인과 행복하게 결혼했다. 부러움의 대상이 될 만한 두 아이도 있다. 외관상으로 나는 성공한 것처럼 보였지만, 내 마음은 전혀 그렇지 못하였다.

이 글을 쓰면서 느끼는 또 하나의 우려는, 이제껏 이룬 것이 전혀 없다는 느낌 때문에 내 앞날이 얼마나 암울할지 알게 되는 것이다. 내가 살 수 있다면, 앞으로의 40년은 어떨까?

비록 불완전할 수 밖에 없다는 것을 알지만, 내 어린 시절부터 이야기를 시작한다. 나는 아주 어린 시절의 생생한 기억을 가지고 있지만, 모르는 것이 더 많다. 나는 시카고에서 첫째로 태어났다. 임신과 출산은 명백히 정상적이었다. 아버지는 시카고대학의 전공의 과정을 막 마치셨는데, 당시 전공의들은 경제적으로는 가까스로 근근이 살아갔다. 다른 전공의들 가족과 함께 작은 아파트에 살았다.

나중에 아버지는 나와 경쟁적 관계가 되었고, 어머니는 정서적인 문제로 나에 대해 걱정했지만, 유년 시절의 초반부에는 부모님께서 나를 매우 사랑했었다. 늘 호기심 많고 상상력이 풍부한 아이라는 말을 들었고, 첫째였으므로 어머니는 당신과의 '특별한 관계'를 오랫동안 강조했다.

내 어린 시절의 기억 중 하나는 집에 찾아온 사람들에게 놀란 일이었다. 부모님은 나더러 나와서 알지도 못하고 신뢰도 안 가는 사람들에게 악수하고 굿나잇 키스를 하게 했다.

두 살 때, 동생 데이비드가 태어났다. 배앓이 때문에 출생 첫 해는 꽤 힘들었다고 했다. 내 기억에 어머니는 동생을 진정시킬 수 없었고, 동생은 많이도 울었다. 동생이 한 살이 되었을 무렵, 우리 가족은 오클라호마시로 이사했고, 거기에서 아버지는 미국에서 최연소 의과대학 병리과장이 되었다. 꽤 영예로운 일이었다. 시카고에서 기차를 타러 가는 동안, 나는 아버지가 시카고에서 끝내야 할 일이 있어서 우리와 함께 기차에 타지 않는다는 사실을 미처 알지 못했다. 기차가 역을 떠날 때, 플랫폼에 아버지가 손을 흔들고 서 있는 모습을 보고 나는 경악했다. 나는 아버지가 영원히 남겨진 줄 알았다. 그 후로 얼마간은 별다른 사건 사고 없는 나날이었다. 어머니는 괜찮아 보였다. 아버지는 일하느라 바빴고, 여동생 수잔이 태어나 다섯 식구로 늘었다. 기계에 대한 관심과 분해 결합을 하는 나를 보며 아버지는 "내 아들이 천재"라고 자주 얘기했던 걸로 기억한다. 부모님은 동생들과 달리 나를 항상 천재로 취급했다.

여섯 살 때, 내 인생에 그림자가 드리워지기 시작했다. 가장 생생한 기억 중 하나는 어머니가 정신병적 상태를 보였던 끔찍한 날이었다. 어머니는 아버지가 안 계실 때면 우울해 하고 때로는 눈물을 보이기도 하셨다. 돌이켜보면, 내가 무언가를 제대로 했거나, 말을 했다면 어머니를 구할 수도 있었을 거라 생각했다. 이러한 감정이 이상하게 들릴 것이고, 여섯 살 소년이 어머니를 정신병에서 구할 수도 있을 거란 얘기가 터무니 없이 들릴 거란 사실을 안다. 그럼에도 불구하고 나는 그렇게 느꼈다. 내가 어머니에게 조언할 수 없는 존재라면, 어머니는 내게 조언을 구하러 오지 않을 거라 생각했다. 어쨌거나 매우 비극적이게도 어머니를 도울 수 없었다.

상황이 안 좋아진 날, 어머니에게 가정통신문에 사인을 받아 선생님에게 가져가야 했다. 어머니는 움직일 수 없는 기이한 정신병적 상태에 놓여 있었다. 아무 말도 못 하고 움직이지도 못한 채 같은 자세로 있었다. 당황스러웠다. 후에 긴장증 상태(catatonic state)¹라고 배웠지만, 당시로선 아무것도 알 수 없었다. 가정통신문에 사인을 받지 못하고 가져간 나는 매우 화가 났었다. 학교에서 돌아왔을 때 어머니는 어디론가 사라지고 없었다. 종합병원 정신병동에 입원한 사실을 나중에야 알았다.

어머니는 3주간 거기 있었고, 나의 기억은 이 시점에 온통 헝클어져 있었다. 아무도 나에게 무엇이 잘못되었는지 말해주지 않았고, 어머니가 무엇이 잘못되었는지 나로선 이해할 수 없었다. 나중에야 나는 어머니가 오랫동안 심각한 우울증을 앓고 있었고, 전기충격요법(electroshock treatment)을 받았다는 사실을 배웠다.

집으로 돌아왔을 때, 어머니는 더 이상 내 엄마가 아닌 것 같았다. 나는 그 일이 내 인생에서 얼마나 중요한 문제인지 설명할 수조차 없다. 이렇게 기이한 상태에 빠져 있는 어머니를 본

---

1 긴장증 상태(catatonic state)는 극단적으로 와해된 모습이며 전혀 움직이지 않거나 침묵하거나, 정반대로 극도로 와해되어 흥분하는 극도의 광란 상태이다. 충분한 돌봄이나 최신 약물 치료를 받지 못하는 가난한 나라의 환자들에서 더 자주 나타나며, 오늘날 미국과 서구 국가에서는 실제로 드물다. 긴장증을 가진 환자들은 '납굴증(waxy flexibility)'이라 불리는 특징적인 모습을 보이는데, 이들은 타인이 몸의 위치를 바꾸어줄 때까지 사지를 움직이지 않은 채 한 자세로 가만히 서 있고, 다시 다른 사람이 자세를 바꿔주면 그 자세 그대로 있는다.

어린아이에게, 무슨 문제가 있었는지 이해도 못 한 채 어머니가 장시간 떠나 있었다는 사실이 주는 충격이 어떠할지는 누구도 상상하기 쉽지 않다. 그럼에도 불구하고, 가장 큰 상처는 어머니가 돌아왔을 때였다고 생각한다. 어머니가 돌아왔을 때, 어머니는 내가 알고 있던 어머니가 아니었다. 내 진짜 어머니는 병원에서 돌아오지 않았다고 생각했던 기억이 생생하다. 돌아온 어머니는 단조로운 목소리로 매우 느리게 말했고, '곧 죽을 사람'처럼 보였다. 나는 나중에 어머니가 다른 사람이 되어 돌아오느니 차라리 죽거나 영원히 사라져버리는 게 어쩌면 본인을 위해서 좋을지도 모른다고 느꼈던 것을 기억했다.

서서히 익숙해져 갔지만, 이 사건 이후 어머니는 결코 나에게 예전과 같지 않았다. 활달함, 자발성, 자존감이 사라진 듯했다. 자신이 한 모든 일에 확신이 없었고, 아버지에게 자기주장을 내세우기 어려워했다. 아버지에게 화가 나 보일 때마다 아버지는 그것을 '어머니의 병' 탓으로 돌렸고, 부부간에 일어나는 일상적인 일도 믿지 못하고 어머니의 병을 탓하는 듯했다.

아이 훈육에 대한 방식을 놓고 어머니가 아버지와 말다툼을 했고, 아버지는 우리 셋을 다른 방에 데리고 가서 "어머니가 아프고 정신적으로 병들었다"고 설명했다. 어머니는 다른 방에서 이 대화를 듣고는 울며 몸부림치기 시작했다. 아이들에게 '온전치 못한 어머니'라는 말을 해 주는 것이 어머니에게 어떤 충격이었을지 나중에야 이해할 수 있었다.

어머니와 아버지는 조용히 다투곤 했지만, 아이들이 둘러싼 저녁 식탁에는 많은 긴장감이 감돌았다. 듣자 하니, 우리들 훈육에 관련된 문제들이 많았다. 어머니는 점점 술에 빠져 술을 숨겨놓고 매일 상당량을 마시는 알코올 중독이 되었다. 이렇게 되자 아버지는 더 오래 일하고 늦게 귀가하셨다.

흑인 '가정부' 사라에 대한 이야기를 빼고는 내 삶을 이야기할 수 없다. 그녀는 세 아이 모두에게 엄청난 의미가 있었는데, 완벽한 '흑인 유모' 상이었다. 일주일에 며칠은 우리를 돌보고 집안일을 하러 오는 몸집이 큰 여자였다. 비록 어떤 의미에서는 그냥 일반적인 유모였지만, 우리를 매우 잘 돌봐줬고, 우리가 그랬던 것처럼 그녀도 우리에게 헌신적이었다. 어머니는 사라의 도움과 감독이 없었다면 살아날 수 없었을 것이다. 나는 개인적으로 힘든 일이 있을 때면 사라를 찾았고, 사라는 나를 달래주고 현실적인 조언을 주려 했다.

오랫동안 빠져 있었던 첫 여자 친구 외에 별달리 친구는 없었다. 나는 매우 수줍음이 많아 대학에 갈 때까지 키스도 하지 않았다. 학업에 있어서는 열심이어서 좋은 성적을 받았다. 부모님이 나를 '천재'라고 생각했지만, 그러한 믿음보다 뛰어났던 건 아니라는 사실을 지금은 깨닫고 있다. 또래들보다 읽고 셈하는 데 몇 년은 앞서 있었지만, 집에서의 꽤 대단한 양육과 지원에도 '천재'의 부류에 들 수는 없었다. '천재'라고 보는 아버지의 관점만큼 살 수 없었다고 항상 느꼈고, 객관적인 검사에서는 매우 똑똑하다는 결과가 나왔지만 그뿐이었다. 이 글을 읽는 독자는 이러한 차이를 인식하지 못할 수 있겠으나, 내게는 매우 중요한 부분이었다.

친구가 별로 없었고, 반에서는 '괴짜'로 여겨졌다. 언제나 학급에서 키가 가장 컸지만, 운동에 참여한 적은 없었다. 아버지는 운동을 상당히 대수롭지 않게 여겼는데, 나중에 아버지가 한쪽 다리에 소아마비를 앓아서 격렬한 운동을 할 수 없다는 사실을 알게 되었다. 학교 생활은 고역이었고 좋은 성적도 별다른 위안이 되지 못했다. 극단적으로 수줍어하고 자의식이 강해, 혹시 파티에라도 초대받았다면 그건 재미라기보다는 시련에 가까웠다.

가족에 대하여

어머니는 2녀 중 장녀였다. 호기심 많고, 똑똑하기보다는 고분고분해야 한다는 외할머니의 압박에 시달렸다. 어머니의 여동생은 아름다웠고 순종적이어서, 부모님 눈에는 어머니보다 더 뛰어나 보였다. 어머니는 학교 성적이 좋았고, 대학에서도 뛰어났다. 분명 그 당시는 정서적인 문제에서 자유로웠다. 어머니는 정말 재능이 있었고, 글쓰기, 미국 인디안 인류학, 예술과 조각 분야에서 각각 대중적 명성을 얻은 친한 여자 친구들에게 둘러싸여 있었다. 그 친구들 중 유일하게 어머니만 병에 걸렸고, 본인이 분명하게 가졌던 잠재성을 끝내 드러내지 못했다.

앞서 이야기했듯, 어머니의 첫 정신병적 발병 때 나는 여섯 살이었고 어머니는 서른여섯 살이었다. 몇 년 전부터 몇몇 위험 신호가 나타났을 수도 있었지만, 정보는 제한적이었다. 후에 있었던 일은 뒷부분에 더 쓰도록 하겠다.

아버지는 언제나 매우 열심히 일하는 사람이었고, 그의 성취는 지적인 재능이 아니라 열심히 일한 덕분이라고 여겼다. 여러 의과대학에서 좋은 자리에 있었고, 많은 상을 받았으며, 많은 책과 셀 수 없이 많은 논문을 썼다. 많은 시간을 일하면서 보내, 내가 아버지를 필요로 할 때 내 옆에 있어줄 수 없었다. 아버지는 나의 롤모델이라 느낄 새도 없었고, 내 문제를 상의할 수도 없었다. 아버지는 정서적인 면에서 나와 완전히 분리되었고 지금까지도 그렇다. 아버지는 감정을 느끼지 않으려고 엄청난 에너지를 쏟아부었다. 아버지는 나를 낙오자라고 여겼을 것이라 생각한다.

그럼에도, 내가 더 어렸을 때는 시간이 있을 때마다 아버지는 꽤 많은 시간을 나와 보냈었다. 사무실에서 몇 시간 거리에서 자문 일을 하고 있었는데, 때때로 나를 데리고 가셨고, 가는 동안 우리는 많은 이야기를 나눌 수 있었다. 한번은 현미경을 사주셨다. 나는 그걸 가지고 모든 종류의 것들을 들여다보며 놀고 싶었는데, 아버지는 3×5인치 카드를 주며 대학생을 위한 분류학 교과서에 따라 분류하도록 시켰다(그때 나는 고작 열두 살이었다).

아버지는 본인의 결혼생활에 문제가 있다고 생각했던 것 같다. 왜냐하면, 아버지는 나에게 다른 집과 비교해 두 분의 결혼생활을 1~10의 척도로 평가하도록 했었기 때문이다. 아버지는 내가 본인의 분야인 병리학의 길을 가길 원했는데, 아버지가 싫어하는 정신의학으로 바꾸는 과정은 힘든 일이었다. 아버지와 어머니가 몇 년 동안 상담을 받은 정신과의사가 아버지더러 감정을 느끼지 못하고, 그것이 결혼생활에 문제를 일으켰다고 말했는데, 아버지는 그 사실을 받아들이고 싶지 않았던 것이 확실했다. 나는 어머니와 같은 사람들을 돕고 싶었고, 내 자신을 더 잘 이해하고 싶어 정신의학을 택했다.

누구보다 동생인 데이비드와 가까웠지만, 우리는 형제간 경쟁(sibling rivalry)을 하게 되었다. 돌이켜보면, 그것이 동생을 힘들게 했다. 학교에서의 나의 우수함은 그를 방해해 학교 생활을 더 어려워했고, 수의학에서 재능을 발휘하기 전까지는 자신이 원하는 결정을 어렵게 만들었다. 가깝다고 느꼈지만 우리는 결코 온전히 조화를 이루지는 못했다.

여동생과 나는 나이 차가 더 많아서, 자라면서 가깝지 않았다. 여동생은 남동생과 더 가까웠고, 내가 공부와 과학 활동에 집중하는 것과 달리, 동네 놀이 친구들이 많이 있었다. 놀랍게도 여동생 역시 정신 건강 분야를 택했다. 어른이 된 이후 때때로 서로를 찾았지만, 많은 연락을 하며 살지는 않았다.

사춘기 내내 행복한 날은 별로 없었다. 성적인 느낌에 대해 어떻게 해야 할지 알지 못했고, 부모님은 어색하게 최소한의 설명 이상의 것을 해주기엔 너무나 고지식한 분들이었다. 아버지는 내가 공부에 매진하기만 바랄 뿐 십대의 고민거리에 정신 파는 걸 원치 않았다. 안경잡이에 여드름이 있는, 짧은 머리의 나는 여자아이들에게 인기가 별로 없었고, 지금도 사교적 환경에서 극도로 부끄러움을 탄다. 소위 '십대의 반항'이란 것을 해본 적이 없었으며, 또래들에게 쑥맥으로 통했고 놀림거리가 되었다. 격려도 없었지만, 전반적으로 운동신경이 없어서 체육 시간에는 형편없었다. 여름 캠프에 간 적이 있는데, 오로지 집에 가고 싶을 정도로 낯설게만 느껴졌다. 뭔가 제대로 할 수 있는 게 없었고 사람들은 그런 나를 놀렸다. 나는 공부에 집중했고 또래들보다 선생님과 어울렸다.

내가 열세 살에 아버지는 풀브라이트 장학금을 받고 뉴질랜드 두네딘대학(the University of Dunedin)에서 교편을 잡게 되어 일 년간 가족이 모두 뉴질랜드로 따라갔다. 몇 안 되는 진정 행복한 경험이었다. 3주 간의 항해를 즐겼고, 게임을 하고 또래 친구들을 사귀었다. 우리가 정착하자, 학급 친구들이 나에 대해 알고 싶어하며 친구가 되려 했다. 나는 미국인 '이방인'이었으므로 이번엔 잘된 일 같았다.

미국으로 돌아왔을 때, 아버지는 본인의 유년 시절처럼 농장에서 살 수 있는, 아니면 최소한 전원에 살 수 있는 다른 주로 이사가길 원했다. 어머니는 오클라호마시에 친한 친구들이 있었으므로 떠날 것을 생각하며 눈물을 흘렸다. 아버지가 어머니에게 이사를 강요했던 그 '파렴치한 투표'를 결코 잊지 못할 것이다. 아버지는 가족 모두가 동등한 투표권을 가져야 한다고 결정했고, 자녀들에게 새로운 곳으로 이사를 가면 말을 타고 환상적인 시간을 보낼 수 있다고 설득했다. 말한 필요도 없이 '투표' 결과는 4대 1, 아이들이 어머니를 반대하는 어색한 모양새로 끝났다. 어머니는 속상해서 울었다. 자기 주장을 제대로 펼치지 못했음이 분명했다.

결과적으로 볼 때 이사는 재앙이었다. 어머니는 다시 발병했다. 알코올 중독이 심해졌고, 격한 우울증에 시달리며 기이한 행동을 했다. 여러 차례 반복적으로 입원했고, 약물 치료와 전기 충격 치료를 받았다. 나는 이러한 것들이 거의 혹은 전부 어머니의 뜻에 반해 이루어졌다는 사실을, 적어도 어머니께서는 그렇게 느꼈다는 사실을 알게 되었다. 어머니는 이후 기계처럼 변했고 기억을 잘 못 하게 되었고, 다시는 정상적으로 회복하지 못했다. 내가 어릴 적 알던 총명하고 창의적이며 자발적인 사람이 아니라, 그저 '삶이 끝나기를 기다리는 사람'처럼 보였다.

당시 상황에 대해 아무도 정확히 이야기해주질 않았지만, 어머니 문제에 대해 나는 당시 무척 예민해 있었다. 어머니는 상황이 안 좋아지면 여전히 나에게 의지하려 했으므로, 나는 어머니에게 일어난 일을 내 탓이라 생각했다. '만약 다른 모든 시도가 실패한다면' 나는 정신의학을 선택할 수 있다는 생각을 하기 시작했다. 나에게 있어서 그것은 정신의학 전공을 반대하는 아버지와의 절교를 의미했다. 아버지의 강한 성격 탓에 나는 정신의학을 '만약 모든 것이 실패한다면'이란 말로 설명되는 직업으로 생각해야 했다.

다시 고등학교 시절로 돌아가면, 대학 시험을 일찍 치뤄 2년 일찍 대학에 입학할 수 있었지만, 어머니가 몹시 반대하여 1년을 미뤄 진학했다. 매우 좋은 입학 성적을 받았으나, 스워스모어대학(Swarthmore College)의 다른 입학생들 수준이었고, '천재' 수준은 전혀 아니었다. 나는 성취를 이루기 위해 노력한 그저 평균 이상의 지능을 가진 사람일 뿐이었다. 나는 사교적 기술이 비참할 만큼 없었다. 나는 내가 무슨 희생을 치뤘는지 다 이해하기엔 어렸지만, 극단적인 희생을 피한 게 유일한 성취였다.

고교 시절의 여름은 높은 스트레스와 요구의 시간이었다. 아버지는 항상 저명한 동료의 연구 학생으로 나를 보냈다. 환상적인 기회로 보기 쉽지만, 특출한 학생이 되어야 한다는 중압감에 짓눌렸고, 이를 해내기 위해 다른 사람들로부터 벗어나 대부분의 시간을 혼자 숨어서 보냈다. 나는 '행방이 알려지는 것에 대한' 끔찍한 공포를 가지고 있었고, 지금도 그렇다. 다른 여름 인턴들이 주말을 즐기는 동안, 나는 공부를 했다. 끔찍히 외로웠고 고립되어 있었다. 아버지가 할 줄 아는 유일한 것이었기 때문에 아버지가 나까지 학문의 늪으로 밀어 넣었다는 사실은 돌이켜보면 씁쓸하다.

스워스모어대학은 학비가 매우 비쌌고, 아버지에게도 그건 희생이었다. 아버지는 내게 최고가 되기를 원했고, 아버지가 누려보지 못한 기회를 주고 싶어했다. 도착한 후 나의 두려움은 현실이 되었다. 나의 동료들은 실제로 '천재'거나 거의 천재에 가까웠고, 나처럼 열심히 했다. 나는 대부분의 과목에서 겨우 C학점을 받았다. 그 당시 우울증이 있어 아침까지도 잠을 잘 수 없었다. 어쩌면 항우울제가 필요했거나 시험 전 극도의 불안을 도울 무언가가 필요했다.

애석하게도 스워스모어대학에는 심리 상담과 같은 학생 건강 프로그램이 없었고, 몇몇 학생들이 자살을 택하기도 했다. 나는 이에 대해 비통한 감정을 표현할 수 있었고, 이러한 정도의 압박을 학생에게 행사하는 학교는 심리적 지원을 해야 한다고 느꼈다. 이러한 이유로 나는 졸업 이후 대학에 어떠한 재정적 기부도 하지 않았고 동창회에도 참석하지 않았다.

2학년이 시작될 때, 나는 꽤 심각한 우울증을 겪었고, 앞으로 무엇을 해야 하는지 알 수는 없었지만, 학교에 돌아가고 싶지 않다는 결론을 내렸다. 아버지는 내게 많은 말을 했지만,

전문가의 조언을 찾지는 않았다. 나는 스스로에 대해 매우 부정적인 느낌을 가지고 있었고, 아버지에게 사회 생활에 제대로 적응하지 못하겠다고 실토했다. 결국, 나는 학교로 돌아갔고, 자율학습반에 보내졌다. 이것은 나에게는 아주 이상적이었다. 왜냐하면 근본적으로 사회생활을 가질 생각 자체를 포기하면서 내 시간 전부를 공부에 쏟아부을 수 있었기 때문이다. 나는 매우 수줍음을 타는, 매력적이고 나를 좋아하는 여자 친구를 사귀었고, 그 전보다 나은 기분을 유지했다.

나는 우등생 중 가장 낮은 등급으로 마침내 졸업하였다. 그것은 성취였지만, 동시에 내가 기대했던 그런 빛나는 성취는 아니었다. 나는 의대에 합격했는데, 아버지는 이번만은 내게 유럽에서 유스호스텔에 머물면서 여름 휴가를 보내야 한다고 말했다. 즐거움으로 가득 찬 여름이었다. 나는 아버지가 이러한 감정을 느끼라고 격려해준 것이기를 바랐다. 유스호스텔에서 친한 친구들을 사귀었고 장거리 자전거 여행을 하면서 몸도 다부져졌다. 우리는 어디든 가며 멋진 모험을 즐겼다.

* * *

오빠의 일기는 마흔 살에 썼지만, 스무 살 지점에서 끝난다. 나 자신의 기억들과 데이비드 오빠의 기억들, 그리고 올케와의 폭넓은 대화 등 다른 출처에서 이야기를 끌어와 우리의 관점에서 오빠의 죽음 전까지, 그 기간 일어난 일에 대해 몇 가지를 더 채울 수 있었다.

크리스 오빠는 의과대학을 졸업하고 정신의학을 선택했고, 하버드에서 기초 과목을 가르치도록 초빙될 만큼 충분히 잘했다. 하지만, 의과대학에 있을 때 그는 꽤 힘들어했고 많은 학생, 인턴, 레지던트들이 학업과 업무를 위해 각성제를 복용하는 것처럼 약이 도움이 된다는 사실을 우연히 알게 되었다. 오빠는 암페타민과 수면제를 복용하기 시작했고, 스스로 약물을 처방할 수 있게 되자, 오랜 시간 자신에게 여러 가지 정신과적 약물을 처방했던 행위를 그때 시작했던 것으로 보인다. 아이러니하게도 그는 나중에 훌륭한 약물 자문가가 되었다.

오빠는 결혼 후 아이를 가지려고 하는 자신의 요구와 알코올과 약물 복용 때문에 반대했던 아내와의 갈등으로 10년 만에 이혼했다. 이러한 일련의 과정들은 오빠가 자신의 기분과 지속되는 부적절감을 다루기 위해 모든 종류의 약물을 오랫동안 사용했다는 사실을 이야기해준다.

오빠는 몇 년 전에 남편과 사별하고, 전 남편과의 사이에 아들이 한 명 있는 모르몬교 여성과 재혼하였다. 크리스 오빠는 이 밝은 어린 소년을 입양했고 둘은 부자 관계를 즐겼다. 그들은 유타에서 살았고, 크리스 오빠는 주립병원에 직장을 구해 다시 잘 지내는 것으로 보였다. 오빠는 교회에 다니기 시작했다. 마지막 몇 해 동안 지속적으로 썼던 노트를 보면 신앙심을 가졌던 것 같다. 오빠와 차분하고 정상적인 여성이자 엄청난 인내심을 가진 엄마였던 오빠의 부인은 몇 년 후 딸을 가졌는데, 어린 딸에게 심각한 문제가 있다는 사실이 곧 확인되었다. 진단은 명확하지 않았지만 일종의 지체를 가졌는데, 상냥한 기질과 친근하고 사교적인 성향을 가졌으나 인지적, 정서적으로는 6~7세 정도의 수준이었다.

오빠는 '열등한' 아이의 탄생을 어떤 면에서 또 한 번의 실패로 느끼고 매우 충격을 받았던 것으로 보인다. 우리 아버지가 자신의 손녀와 시간을 보내거나 알아가는 일에 시간을 할애하거나 관심을 보이지 않았으므로, 오빠는 아버지로부터 이런 평가를 받았다고 느꼈던 것이다(하지만, 우리의 아버지는 최근 하버드에서 대학원 과정을 마친, 자기 아들 데이비드의 딸에 대해서도 거의 관심을 보이지 않았었다. 그러므로 우리 아버지의 무관심은 분명 '열등한' 아이에 국한된 것은 아니었다).

그때부터 크리스는 비록 직장에서는 잘했지만 집에서는 악화되기 시작했다. 오빠의 노트는 그가 매일 복용하는 많은 약물의 각각의 효과에 대한 강박적인 관찰로 채워졌다. 두서너 가지 예만 들더라도 오빠는 여러 해에 걸쳐 리튬[2]에서 MAO

2 기분조절제로 양극성 장애에서 사용됨

억제제[3], 암페타민, 할돌[4]까지 광범위한 약을 실험했다. 오빠는 어느 시점에서는 자기 자신을 양극성 장애로 진단했고, 노트에는 그에 대한 아무 근거가 없는데도 기저의 정신병적 질환에 대한 두려움이 기록되어 있었다. 올케에 의하면, 오빠는 조현병 환자가 될까 봐 어머니에게 증상이 생겼던 나이를 지나서도, 심지어 남자에게 대개 발병하는 십대 후반, 이십대 초반을 훨씬 지나서까지 항상 두려워했다.

노트에는 오빠의 지속된 치료에 대한 고찰과 오빠 자신의 상태에 대한 생각이 포함되어 있다. 우리 어머니에 대한 책임감과 자신의 알코올과 우울증에 대한 경향, 자녀와 잘 지내는 일에 대한 절망감 안에 어머니와 매우 비슷한 증상에 대한 두려움이 또한 포함되어 있었다. 자살하기 일 년 전에 그의 노트에 적힌 내용을 직접 인용하면 다음과 같다.

"나는 어렸을 때 어머니에게 심하게 상처를 입혔고, 우울하게 만들어 병원에 가게 만들었다고 느낀다."

반복되는 자살 사고와 실행하지는 못했었지만 자신이 수집한 총기들을 없애야겠다는 결심에 대한 기록도 여러 번 있었다.

---

3 모노아민산화효소억제제(Monoamine oxidase inhibitor), 항우울제의 한 가지로 다른 계열의 항우울제나 세로토닌을 증가시키는 약물과 사용하면 심각한 부작용을 일으킬 수 있다.
4 항정신병약물로 환청, 망상 등 조현병의 증상 조절과 조울증 등 다양한 질병의 보조 치료제로 사용된다.

어머니에 대한 죄책감에도 불구하고, 오빠는 어머니를 방문할 때면 극도로 회피적이었다. 새언니는 나에게 말했다.

"우리가 정신과 학회차 워싱턴 DC에 갔었던 적이 있었어요. 당신의 어머니를 처음 만난 자리였는데, 물론 정말 최악이었어요. 어머니는 전혀 잘 지내고 있지 못했고, 아파트는 엉망진창이었습니다. 그리고 어머니가 어쩌다가 냉장고를 끄는 바람에 아파트는 정말 끔찍한 상황이었습니다. 크리스가 이런 모든 상황에 반응하는 방식이 매우 이상했어요. 매우 회피적이었습니다. 그는 분명 그런 일들을 처리하고 싶지 않아 했어요. 그는 자신이 회의에 참석하는 동안 신경을 써달라고 나에게 간청하였고, 나는 3~4일을 청소하며 당신의 어머니를 알아가며 보냈죠. 그 한 주 동안, 크리스는 정말 이상하게 행동했습니다. 암페타민을 항우울제와 같이 복용하고, 뉴잉글랜드 의학저널의 논문을 읽고 기분을 고양시키기 위해 천연 항우울제 알약을 복용하기 시작했습니다. 그것이 무엇이었는지 기억할 수는 없지만, 그것들과 MAO억제제를 같이 먹으면 안 되고, 당연히 술도 먹으면 안 되는 것인데, 크리스는 둘 다 했어요. 결국 그는 완전히 약에 취해 정신을 잃었고, 대부분의 회의에 참석하지 못하게 되었어요. 그는 호텔방에서 몇 일 동안 밤낮 잠만 잤습니다. 과복용은 어느 정도는 어머니를 다루는 일을 피하기 위한 것이라고 느껴졌어요.

크리스는 자기가 어렸을 때 그리고 몇 년 후 다시 어머니가

ECT를 받았다는 사실에 꽤 화를 냈어요. 그는 그것이 어머니를 회복할 수 없게 손상시켰고, 아버지가 그것을 허용하면 안 되었었다고 생각했습니다. 비록 ECT와 그것의 잠재적인 효과에 대한 이해가 있었지만, 그 효과에 대해서는 아주 미심쩍어했어요."

오빠는 결국 우울증 진단으로, 의사를 위한 정신병원에 입원하게 되었다. 거기서 여러 주를 지내다 퇴원했지만, 다섯 달 후 다시 입원하였다. 이번에는 새로운 계획이 있었다. 약물 없는 상태에서의 감정 조절을 위해 몇 주 동안 모든 약을 끊기로 했다. 만약 오빠가 다시 우울증에 빠진다면 다음 계획은 ECT를 시도하는 것이었다.

자신의 병증과 입원으로 가족들이 힘든 시간을 보내고 있었기 때문에, 오빠는 아내가 아이들을 수백 마일 떨어진 친정에 잠시 데려다 놓으려고 한다는 사실을 알았다. 오빠가 할 일은 아내를 기다리는 것뿐이었다. 하지만 어느 시점에 오빠는 폐쇄 병동에서 한 시간 외출을 받아 나갔고, 누군가 들은 이후의 소식은 18시간 뒤, 오빠의 시체가 모텔방에서 발견되었다는 경찰로부터의 연락이었다.

오빠는 총을 사서 감춘 뒤 그걸로 자살하였던 것이다. 아무런 기록을 남기지 않았고, 약물이나 알코올은 사체에서 검출되지 않았다.

우리 가족에겐 구성원 중 누군가가 자살한 모든 가족에게 남겨지는 의문이 꼭같이 남겨졌다.

"왜?"

우리가 오빠의 행동에 대해 느낀 최선의 이해는 자신이 어머니를 구하지 못했다는 극도의 비이성적 죄책감과 더불어 어머니처럼 끝날 가능성을 두려워했다는 사실이었다. 어머니를 죽음보다 못한 상태로 만들어버렸다고 생각하는 ECT를 앞두고, 그것이 첫째로 자신의 잘못이었을 것이라고 느꼈으며, 자신의 미래에 있을 것이라 확신하는 일들을 마주할 수 없었고, 죄책감과 두려움을 회피할 다른 방법이 없다고 생각했을 것이다. 그것은 강력하고 치명적인 조합이었다.

크리스 오빠의 죽음 이후 어머니는 정신적으로, 아버지는 신체적으로 쇠락해갔다. 비록 두 분 모두 오빠보다 10년 넘게 사셨지만, 우리들 중 아무도 진실로 그의 자살보다 더 살지는 못했다. 나는 그것이 우리 가족과 우리가 함께한 인생의 유산일 뿐만 아니라, 정신질환에 대한 낙인과 침묵에 대한 유산이라고 생각한다.

당신이 읽은 다른 사람들의 이야기와 함께 나는 다음의 질문을 하고 싶다.

"무엇이 도움이 될 수 있었을까요?"

어머니가 처음 아팠을 때 누군가 초기에 개입하였고, 특히 크리스 오빠에게 어머니의 병이 그의 잘못이 아니고, 무엇보다 그가 고칠 수 없다는 사실을 말해주었다면, 아마도 도움이 되었을 거라고 생각한다. 어머니의 질환이 어두운 비밀이 아니라 질병으로 치료될 수 있었다면, 우리 모두는 훨씬 더 좋았을 것이다. 성인이 된 후, 오빠는 지적으로 누구보다 많은 걸 알고 있었지만, 부정할 수 없었던 어린 시절에 마음에 새겨진 내면의 깊은 생각은 그 자신이 어머니를 구할 수 있었어야 했다는 인식이었다.

마지막으로, 가족에 대한 오빠의 이야기는 가족에 대한 나의 이야기와는 꽤 다르다는 사실이다. 너무나 이상하게도 나에겐 오빠가 천재였다는 기억이 없고, 오빠가 그런 부담감을 가지고 살았다는 사실을 일기를 읽기 전까지 몰랐다. 오빠가 말하는 몇 가지 사건들은 비슷하게 기억하지만, 또 다른 일들은 전혀 다르게 기억하고 있다. 오빠는 나에게 중요한 몇 가지를 남겼다. 오빠보다 몇 살 어린 나는 오빠가 알던 어머니에 대해 몰랐다. 그리고 막내이자 딸인 나는 아버지와 완전히 다른 관계를 유지하고 있었다.

오빠가 그냥 크리스토퍼가 아니라, 부모님께서 유명한 동화에서 이름을 따 크리스토퍼 로빈이라고 이름 지었다는 사실은 나에게 항상 깊은 인상을 주었다. 어떤 아이에게도 그것은 무척 부담이 되었을 것이다. 동화 속에서 크리스토퍼 로빈은 모든 해답을 가지고 있었고, 모두가 문제에 쩔쩔맬 때 혼자서 모든 역할을 해냈다. 그는 항상 상황을 바로잡는 길을 찾았고 모두를 격려했다. 크리스토퍼 로빈은 모든 사람을 구해야 하는 사람이었던 것이다.

옮긴이 후기_

배를 만드는 기술과
인생의 바다를 헤쳐 나가는 기술

크리스토퍼의 이야기는 내가 이 책을 번역하게 된 가장 큰 이유이기도 했다. 하버드 출신의 정신과의사인 크리스토퍼가 어머니를 구했어야만 했다는 죄책감 속에서 헤어나오지 못하고 자살로 생을 마감하는 이야기는 매우 충격적이고 절망적이었다. 지식으로서의 정신의학이 환자와 가족을 어디까지 데려다줄 수 있을까 하는 의문을 가지게 되었고, 자신을 돕지 못하는 정신과의사가 다른 이를 얼마나 도울 수 있을지도 생각해보게 되었다.

내과의사가 내과적 질병에서 자유로울 수도 없고, 그럴 필요도 없듯이 정신과의사라고 정신적 어려움에서 자유로울 수도, 그럴 필요도 없다고 생각된다. 하지만, 미로 속에서 빠져나오는 법을 알지 못하는 이가 미로에 갇힌 다른 이의 고통을 같이 아파해줄 수는 있어도 실제로 얼마나 빠져나오는 것을 도울 수 있을지는 생각해볼 문제이다.

나는 정신과의사가 되고 싶어 의대에 진학했다. 정신과의사가 된 후 정신질환자와 그 가족의 삶을 바꾸어놓는 약물 치료의 힘에 탄복하고 경외감을 가졌었다. 당시 나에게 약물 치료란 신이 우리 인간에게 준 구원과도 같은 선물이었다. 전문의 면허를 취득한 후, 의과대학의 전임의로서 조현병 환자의 정보 처리 과정의 병리적 기전에 대한 기능적 뇌영상 연구*를 하게 되었다. 연구 기간 동안 이 연구가 질병을 이해하고 치료하고 돕는 데 근간이 된다는 사실을 머리로는 알았지만, 그것을 피부로 느낄 수 없어서 매우 힘들었다.

정신의학의 연구와 중증 정신질환을 헤쳐나가는 문제와의 간극은 마치 뱃머리에 부딪치는 파도를 연구하는 유체역학 연구자와, 죽음과 삶의 경계에서 실제로 거대한 풍랑이 이는 망망대해를 건너온 뱃사람의 경험 간의 거리와도 같다는 생각이 들었다.

정신의학이 지난 20~30년간 분자세포생물학과 뇌과학 기술의 발전으로 정신질환에 대한 이해와 치료에 새로운 차원의 도약을 이루어 온 과정과 또 한 번의 비약적인 발전을 앞두고 있는 현실은 매우 기쁜 일이다. 다만, 정신질환을 경험하는 당사자와 가족의 삶의 경험과 사회적 상황에 대한 이해의 중요성이 과학의 발전에 가려지지 않았으면 한다.

생사를 가로지르는 인생이라는 거대한 바다를 온 몸을 던져 여행하는 우리에게 필요한 것은, 뛰어난 선박 건조술뿐만 아니라 오랜 투지와 경험으로 다져온 항해술이라는 사실과 일맥상통한다.

마지막으로 정신질환의 치료를 위해 연구해온, 그리고 지금 이 시간에도 연구실에서 밤 늦게까지 연구 중인 수많은 연구자들에게 감사와 경의를 표한다. 그들의 헌신과 노력과 재능을 우리는 모두 누리고 있는 것이다.

---

* 기능적 뇌 영상 연구(functional magnetic resonance imaging, fMRI): 뇌의 혈류 변화에 대한 MRI 영상을 측정하여 뇌 부위에 대한 기능 활성화 정도의 차이를 비교하는 연구. 특정 뇌 영역이 활성화되면 그 영역으로 가는 혈류의 양도 증가하게 되는데, 혈액−산소 준위 의존성(Blood Oxygen Level Dependent, BOLD) 대비를 사용한다.

에필로그

"너희들 때문에 일어난 일이 아니야."

이 이야기들을 읽은 지금, 당신은 정신질환을 가진 부모 밑에서 성장하는 일이 쉽지 않다는 사실을 어느 정도 이해했을 것이다. 각각의 이야기에서 질병과 낙인의 그림자는 극적이건 미묘하건 간에 가족 모두에게 드리워 있었다. 낙인과 수치심은 이미 그 자체로 충분히 파괴적인 이 질병에 대처하는 일을 훨씬 더 고통스럽게 했다.

이 책에는 열두 남자들의 이야기가 있다. 이것은 시작이고, 더 많은 사람들의 다양한 경험들을 들을 필요가 있다. 또한 어떻게 아이들의 회복 탄력성을 강화할 것인지, 그리고 어떻게 정신질환을 둘러싼 낙인을 계속해서 줄여나갈 것인지에 대한 점차 늘어나는 연구 결과에 관심을 가져야 한다.

어떻게 남자아이들은 정신질환을 가진 부모님과 자라면서 더 영향을 받는가?

남자아이들이 더 강인하거나 감정적인 스트레스에 덜 영향받을 것이라는 고정관념과 달리, 최근의 연구 결과는 남자아이들이 여자아이들보다 더 예민하고 더 감정적으로 반응한다는 사실을 보여준다. 남자 영유아는 일반적으로 여자아이들보다 더 울고, 더 보채며, 더 달래기 어렵고, 엄마나 주 양육자의 더 많은 시간과 에너지를 필요로 한다. 그들은 엄마와의 분리와 관계의 붕괴에 더 취약하고, 일반적으로 감정을 조절하기 위해 더 많은 도움과 지지를 필요로 한다.

아주 어린 아이들의 경우 엄마(또는 일차적 애착의 대상)가 아프거나 하면 매우 스트레스를 받지만, 남자아이가 여자아이들보다 좀 더 힘들어할 수 있다. 아픈 대상이 아버지일 경우, 그 영향은 남자아이들에게는 조금 더 늦게 나타나는 듯 보인다. 이 책에서 남자들은 남성 롤모델이 없는 것을 슬퍼했고, 성인이 된 후에도 어떤 경우에는 스스로에게 해로울 정도로 자기보다 나이 많은 남자들의 많은 인정을 추구하고 필요로 했다.

남자아이들의 정서 발달에 대한 이러한 중요한 연구 결과는 비교적 새로운데, 남자아이들의 성장 과정에 대한 사람들의 기대를 바꿀 것이라고 희망한다. 남자아이들에 대한 사람들의 감정적 기대는 아이가 기기도 전에 걷기를 기대하는 것이나 마찬가지다. 남자아이들은 종종 부끄러움 때문에 두려움과 상처와 혼란을 억압하기도 하는데, 이러한 일은 아이들을 더욱 취약하게 만든다. 남자들은 이러한 감정 표현은 고사하고 그러한 감정을 가지는 일조차 나약한 것이라 배운다. 바로 잡아야 할 것이 부서진 장난감이건 망가진 부모님이건 간에, 남자아이들은 무언가를 바로 잡아야 한다는 책임을 느끼도록 양육된다.

연구 결과는 정신질환을 앓는 부모들이 종종 그러하듯, 극적으로 변하거나 심지어 아이들의 눈에 보이지 않을 때, 남자아이의 경우가 적응에 더 힘든 시간을 보낼 수 있다고 보고한다. 그것은 모든 아이들에게 두렵고 혼란스러운 일이다. 남자아이들에게 그러한 고통을 드러내지 못하게 하면, 도움을 필요로 한다는 신호를 놓칠 수 있다. 남자아이들에 대한 우리의 기대가 높을 수 있지만, 사실 남자아이들이 곤경에 대처하는 능력은 우리가 생각하는 것보다 덜 발달되어 있을 수 있는 것이다.

정신질환을 앓고 있는 부모 밑에서 자라는 남자아이와 여자아이 사이에 차이가 있는가?

나는 이 책의 남자들에게서 나의 전작 『광인의 딸(Daughters of Madness)』에서의 여자들과는 다른 매우 흥미로운 차이를 발견했다. 초기 기억에 대한 실제적인 무서운 이야기에도 불구하고, 스무 명의 여자들 대부분은 "그것이 그렇게 나쁜 것인가요?"라고 어느 시점에 나에게 물었다.

그렇다, 그들의 이야기는 정말 '나쁘다'라고 하는 나의 권위 있는 확인을 필요로 했다. 그들 모두는 자신들에게 일어났던 일들에 대한 스스로의 평가에 의문을 가지고 있어 보였다. 그러한 불확실성은 성인기까지 지속되어, 다른 사람의 감정을 읽고 감정적 경험의 의미에 대해 정확하게 평가할 수 있는 능력에 대해 의구심을 자아냈다. 자신들의 감정 나침반을 스스로 신뢰하지 않는 것이다.

그에 반해, 이 책의 남자들은 단 한 명도 그런 식의 질문은 하지 않았다. 여자들이 가졌던 방식으로 스스로에 대한 의심을 품고 있던 남자는 아무도 없었다.

그들은 무슨 일이 일어났는지를 확신했고, 어떠한 외부의 확인 없이도 그것이 어떻게 나쁜 것이었는지도 확신했다. 이 책을 통틀어 남자들이 했던 첫 번째 질문은 자신이 그 일을 대수롭지 않게 여겼어야 했는지, 그리고 두 번째 질문은 자신이 상황을 바로 잡을 수 있었는지에 관한 질문이었다.

비록 아이들이 아픈 부모를 실제로 고칠 수 없다는 사실을 알고 있지만, 그들 중 몇몇은 그럴 수 없었다는 그 느낌 때문에 여전히 죄책감과 자기 부적절감을 가지고 있다. 한 명 이상의 아이가 집안 청소를 하거나, 식사를 준비하거나, 두통을 앓는 어머니를 위해 물수건을 가져다드리거나 어머니를 즐겁게 해주고 북돋으려고 노력하였다. 그들 중 몇몇은 내게 자신의 유치했던 노력과 희망, 그리고 꿈을 털어놓으면서도 '어리석었다'는 느낌을 갖는 듯했다. 그리고 그러한 당혹감은 그들이 아직도 그러한 희망을 어느 정도 품고 있으며, 스스로를 실패로 생각한다는 사실을 말해준다.

정신질환을 앓고 있는 부모와 함께 자라나는 아이들에게 어떤 것들이 정말로 도움이 될까?

이 질문에 대한 대답은 한결같다. 내가 인터뷰한 모든 남자와 여자, 그리고 여러 연구에서 연구자들이 물었던, 정신질환을 앓고 있는 부모 밑에서 자라는 위험에 처한 모든 아이들이 이 질문에 같은 대답을 했다. 이러한 대답들은 명료하고 논란의 여지가 없어, 그 대답들을 더 복잡하게 만들거나 그것을 증명하기 위해 더 많은 연구가 필요하다고 생각할 이유도 없다. 그들의 목소리로 답한, 그들의 대답이 여기 있다.

"누군가 무슨 일이 벌어지고 있는지 설명해주었다면, 도움이 되었을 겁니다."

"그게 제 잘못이 아니었다는 사실을 알았다면, 도움이 되었을 겁니다."

"병을 고치는 것이 나에게 달려 있지 않다는 사실을 알았다면, 도움이 되었을 겁니다."

"남들과 다른 아버지나 어머니를 가진다는 게 어떤 것인지, 내 이야기를 들어주는 누군가 있었다면, 도움이 되었을 겁니다."

"다른 아이들이 자기 가족에게 무슨 일이 벌어지는지 이야기하듯이 그렇게 이야기할 수 있었다면, 도움이 되었을 겁니다."

"사람들이 정신질환에 대해 더 잘 알아서 그렇게 이상하거나 무섭게 여기지 않았다면, 도움이 되었을 겁니다."

아이들에게 이러한 도움이 있을 때, 그들은 자신들의 타고난 지적 능력, 유머, 상상력을 사용하여 더 높은 수준의 심리적 회복 탄력성을 개발할 수 있을 것이다. 그들이 어둠, 어찌할줄 모르는 혼돈, 고립, 수치 속에 갇혀 있다면, 아이들이 가진 모든 에너지는 심지어 자신들이 이해하지도 못하는 상황을 그저 견뎌내는 데 사용될 것이다.

무엇이 낙인을 그렇게 나쁘게 만드나? 불편하긴 하겠지만, 정말 파괴적일까?

낙인은 창피해 할 필요 없는 사람에게 자신과는 무관한 수치심을 느끼게 하는 것 이상으로 영향을 미친다. 낙인과 연대된 수치심은 또한 침묵, 무시, 두려움을 의미한다. 심지어는 종종 가족 모두가 관련된 낙인에 대해서도 서로 이야기조차 않는다. '묻지도 말고, 말하지도 마라'는 강요는 마치 온 세상을 드리운 거대한 먹구름과 같아서, 필연적으로 지식의 부족과 잘못된 이해, 그리고 오로지 대처하는 데에도 더 큰 어려움을 야기한다. '무엇이 더 좋게 만들 수 있을까'라는 질문에 대한 앞의 모든 대답은 개방성, 자유로운 대화, 그리고 이해와 관련되어 있다. 그렇다. 낙인은 불편하기도 하지만, 단지 거기서 끝나는 게 아니다.

몇 년 전만 해도 암은 매우 낙인화되어 있었다. 아무도 그것에 대해 말하지 않고, 암이 있다고 드러난 사람들은 사실상 기피되어 실망감에 빠져야 했다. 그리고 대부분은 정확한 정보를 가지고 있지 않았다. 우리는 그것을 'Big C'라 말하며 사형 선고로 받아들였다. 아무도 그것에 대해 이야기하지 않았기 때문에 누구나 암에 걸릴 수 있다는 사실을 깨닫지도 못했다. 지금은 암을 전혀 다른 방식으로 대한다. 그렇다. 그것은 여전히 힘든 질병이지만 공공연하게 밝혀져 있고, 털어놓고 이야기할 수 있으므로 더 많이 알게 되고, 진단받은 사람에게 묻고, 정보를 얻어 더 많은 도움을 줄 수 있게 되었다. 암을 진단받는다 하더라도 사람들이 피하거나 고립될까 두려워하지 않는다. 실제로 '암 알리기 기금 활동'에 친구들을 초대할지도 모른다. 중세 암흑기부터 이어져왔던 과거의 태도를 돌이켜보면, 정신 질환에 대해서는 지금도 여전하다.

엄마나 아빠의 암 발병에 대한 책임을 아이들이 지고, 치료에 책임감을 느낀다고 생각한다면 끔찍한 일일 것이다. 암은 질병이고, 발병에 아이들은 아무 책임도 없으며, 그것을 치료하는 데도 책임이 없다는 사실을 아이들에게 확인시켜주려 할 것이다. 아이들이 도울 수도 있고, 가족 팀의 일원이 될 수도 있지만, 치료와 회복은 의사들의 몫이라고 아이들에게 이야기

---

1 종양의 완곡한 표현. cancer의 머릿글자 c를 강조하여 칭하는 말.

해주고 싶을 것이다.

정신질환에 대한 우리의 침묵은 많은 아이들에게 자신이 부모님의 병을 유발시켰다고 믿고, 그것을 치료하는 일이 자신의 책임이라고 믿게 만든다는 사실을 의미한다. 아이들은 자신이 주위에 일어난 모든 일들의 원인이 아니라는 사실을 이해할 만큼 심리적으로 성숙하지 않다. 어른들이 아이들에게 이야기해주지 않는다면, 아이들은 무언가 자신들의 잘못이라고 자동적으로 가정하게 된다. 어린아이가 생의 초기에 믿는 확신은 마르지 않은 시멘트에 찍힌 손자국과 같아서, 한번 굳으면 되돌리기 어렵다. 스스로 이해할 만큼 나이 들 때까지 기다리지 않고, 아이들에게 빨리 공개적으로 정보를 주는 일이 중요한 이유이다.

아이들은 부모의 미묘한 변화를 알아채는 데 탁월하고, 부모를 화나게 하고 싶지 않아서 괜찮은 척하는 데에도 탁월하다. 부모의 심각한 병처럼 큰 무언가에 대해 알려주거나 함께하지 않으면서, '아이들은 괜찮다'는 인식은 전혀 사실과 다른 것이다.

특히, 남자에게 있어서 정신질환에 대한 낙인, 감정적인 강인함에 대한 '남자다움', 정신질환이 있는 부모에 대한 현실은 압도적이고, 상충하는 욕구의 압력솥과 같다. 첫째, 정신질환을 가진 부모의 병은 거의 항상 고통, 혼란, 두려움, 상실감 그리고 절망감을 불러일으킨다. 둘째, 정신질환을 둘러싼 낙인은 가족 안팎에서 아이들이 질문을 못 하게 만들고 어른들은 정보를 제공하지 않게 될 것이란 사실을 의미한다. 가족은 더욱 고립되고, 일반적으로 전개되는 무언의 메세지는 '너무 끔찍해서 우리는 이것을 인식할 수도 없고, 그것에 대해 이야기할 수도 없다'이다. 셋째, 어떤 면에서 남자아이들과 남자들이 감정적으로 강인하기를 격려하고 기대되는 현실이 남자아이들로 하여금 도움을 요청하기 어렵게 만든다.

이런 종류의 죄책감과 책임감을 가지고 있는 아이들은 그런 감정들로 평생 부담을 가질 수 있다. 이 책에서 크리스와 팀은 그러한 두 명의 아이였다. 크리스는 어린 시절에 엄마의 정신병에 대한 책임이 자신에게 있고, 자신이 엄마를 낫게 해야 한다는 믿음을 형성했다. 어른이 되어서, 그리고 '누구보다도 많이 아는' 정신과의사가 되어서도 그런 믿음은 여전히 그의 마음에 각인되어 있었다. 그 자신의 기록에 의하면, 엄마를 치료하지 못한 자신의 실패와 그에 대한 죄책감이 그를 자살로 몰고간 한 원인이었다.

팀은 여러번 직간접적으로 어머니의 병에 대해 비난받고 책임 지워졌다. 아버지는 자살하려고 하는 엄마를 아이들에게 남겨둔 채 그냥 떠났고, 엄마는 아이들에게 왜 자신을 사랑하지 않느냐며 격분했다. 오늘날까지 팀은 그 자신의 삶을 풍요롭게 하는 능력을 위협하는 '살아남은 자의 죄책감'을 가지고 있다.

반대로, 데이비드는 아버지가 밤에 "하나님, 엄마가 나을 수 있도록 도와주세요"라고 같이 기도할 때, 많이 아픈 엄마에 대해 가장 간단하고도 효과적으로 안심할 수 있었다. 그것은 무언가 잘못된 일이 있고, 그 일은 알려질 수도 있으며, 그 일에 대해 이야기를 나눌 수도 있다는 공공연한 인정이었다. 그리고 데이비드는 말했다.

"엄마가 아플 수 있다면, 나을 수도 있다."

토마스는 어머니가 집에서 들것에 실려나오는 장면을 보았을 때, 친구들에게 모든 것을 설명하는 등 어머니의 병에 대해 거리낌없이 이야기했다. 토마스는 심지어 무엇이 잘못되었고, 왜 그런 일이 생겼는지도 알려줬으며, 장기간의 가족 치료를 받으면서 말하고, 화내고, 울 수 있었던 자유도 얻을 수 있었다. 비록 심각하고 매우 파괴적인 정신질환에도 불구하고 데이비드와 토마스는 낙인과 죄책감으로부터 가장 적게 시달렸고, 둘 다 아주 잘 해내고 있다.

나는 완전히 내 통제 밖에 있는 무엇인가에 대해 책임을 지고 싶지 않다. 아마 누구라도 그럴 것이다. 하지만, 우리가 아이들에게 자신들이 사랑하는 부모의 심각한 병에 대해 솔직하게 이야기하지 않을 때, 이것이 바로 아이들에게 지워지는 짐이다. 아이들은 돕고 싶어하고, 부모를 행복하게 해주기를 원하지만, 할 수 있는 것과 할 수 없는 게 무엇인지 스스로 파악할 수 있는 능력을 아직 지니지 못했다. 그래서 어른들이 말해줘야 한다.

"너희들 때문에 일어난 일이 아니야. 너희들이 그 병을 고칠 수 없어. 하지만 도울 수는 있지. 질문을 해도 좋고, 도움을 요청해도 좋아. 너희들과 관계 없는 일에 죄책감이나 실패의 부담을 가질 필요 없단다. 그러니 네 생활을 계속 유지하거라."

나는 이 책이 두려움과 외면이 아닌 더 많은 이해와 더 많은 배려와 허용이 있는 곳으로 조금이라도 나아가는 데 도움이 되길 바란다. 낙인은 대낮의 밝은 햇빛 속에서는 자라지 않는다. 나는 이와 같은 이야기들이 어둡고 외로운 곳에 가느다란 빛으로 밝게 비추길 바란다.

며칠 전 집 근처 아라뱃길 산책 중에 화사한 햇빛과 물오른 나뭇가지를 보며 성큼 다가선 봄을 느꼈다. 때마침 당도한 이 책은 나와 같은 조현병 환자 가족들에겐 또 하나의 봄소식이었다. 『세상이 지켜주지 못한 아이들』은 12명의 정신질환자 아들과의 인터뷰를 통해 정신질환자 가족의 애환과 고통을 누구나 공감할 수 있게 담담하게 풀어놓고 있다. 이 책을 읽는 동안 누구든 우리의 아픔을 편견 없이 경청해주는 것만으로도 위로와 힘이 될 수 있음을 새삼 느낄 수 있었다.

한국은 약 육백만 명이 정신건강서비스를 받고 있고 전 국민의 1%에 해당하는 약 오십만 명이 조현병을 앓고 있다. 조현병 환자 중 80% 가량은 자신의 삶을 펼치지 못하고 은둔형 외톨이로 살아가고 있다고 하니, 이는 단순히 환자와 가족의 문제를 넘어 심각한 사회 문제라 할 수 있다. 하지만 우리 사회는 아직 이 문제의 심각성에 관심을 기울이지 않고 있다.

이 책 속 정신질환자 아들들의 진술은 먼 세상의 이야기가 아니다. 누구든 어느 순간 마주할지 모를 나와 우리 이웃의 예측할 수 없는 미래의 이야기이기도 하다. 같은 하늘을 바라보고 사는 많은 이웃이 사회적 편견과 낙인이 두려워 고통을 드러내지 못하고 숨죽인 채 하루하루를 살아가고 있다. 그러나 이런 현실이 지속되는 것은 위험하다. 정신질환자 가정의 파탄은 물론 건강한 공동체의 미래를 위해서도 온당하지 않다.

나는 정신질환자의 가족으로 주변의 많은 사례를 목도할 때마다 현실적 대안이 부족한 현실이 답답하고 안타깝다. 정신질환에 대한 대중의 인식을 제고하고 가족들에겐 힘과 위로가 되어 줄 책이 부족하다는 생각을 해오던 중 이 책은 한줄기 빛과 같았다.

현장에서 정신질환 치료와 제도 개선에 열정을 쏟고 계신 이상훈 선생이 번역하셨으니 더욱 의미가 깊다. 귀한 책을 써주신 저자와 정성들여 옮겨주신 이상훈 선생 그리고 출판사에도 감사의 마음을 전하며 이 책이 정신질환자와 그 가족에 대한 사회적 관심을 이끄는 계기가 되길 소망한다.

(사) 대한정신장애인 가족협회 사외이사 이재성

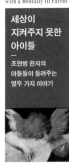

Sons of Madness
:Growing Up and Older
with a Mentally Ill Parent

세상이
지켜주지 못한
아이들
—
조현병 환자의
아들들이 들려주는
열두 가지 이야기

발행일 2020년 3월 20일 초판 1쇄

저자 수잔 L. 나티엘   옮긴이 이상훈

발행인 오성준   편집 정일영   마케팅 김현철   디자인 Moon & Park

발행처 아마존의나비

등록번호 제2018-000191호

주소 서울특별시 마포구 양화로 56 동양한강트레벨 1022호

전화 02-3144-8755, 8756

팩스 02-3144-8757

웹사이트 www.chaosbook.co.kr

ISBN 979-11-90263-07-8 03180

정가 16,000원